光明社科文库
GUANGMING DAILY PRESS:
A SOCIAL SCIENCE SERIES

·法律与社会书系·

中国社会风险治理研究

——高风险治理中法律功能的扩张

何珊君 | 著

光明日报出版社

图书在版编目（CIP）数据

中国社会风险治理研究：高风险治理中法律功能的扩张 / 何珊君著. -- 北京：光明日报出版社，2022.7
ISBN 978-7-5194-6753-1

Ⅰ.①中… Ⅱ.①何… Ⅲ.①社会管理—风险管理—研究—中国 Ⅳ.①D63

中国版本图书馆 CIP 数据核字（2022）第 153166 号

中国社会风险治理研究：高风险治理中法律功能的扩张

ZHONGGUO SHEHUI FENGXIAN ZHILI YANJIU：GAOFENGXIAN ZHILI ZHONG FALÜ GONGNENG DE KUOZHANG

著　　者：何珊君

责任编辑：陆希宇　　责任校对：张彩霞
封面设计：中联华文　　责任印制：曹　净

出版发行：光明日报出版社
地　　址：北京市西城区永安路 106 号，100050
电　　话：010-63169890（咨询），010-63131930（邮购）
传　　真：010-63131930
网　　址：http://book.gmw.cn
E - mail：gmrbcbs@gmw.cn
法律顾问：北京市兰台律师事务所龚柳方律师

印　　刷：三河市华东印刷有限公司
装　　订：三河市华东印刷有限公司
本书如有破损、缺页、装订错误，请与本社联系调换，电话：010-63131930

开　　本：170mm×240mm
字　　数：275 千字　　印　　张：18
版　　次：2022 年 7 月第 1 版　　印　　次：2022 年 7 月第 1 次印刷
书　　号：ISBN 978-7-5194-6753-1

定　　价：98.00 元

前言

借这次正式出版之机，对整本书进行了修改与调整。当初修改这本书之时，发现其中所用的二手数据多是21世纪初到2014年之间的，就想找最新的数据替换以后再出版，但假如这么做的话，整本书几乎得重写。这些二手数据主要是为了描述当时某些领域的风险现状所用，而这本著作的重心是为了从现状推演其背后的运作逻辑并深度挖掘风险形成的成因、治理的困境与治理对策。幸运的是，报告在2016年年底递交以后，中国的相关风险状况引起国家的高度重视，其中的一些治理对策或者说研究内容，已经被国家政策多方采纳，近些年来已开始全方位的对症治理，一些重大风险明显得以抑制。因此，相关方面的风险状况已有诸多变化，数据相应也会有许多变化，若是用最新数据，那么，本书的许多内容都要重写，甚至影响到整本书的结构。况且，这本著作还在三大风险领域分别选择了三个个案做了实证研究，以便深度阐述研究问题，更好地实现研究目的。所以，最终决定不动本书数据，保持原貌，也保持了写本书的初衷，出版时，只是在内容表述的逻辑与文字上做相应调整，实证资料与二手数据都不再重整，它更重要的是唤醒全社会的风险意识与通过对已形成的中国社会风险成因、治理困境的探讨，增强未来对风险的认知、警示及其预防。同时，也是对风险社会理论的一种民族运用与实际诠释。

记得我写第一本专著《法与非政治公共领域》时，说该书的写作执着于“国家兴亡，匹夫有责”的理想，为探索中华民族的振兴与国家强大的思想理论进行着孜孜不倦的努力尝试，那么，本书的撰写依然秉持着“位卑不敢忘忧国”的古训，探索新时期中国社会治理的困境、难点与对策。虽然两本著作的创作相隔十几年，但两本著作的写作宗旨依然是探索中国社会现代化过程中的治理良策，若第一本是探索对中国社会的全面系统治理，开创性地提出了现代中国非政治公共领域的核心价值观与基本精神是独立、自由、平等、公正、诚信、敬业、民主、法治、人权、效率等，统治的合法性问题在于统治权力必须得到人民的内心拥护与真诚信仰，世界范围内统治的合法性危机导致现代社会的治道变革及建立现代社会的公共治理模式与体系，拓宽与稳固非政治公共领域，培植市民的公共治理精神，法律是治国之重器与如何用良法达到善治，法治与民主的关系等一系列重要理论观点，那么，这一本则是重点关注现代化过程中的风险领域与高风险因素，探索对它们进行有效治理的途径与对策。经过五年半的深入研究，本书运用大量的二手数据与实证资料及文献资料描述与阐析人为造成的自然生态环境、产品服务、制度设置与执行等三大社会领域的风险现状与程度，即当下中国存在的严重社会问题，深度挖掘与总结造成这些问题的各自原因与有效治理的困境所在，从而全面揭示出将来中国社会治理的瓶颈与突破的重点：哲学人文社会科学与自然科学知识的全面发达与全民文化与文明素质的极大提高，全民信仰与优秀价值观的塑造与重建，文明与诚信及良好社会风气的培植，体制与制度设置与执行的改革，人才选拔标准与用人制度的改革，管理模式的创新与管理技术的极大提高包括大数据治理与专家技术系统的运用，以及全社会以风险为核心的全面启蒙等方面，并对此做出了系统的论证，提出了各个层次的相应对策与建议。第一本专著与本书的前身即研究报告，均已被十八届四中全会与十九大以来国家层面大量采纳，这也算是对笔者学术生涯通宵达旦付出的小小慰藉。当然，学术著作的创作价值远不及此，相信读者自可从书中领略到。但愿本书能够给怀有民族情怀与爱国之心的学者带来一点启迪，希望他们能结合国际社会具有巨大影响的社会理论关注中国的现实状况，也愿为真正执着于学术的学者带来一丝明悟。或许这是笔者学术生涯的最后一本著作，也是对笔者学术生涯的最后答卷。

不管怎么说，本书的出版要感谢多方的支持与帮助。但仍有很多的遗憾，是因为在报告形成之后的数年里，笔者著写了一本本科教材，以至于搁置了修改该报告，本想再增加两章有关法律功能的内容，但因笔者的年龄与身体状况，写这两章内容至少得有两三个假期，该书的出版却不能再拖了，否则，实证部分内容会有事过境迁之不适。而且，本书的实践意义主要在开篇所言，是对那一段时期中国社会风险现状描述基础上的风险成因及其治理困境与对策的研究，它的理论价值在于如何在社会学经典理论的视野下，深抱中国现实关怀之切，检验经典理论或者说对经典理论做出现实又具体的诠释。故最终决定将逻辑与文字上做过处理的本著作心怀忐忑地交付出版。

2022 年 2 月

于北京海淀双榆树

目 录
CONTENTS

绪 论

这项研究初衷是理论研究，完稿之时，才发现报告已像是一本为政策制定者所做的应用研究。因为，整个报告大概近一半的篇幅采用大量的二手文献数据和实证资料，描述20世纪初到2015年世界格局中的中国社会的风险现状与程度，呈现与挖掘风险成因与治理困境，从而揭示中国社会风险治理方面存在的根本问题，和法律如何在风险治理中更好地担当这种角色与发挥其作用，这一切似乎都在表明这是一项应用研究。但实际上它还是一项基础研究，只不过用了贝克等作家提出的理论抽象出一个重要概念即高风险来检视中国问题，是中国蓝本的风险社会理论及其治理研究。既然要研究中国问题，自然免不了对中国场景的各种风险现状、表现、特征、成因、治理困境、治理焦点与瓶颈、对策等进行考察，从这个角度而言，确实不乏政策研究的内容与特征，仿佛更似一本政策性的研究报告。这种建立在特定场景下实证研究基础上的理论研究，对政策制定无疑会有很大的启迪和借鉴作用。但本研究的目的旨在建立在经验研究基础上的理论研究，建立在中国场景经验研究基础上的风险社会治理研究，辅之以另一条理论线索即风险社会治理中法律功能的扩张研究。所以，本研究本质上是一项基础研究。

整个著作暂定为十章，第一、二章是总体性理论研究。

第一章主要是研究问题的提出与研究方法的介绍及围绕研究问题的文献综述。第一、三节对研究问题及其理论与实践意义、研究框架与方法提出了总体性设想与介绍。第二节系统地介绍当今世界影响巨大的风险社会及其治理理论的主要内容及其特点，尤其是贝克、鲍曼、吉登斯、道格拉斯等风险理论家的理论思想。

第二章则对本项目中的核心概念风险社会与高风险进行理论上的阐述，对这两个概念的内涵、特征、表现症状及其诊断做出理论上的阐析，第一节是通过主要的风险理论家对风险社会的概念及其特征的讨论，概括出风险社会的概念、类型及其重要特征。第二节从经典理论的讨论出发，抽象出什么是高风险及其重要特征和表现症状，从而为高风险社会的诊断提供理论依据。第三节着重从前述的风险理论家的理论阐述中，概括出高风险社会治理的焦点与瓶颈所在，为接下来的经验研究做准备，也为在现实和实证研究中检验风险社会的理论做铺垫。

第三章通过大量的二手数据，从全面展示人为破坏所致的中国自然风险包括环境污染与生态破坏的现状及其危害后果出发，以北京市雾霾与空气污染现状、雾霾与污染物质的来源分析及其治理的困境的剖析，并结合北京市 C 区垃圾填埋场的实证研究个案为示例进行深度挖掘，然后对自然风险的治理过程与困境、法律的在场与缺席的主要方面展开全面深入的讨论，从而挖掘出对自然风险有效治理的措施与对策。

第四章选取核与其他生化武器、高科技产品、食品、药品和其他生活用品等风险状况比较严重或风险隐患巨大的产品来阐述，服务领域也只选取教育、医疗、交通等公共服务领域与物业、旅游、物流及中介服务等一些近些年风险较大的民生领域，通过对这些领域的风险现状的描述，去寻找在产品服务领域所存在的主要治理困境。而产品、服务风险治理困境的存在，也昭示出我国现行法律在这些治理中的漏洞。为了深度探讨在这个领域的治理困境和法律的实际功能与不足，课题组专门选取了 X 县药品监督管理这个个案进行了实证研究，并专列一章予以讨论。

第五章通过 X 县药品监管部门药品安全全程规制模式的确立与常规规制机制的形成、药品安全事件处理机制的确立、药品安全事故的处理与法律惩罚功能的改变、药品规制中存在的问题与漏洞等各个环节去深入、系统、全面地阐析药品安全风险规制与治理中法律的实际功能与漏洞，然后通过药品风险管理的启示与法律功能的实际改变去深度探讨在风险治理中法律功能的演变与扩张。

第六章通过大量的文献资料描述了当下中国存在的由于政治、经济、社会、文化与公共卫生等领域的不科学、不合理的制度所造成的风险现状，它们也典型地表现为当下严重的社会问题。通过对这五大方面的风险形成的原因、治理的困境挖掘，尤其是杨桂元上访的个案研究，深刻地呈现出信访领域风险与高风险形成的制度原因及其治理困境，从而寻找各种相应制度设置的不完善之处或执行不到位的种种表现。上述四章的研究，通过大量的二手数据呈现出了我国当前社会生活中所存在的风险现状、各自的具体成因及其治理困境，从而为第七章与第八章围绕社会治理的核心问题即风险治理的困境与难题展开研究奠定了基础与依据。

第七章在前四章风险现状描述的基础上，总结出中国社会场景下高风险的总体表现与中国国情、社情、民情的特殊性，挖掘中国社会高风险形成的五大方面的缘由及其症结所在，包括信仰与价值观危机，人文社会科学知识与知识分子的地位低下，中国公民整体文化素质与文明素质普遍不高，庞大的进城农民工现象所带来的重大隐患，体制与相应制度的结构性漏洞与弊端和不科学、不合理的配套制度与措施等。结合第二章提出的理论上的高风险治理的瓶颈所在，概括出中国社会实际上存在的高风险治理的四个方面的焦点与瓶颈所在，为接下来探讨予以重点突破与治理的对策奠定基础。

第八章则是在第二章高风险治理瓶颈的理论思考与第七章中国社会高风险治理的焦点问题的基础上，深入地探讨中国社会高风险治理的总体性困境，包括对高风险科学理性的总体性认知与思考、对特定社会中的高风险善于科学系统地概括与分类的能力、提高应对高风险的实际控制与有效治理的行动能力，探讨方方面面的具体治理难题，包括信仰与伦理价值观培植的难题、文化与思维惯性所带来的难题、人才选拔标准与用人制度的难题、治理模式与治理技术的难题等，然后，对这些治理困境与难题向中国社会的风险治理提出了什么样的期待与要求做了详尽的阐析，在这些基础上提出了相应的风险治理对策与措施。

第九章在前面八章尤其在第二章风险社会与高风险社会概念、特征、治理瓶颈研究的基础上，总结出中国当下社会治理创新的重点是以风险为核心对政治、经济、社会、文化及一系列的制度重新做出组织与安排，并且对高风险社会治理的中外实践经验包括亚政治形式、公民参与形式、风险文化的形式、大数据与专家技术系统形式、制度与规范形式等展开了全方位的探讨，从而揭示出将来中国社会治理的瓶颈或要突破的重点是信仰与优秀价值观的塑造与重建，体制与制度设置与执行的改革，哲学、社会科学与自然科学知识的全面发达和全民文化与文明素质的极大提高，人才选拔标准与用人制度的改革，治理模式的创新与治理技术的极大提高，以及全社会以风险为核心的全面启蒙等这些方面，并提出了各个层次的相应对策与建议。

第十章通过对传统法律功能理论的概略简介和概括总结前面数章所呈现的高风险治理的实践中原有法律功能的不足基础上，提出法律功能实际扩张的内在需求。该章第二节重点阐述为什么要将真善美作为法律功能扩张的基点或者说多样性法律新功能的统一性基础，即在法律新功能的内在要求与真善美之间存在着一种什么样的关系，并在最后一节中，将法律功能如何在高风险治理中以真善美为基点得以扩张做出探索，并为风险社会的有效治理开辟一条新途径。

综上所述，本著作在对贝克、鲍曼、吉登斯、道格拉斯等主要的风险社会理论家的相关理论深度研究的基础上，提炼出一个有解释力的重要概念——高风险，并对它的内涵、特征、表现症状与诊断做出了系统阐析，以全面透视中国社会的风险现状、特征与程度及其治理困境。著作采用大量的二手数据描述与呈现出了我国自然环境与生态领域、产品与服务领域和制度领域中所存在的风险现状、各自的具体成因及其治理困境，并各选择与三大领域相对应的一个代表性个案进行实证研究，旨在全面描述与阐析中国当下社会生活中所存在的总体性风险状况、高风险所在、各个层次各个方面的治理困境。这些领域反映出来的问题是我国当今社会亟须解决的焦点问题，也是我国社会风险治理要突破的瓶颈所在。因为，风险社会理论自诞生伊始即风靡国际社会，引起世界各国的热烈反响，我国也不例外，但国内多是纯粹的理论研究或者是某一方面的问题研究，而对我国社会实际的风险现状、成因及治理困境的总结与挖掘几乎缺席，本研究试图在这方面做出努力与弥补。我们希冀通过这项研究，让将来中国学者对中国社会的实际风险现状及其治理研究起到一个抛砖引玉的作用。

总之，呈上这本历时近十年的研究与修改的著作，算是没有辜负国家社科的委托，自2016年年底报告递交之后，国家层面的多项政策制定从本研究中汲取了不少的观点与建议，这对研究者也是一个很大的慰藉。当然，这本著作在取得一点小小的成绩之余，还存在着诸多不足。首先，是实证资料方面的不足，比如，实证研究部分由于经费和人员的有限存在着许多不足，因为笔者需要做的事项很多，三个个案的调研由本课题组成员，也是笔者指导的三位研究生带人分别完成，但由于各种客观因素的局限与困难及他们各人的主观态度、经验不足原因，三项个案的调研存在着许多不足，文中已多处指出。其次，是最后法律功能一章也嫌过于简略，但因该课题申报时标题是社会建设与社会治理的理论研究，所以，重点就落在社会治理的核心问题即当下中国社会的风险现状、成因及其治理困境与对策研究，这部分作为著作的主体部分总算是不负使命地呈现出来了。但副标题高风险社会中法律新功能研究或者说风险治理中法律功能的扩张研究则流于简单了。所有这些，希望将来在后续研究时能够得以修正与完成。

第一章　概　述

第一节　问题的提出

一、研究的实践意义

按照风险社会理论，伴随着现代化的进程，我们人类社会已迈进风险时代，传统的治理方式或治理模式已远远不能适应这种时代需求。要实现有效的社会风险治理，首先得搞清楚治理对象即该社会是怎样的，尤其是特定历史时期特定社会的整体状况，存在哪些风险或重大风险即重大社会问题，然后才能去研究怎么治理。早在 20 世纪 80 年代，德国社会学家乌尔里希·贝克（Urlieh Beck）就提出了卓有影响的风险社会理论，并用此去解释与研究现代社会，他认为我们人类已进入高风险社会。确实，这个世界所发生的一系列事件如艾滋病、核泄漏、金融危机、美国的“9·11”和中国的严重急性呼吸综合征（SARS）事件等，尤其是近两年世界范围内暴发的新冠肺炎疫情，从宏大到琐碎，在全球化、知识经济、科技革命的浪潮席卷下，人类社会无一幸免地被荡涤了一番，到处都布满了“风险”的雷管线。要对社会实现有效治理，势必要控制或避免这些风险。而首先要做的就是知悉风险源于何处，程度如何。每一个社会的风险都需回到特定社会现实中去寻找、去感知。

中国自然也不例外，改革开放四十多年来，我国在取得巨大成就的同时，也衍生出一系列重大的社会问题，如贫富两极分化，生态环境严重破坏，空气、土壤、水污染严重，能源消耗过度，贪污腐败现象严重，人们价值观离散，黄赌毒黑与各类诈骗充斥在人们的日常生活中。而最为严重的则是相当一部分人在利益面前放弃了原则、道德与良知，视人们的生命健康为儿戏，在食品、药品中充假或有害物质，为追求自身的利益、局部的利益、眼前的利益，不惜牺牲社会公共利益、整体利益、长远利益，而所有的这一切犹如瘟疫一般，若不加以遏止，它将会蔓延扩散，毒害、侵蚀人们的心灵，造成全社会的不负责任、自私自利的社会风气，造就人们衣食住行的全面损害与危险，造成制度与道德、文化的全面败坏和人们对社会与制度的全方位沮丧，对共和国的深切失望。按照风险社会理论去认知、诊断，我国已开始进入高风险社会。所有的个体为了私利不惜让人性的恶全面复燃与膨胀，而使社会置于不安全的氛围之中，而让人类的工业文明成为毁灭人类精神文明的工具，这是风险社会最致命的病因。若要实现对这些高风险的有效治理，就势必要搞清楚我国社会的风险现状如何，或者说存在着哪些方面的重大问题，如何去挖掘这些问题或现象的成因与久治不愈的困境所在，如何去提高新时代的社会治理水平与创新治理模式和机制，有效遏止甚至根除这些病因或风险，是本研究的主要宗旨，也是这项研究的实践意义之所在。在这个法制化的时代，要开展这项工程当然离不开法律。那么，法律在削减、控制风险或实现有效治理方面究竟有什么功能呢？或者说，在人类进入高风险的社会中，法律又承担着怎样的使命，具有怎样的功能？从而为提高我国社会的治理水平和创新治理模式提供理论依据，也为将来相关的政策制定与立法和法律制度的改革提供经验依据。

二、研究的理论意义

风险社会理论创立伊始就在国际社会引起广泛的影响，各国学者对它的理论与经验研究持续地进行着，西方国家很多学者将这种理论应用于某个国家的特殊场景中去做经验研究，我国在20世纪末以来也有很多学者做出了响应。但多是纯粹的理论研究如杨雪冬、刘岩、薛晓源等，或者是某一方面的问题研究如李路路、刘婧等，而对各种风险现状、成因及治理困境的总结与挖掘稀少。本研究因立足于社会治理的需要，势必得搞清楚中国社会的重大问题也即高风险表现、缘由及其治理瓶颈所在，才能针对性地提出建议与对策。而只有对当下社会各个领域、层次进行风险治理困境的挖掘与法律局限性的总结，才能去思考将来治理的创新和法律功能的扩张，这样的研究进路与过程也就有了自己特有的学术价值和应用价值。当然，这种研究的理论自觉，一方面希望通过中国场景风险现状的经验研究，对风险社会理论的解释力能有一点小小的贡献；另一方面，希望能为中国将来的社会治理提供一种新的思路和理论依据。

那么，如何提高科学化的治理水平与制度创新？在当下这个以法治国或者说法理型统治的时代，若撇开法律去研究社会治理创新和提高科学化水平，那简直就是舍本求末。国内虽有一些相关研究，但总体上仍属于局部的、零散的研究，缺乏系统性，未能完整地揭示出中国社会的风险现状、特征以及高风险的表现、特征与缘由，中国社会高风险治理的困境有哪些，它的瓶颈与焦点何在？如何针对这些特殊性提高现代社会治理创新的科学化水平，法律又能发挥哪些作用与功能？在中国社会这种特殊的实验场中，法律的传统功能将会发生怎样的改变，从而使法律在高风险社会的治理中裂变出新的功能，这是本项研究所要去做的重要探索与实现的预期目标。

为此，本书立足于风险治理的视角，利用大量的二手数据与部分实证资料和丰富的文献资料，采用理论研究与实证资料相结合的经验研究方式，对中国社会场景下的风险状况、风险程度、风险成因、风险治理的困境与瓶颈等进行深层次的挖掘、展示与剖析，全面呈现与阐释中国社会的风险现状、程度与成因，重点挖掘中国社会特殊场景下的各个领域、各个层次、各个方面的治理困境，系统地揭示我国社会高风险治理的各种困境与需要突破的瓶颈所在，以及高风险治理中法律传统功能的不足，从而有针对性地提出相应的各个层次的建议与对策，并进而为我国社会的有效治理、提高社会治理的科学化水平提供科学有效的理论依据和切实可行的政策建议，也为将来中国社会的风险治理提供一种新的思路和经验依据。同时，丰富和发展法律的功能理论和风险社会理论，对法社会学和社会学研究将具有重要的学术价值。这是本项研究的重要理论意义之所在。

三、研究问题

风险社会是安全社会的对立面，如果将二者放置于社会状况这一轴承上，高风险社会与安全和谐社会处于轴承的两端，和谐社会是有序、确定、可控与安全的社会。高风险社会处于与和谐社会相对应的另一端。绝对意义上的两类社会，无论是理论上还是事实上都是不存在的，人类社会从诞生至今，就没有绝对和谐的社会，也没有绝对高风险的社会，只是将它们作为分析概念和类型学对待才有意义和存在价值。这两种社会类型既是相对而言，也是认知的需要。提高社会治理的科学化水平和治理创新，最重要的就是要对社会风险现状及其特征有一个深刻的认知，同时能够削减、控制已被认知的因素，使高风险社会向另一端转变。因此，社会治理创新研究的关键是要搞清楚什么是风险社会及其特征有哪些。何谓高风险？中国社会的风险和高风险表现、特征、成因或缘由是什么？对这些高风险治理的困境有哪些？治理的瓶颈与焦点是什么？如何对风险社会实现有效治理？在国际社会风险治理实践中，有哪些为有效治理的科学创新值得借鉴的经验？在风险社会的治理中，法律能够承担何种功能和发挥怎样的作用？法律传统功能如何在高风险治理中得以拓展？所有的这一切，都将成为围绕本研究问题即怎样实现对中国社会风险的有效治理的各个子问题或者说各个方面，它们都得在本研究中得以呈现，从而为未来中国社会建设与治理创新提供理论与科学依据。

第二节 文献综述

一、西方风险社会理论及风险治理理论综述

自贝克在20世纪80年代出版《风险社会》著作，特别是90年代他

的著作被翻译成英文以来，西方学者与中国学者掀起了研究风险社会的热潮。接下来我们重点介绍西方社会关于风险、风险社会和风险治理理论的代表性成果。

（一）西方风险学家关于风险及风险社会的理论论述

早在20世纪60年代，玛丽·道格拉斯就写了一部在人类学界卓有影响的《洁净与危险》，在这部著作中，她从文化的视角讨论洁净、污秽与危险，她认为这些概念是人类基于一些共享的文化而具有的人类的感知与分类造成的。也就是说将文化、认知融入对危险包括风险的思考。“我们因此得出的结论是，风险如同禁忌。有关风险的讨论充满高度的道德与政治色彩。命名一个风险等于确立一项指控。要确立哪些危险可怕，哪些危险可被忽略，取决于风险谴责者想要阻止的是哪些行为。”① 所以，她认为风险如同禁忌一样具有保护的功能，风险的概念同样融入了道德与政治的考虑。

而在20世纪80年代出版的*Risk and Culture*一书中，她更是旗帜鲜明地表明：风险受人们的感知、选择所影响和决定，是文化偏见的结果。因为感知、选择是社会过程，是社会制度、社会组织、社会生活的形式与偏好、共同的价值观决定了人们对哪些风险引起重视，哪些忽略不计，去承担或回避哪些风险。她说“当我们认为一种将环境污染视为严重风险的某一社会是偏见时，而认为另一种社会就是客观和无偏见的，其实，他们都是偏见地去发现不同种类的危险而已”②。所以，在道格拉斯看来，不管是哪一种风险，都是存在着某种文化偏见的人们认知的结果。而风险感知与社区的特殊生活紧密地联系在一起。她说“对风险感知的研究是基于这样一种文化模式，即试图去发现什么是从对危险的不同回答中归纳出来的社会生活的不同特征”③ “在人们的思维中，思考人类对自然世界的干预时，

---

① Mary D. Purity and Danger: An Analysis of the Concepts of Pollution and Taboo [M]. London: Routledge, 1966: 12.

② Mary D. Risk and Culture [M]. Berkeley: University of California Press, 1983: 8.

③ Mary D. Risk and Culture [M]. Berkeley: University of California Press, 1983: 8.

我们是不包括在干预对象之内的；而当探察哪些风险是我们可接受的，聚焦于一些不确定因素时，我们又是包括在内的。从不包括在内到包括在内要求源自科技的风险与人们对这些风险的感知之间有一种联系”①。所以，风险是文化定义，是“文化的感知与定义构成了风险”②。

当然，她也承认这个世界充满着客观的风险，她说：毫无疑问，我们从科技进步中受益，但也面临着核泄漏与致癌化学产品的危害。③ 此外，还有“战争、污染、失业、通货膨胀等，有些风险凭我们已有的知识可以了解，有些则是不可知的，我们没有一个人可以知道我们所面临的所有风险，而且大部分人在绝大多数时间都是无法知晓风险的，更不能准确地评估我们所面临的风险”④。所以，道格拉斯认为的风险是指一种文化、一种认知，同时，也是一种社会的存在，要将风险置于特殊的社区与文化结构、情景中才能去感知与解释。在她看来，普通公众、社会组织与政府治理者对风险的理解存在很多分歧，有人认为污染比战争更危险，有人认为暴力犯罪比贫富差距更危险，有人认为宗教与种族冲突更危险，有人认为失业与通货膨胀更危险。同样的风险，不同的主体认识也各不相同。如《利未记》中的污秽物。因为共享文化的不同而导致对风险的感知与认同也不同。由此可知，风险与其说是一种客观危险，不如说是一种主观感受与认同，是一种文化。道格拉斯早在 20 世纪 60 年代就展开了对风险的讨论，更在 20 世纪 80 年代从文化分类学与文化分析方法角度对风险进行系统的研究，并提出了许多卓著的见解。她的人类学的研究方法与文化主义的研究方法为风险研究提出了一种全新的视角，成为用文化分析方法去研究风险的开山人物。

20 世纪 80 年代，德国社会学家乌尔里希·贝克（Urlieh Beck）在此前风险理论家的研究基础上，提出了“风险社会”的概念。关于风险社会

---

① Mary D. Risk and Culture［M］. Berkeley：University of California Press，1983：10.

② 参见薛晓源，周战超. 全球化与风险社会［M］. 北京：社会科学文献出版社，2005：137.

③ Mary D. Risk and Culture［M］. Berkeley：University of California Press，1983：1-2.

④ Mary D. Risk and Culture［M］. Berkeley：University of California Press，1983：1.

的特征和状况，他在其代表作《风险社会》（1986）、《反毒物》（1991）、《风险时代的生态政治》（1994）等及论文《再造政治：自反性现代化理论初探》（1992）、《何谓工业社会的自我消解和自我威胁?》《从工业社会到风险社会》《全球风险世界：现在与未来》中做了深刻而详尽的论述。贝克认为现代化的风险，主要表现为“对于植物、动物和人类生命的不可抗拒的威胁”①，而且，这种威胁与风险是全球性的。当然，风险概念并不是他发明的，按照吉登斯的研究，16、17 世纪，西方就创造了这个概念，它主要指“各种各样的不确定情况”“是在与将来可能性关系中被评价的危险程度”②。这种风险贝克认为是伴随着财富的生产与分配发展起来的，“在现代化过程中，生产力的指数式增长，使危险和潜在威胁的释放达到了一个我们前所未知的程度”③。现代化不仅导致制度、科学、技术、工厂、阶级、劳动模式、财富分配、教育、职业、家庭、生活方式等所有社会结构的重要元素发生变化，而且还促使这些变化的基础发生变迁。这一切又是工业社会自身发展的意外后果，所以，风险一方面是工业发展或者说现代化的“潜在副作用”④“是文明强加的”⑤，正如他在《再造政治：自反性现代化理论初探》一文中所说：“现代性从工业时期到风险时期的过渡是不受欢迎的、看不见的、强制性的，它紧紧跟随在现代化的自主性动力之后，采用的是潜在副作用的模式。”⑥ 所以，这种风险具有内在的不可预测与不可控特性。当然，这也是为了掩饰风险后果的不可知和推卸风险预测与控制的责任需要所生产出的一种概念。另一方面，他认为：这种风险的不可感知和不可预期性，使得未来具有决定现在的权力，“不存在的、想象的和虚拟的东西成为现在的经验和行动的‘原因’”⑦。由此，

① 参见贝克. 风险社会［M］. 何博闻，译. 南京：译林出版社，2004：序 7.
② 参见吉登斯. 失控的世界［M］. 周红云，译. 南昌：江西人民出版社，2001：18.
③ 参见吉登斯. 失控的世界［M］. 周红云，译. 南昌：江西人民出版社，2001：15.
④ 参见吉登斯. 失控的世界［M］. 周红云，译. 南昌：江西人民出版社，2001：36.
⑤ 参见吉登斯. 失控的世界［M］. 周红云，译. 南昌：江西人民出版社，2001：218.
⑥ 参见贝克，吉登斯，拉什. 自反性现代化——现代社会秩序中的政治、传统与美学［M］. 赵文书，译. 北京：商务印书馆，2001：9.
⑦ 参见贝克. 风险社会［M］. 何博闻，译. 南京：译林出版社，2004：35.

贝克得出："风险可以被界定为系统地处理现代化自身引致的危险和不安全感的方式"。① 当然，在贝克的眼中，风险并不等同于风险社会。风险社会理论在贝克看来是基于理性而对风险做出的认知分析的结果，它是"对未来世界也是对现实世界将可能存在和业已存在的'社会疾病'经过详细的了解分析之后得出的一个诊断性结论"，是"预见性与判断性的统一"。他说"我的风险社会理论是以资本主义工业社会为探讨基础的，我认为现代国家所要面临的首要问题已经不是物质匮乏，而是风险前所未有的多样性以及风险所造成结果的严重性"②。风险社会与工业社会是两种不同的社会，或者说是两个不同的阶段。工业社会也有风险，但它的风险不同于风险社会的风险。这种风险社会是贝克所谓的自反性现代化社会，也就是本文所指的高风险社会。总之，风险社会在贝克眼中，不仅指现代化带来的生态危机等潜在的副作用，也包含制度自反性带来的不确定性、安全感和不可预测性。风险既是一种事实，又是一种建构，包含认知和文化的内涵。风险使得过去、现在、未来联系起来，使得自然与文化的泾渭分明的界限消失。"风险是'人为的混合物'"③。

英国社会学家安东尼·吉登斯在其《现代性的后果》(1990)、《失控的世界》(1998) 等著作和系列论文《生活在后传统社会中》《风险、信任、自反性》中对风险社会理论做出与贝克相同而又有明显差异的发展与讨论。相同的是，吉登斯也认为"现代性总是涉及风险观念"④，风险是工业文明的结果。他认为风险可划分为"外部风险"与"被制造出来的风险"，"正当被制造出来的风险扩张的时候，风险也变得危险重重"⑤ "危

---

① 参见贝克. 风险社会 [M]. 何博文，译. 南京：译林出版社，2004：19.
② 参见薛晓源，刘国良. 全球风险世界：现在与未来——德国著名社会学家、风险社会理论创始人乌尔里希·贝克教授访谈录 [J]. 马克思主义与现实，2005 (1)：44-55.
③ 参见贝克. 风险社会再思考 [M] //薛晓源，周占超. 全球化与风险社会. 北京：社会科学文献出版社，2005：142.
④ 参见吉登斯. 失控的世界 [M]. 周红云，译. 南昌：江西人民出版社，2001：22.
⑤ 参见吉登斯. 失控的世界 [M]. 周红云，译. 南昌：江西人民出版社，2001：24.

险更多地来自我们自己而不是来源于外界”①。按照17-18世纪启蒙哲学家的观点：“随着科学与技术的进一步发展，这个世界将变得越来越稳定和更加有秩序。——然而，这个世界看起来或者感觉起来并不像他们预测的那样。它并没有越来越受到我们的控制，而似乎是不受我们的控制，成了一个失控的世界。”② 这就是知识增长与科技进步带来的越来越多的新风险、不确定性与不可预测性，而且不可预测的根源发生了改变，是制度自反性带来的后果。

接下来他从现代性对依靠程式真理和守护者的具有行动情境性的传统的破坏、撤离与再嵌入，来讨论现代社会的不确定性、离散性与实验性。现代生活中人们面临着多种选择与决策，而这种选择与决策依赖专家与专门知识，然而，“专家知识及专门知识的一般积累本该能够越来越多地提供关于世界本质的确定性，然而，无须粉饰，这种确定性的条件正是怀疑”③。随着全球化带来的地方情境与行动情境的撤离和抽象系统作用的抽离化过程，传统被完全破除，“它已不能再以嵌入权力的分散型中心的形式出现了”④ “传统必须以业已提到过的方式来解释或‘证明’其自身”⑤。在现代社会即吉登斯所谓的后传统社会中，整个生活的世界就是一个大实验场，无论是传统、科学、专家知识、他者都要在这个实验中进行对话，得以证明其自身在场或存在的合理性的理由，或者找到其自身消解、被怀疑和重新发现的理由。这种社会中，一切皆有可能，当然，“主动信任变得越来越重要”⑥。但它也同样会带来“机遇与灾难可能性之

① 参见吉登斯. 失控的世界［M］. 周红云，译. 南昌：江西人民出版社，2001：31.
② 参见吉登斯. 失控的世界［M］. 周红云，译. 南昌：江西人民出版社，2001：2-3.
③ 参见贝克，吉登斯，拉什. 自反性现代化——现代社会秩序中的政治、传统与美学［M］. 赵文书，译. 北京：商务印书馆，2001：110.
④ 参见贝克，吉登斯，拉什. 自反性现代化——现代社会秩序中的政治、传统与美学［M］. 赵文书，译. 北京：商务印书馆，2001：131.
⑤ 参见贝克，吉登斯，拉什. 自反性现代化——现代社会秩序中的政治、传统与美学［M］. 赵文书，译. 北京：商务印书馆，2001：132.
⑥ 参见贝克，吉登斯，拉什. 自反性现代化——现代社会秩序中的政治、传统与美学［M］. 赵文书，译. 北京：商务印书馆，2001：237.

间的张力”①，这种张力将使生活在后传统社会中的人们产生深切的不安全感。现代性势不可免地卷走了一切具有本体性安全的传统与习性，人们企图通过各种程式真理维护机制类似于贬损猎物这样的仪式习语来守护传统中的真理机制，从而提供某种焦虑控制机制和一定的本体性安全，但这一切并没有多少成效。成瘾似乎是一种守护传统或文化、道德的本体性安全的一种有效机制，但这也仅是一种表象。现代社会抽象系统中信任的易变模式和信任难以捉摸的本性使得强迫性在现代性中具有重要的地位功能，然而多重抽象系统的存在与专家知识重新配置的现代性特征又毁灭着这种地位功能。在现代性社会尤其在全球化过程中，传统的撤离是必然的，当然这并不意味着传统会消亡，而是它须以一种证明自身的方式存在或者改头换面地存在，因为传统保存着历史上富有意义的样本，通过对传统残片的挖掘考察，可以为重塑现代生活中的本体性安全提供考古意义。这种通过对传统的守护、传统的撤离、传统的破除的视角来讨论现代性的不确定性与不安全感，把现代社会中风险产生的土壤、生长条件与隐匿性暴露得淋漓尽致。

齐格蒙特·鲍曼则从流动的现代性与不确定性等角度指出了现代社会的风险性特征。鲍曼在其《流动的现代性》《被围困的社会》《共同体》等著作中用流体或液体来比喻现代性或现代社会，强调时间与空间关系的重要性，强调现代社会的流动性特征。流体虽然轻灵易变，但它能够“溶解液体中的固形物”②。现代性经过的地方，传统就被瓦解，对传统的信仰与忠诚也同时被瓦解和否认。旧秩序、旧制度与旧的生活模式在流动的现代性中接受融解的考验，这种液化的力量将时间与空间从生活实践中分离出来且彼此独立，使得它们之间的关系成为一种可变关系如速度，技术就可以作用于它们的关系上，现代社会的一切都体现在这种时空关系的重大变化之中，在时空的流动之中，所有的事物都是不确定性的，整个社会也都充满着风险。在鲍曼的眼中，这种液化的、流动的、解除控制与分散的

---

① 参见贝克，吉登斯，拉什．自反性现代化——现代社会秩序中的政治、传统与美学［M］．赵文书，译．北京：商务印书馆，2001：245.

② 参见鲍曼．流动的现代性［M］．欧阳景根，译．上海：上海三联书店，2002：4.

现代性使得永恒贬值，持久性失去了意义，片刻与偶然性获得了新的价值与意义。它改变了人类共处的形式和劳动的形式，人类的生活世界不再是建立在相互信任的固态的一个个单位、团体或区域基础上，而是解除了限制与个体化了，“个人必须独自承受当今的恐惧、焦虑与不平”①，个体自己在进行着社会身份的再生产；劳动“已经从秩序建构和控制未来的领域，慢慢地转移到了游戏的领域”②，它改变了劳动原有的性质与伦理标准，获得了美学的价值与意义。劳动与资本也不再似固态的现代性时代那样相互依赖与紧紧地捆绑在一起，它们联结的纽带松懈了，它们间的婚约解除了。资本不再依附于劳动，而是从劳动中解脱出来并与劳动和平共处，甚至支配着劳动。劳动者也不愿为了遥遥无期的目标而牺牲掉现在，他们不再似朝圣者般的永远处在实现的旅途中，延迟着欲望的满足，“活在当下”是他们的口号。人与人之间的结合关系也变成了消费性的，而不是生产性的。所有的这一切颠覆了人类原有的生活世界与人们的价值观，这个世界中存在的所有事物都在经历着脱域与解放，人们陷入了一种不安全、不确定、敏感不信任的沮丧与焦虑旋涡中，遭受着个体自由选择与安全保证间的失衡不断加大的痛苦，从而使得人们的生活充满各种不确定性与风险。“风险是我们还看不见、听不到的危险，是我们可能还没有充分意识到的危险。”③

紧随着斯科特·拉什在《自反性及其化身：结构、美学、社群》《是专家系统还是受制于处境的伦理？分崩离析的资本主义中的文化和制度》二文中，用结构、美学或阐释性、社群三个重要概念来揭示现代社会的风险性。他用结构来解释自反性现代化。他认为从社会结构中解放出来的能动作用会反作用于这种结构的规则、资源与社会存在条件，从而使原社会结构“被信息和交流结构替换”。④ 专家系统或专家知识因此粉墨登场，进

① 参见鲍曼．流动的现代性［M］．欧阳景根，译．上海：上海三联书店，2002：231.

② 参见鲍曼．流动的现代性［M］．欧阳景根，译．上海：上海三联书店，2002：217.

③ 参见鲍曼，梅．社会学之思［M］．2 版．李康，译．北京：社会科学文献出版社，2010：115.

④ 参见贝克，吉登斯，拉什．自反性现代化——现代社会秩序中的政治、传统与美学［M］．赵文书，译．北京：商务印书馆，2001：140.

入自反性的讨论中。“自反性不以信任为基础而以对专家系统的不信任为基础。”① 由此牵引出自反性社会的不安全因素。无论是社会结构的本体性不安全，还是人们心理或认知方面的不安全。这都是风险社会的重要方面。在这个前提下，拉什提出了他的美学阐释学或挽救阐释学。这种阐释学必须使阐释者与被阐释者共处于一个世界，扎根于共享意义与共同的习俗背景之中，并让主客观对立的知识共融于一个生活世界。同时，将布迪厄提出的“未被考虑到的范畴”也作为“实践意识的本体性基础”。② 因此，拉什将社群这个重要概念植入他的阐释学中，以进一步阐述他的自反性现代化。“新式的‘我们’扎根在专家系统中，建立在信息和交流结构上，迥异于传统的社群，反过来，这些新的文化社群又为更加强烈的自反性提供了可能。也就是说，这些新社群不是‘理性主义的’。它们需要一种能够作用于未被考虑到的范畴、作用于十分难解的风俗、作用于构成社群基础的共享意义的自反性和理解。总之，它们关系到一种阐释自反性，且这种阐释性反思绝不仅仅是一个‘选择’问题。在一定程度上，这是得到增强的文化结构霸权给我们带来的命中注定的东西。”③ 所以，拉什除了强调自反性现代化自身具有的本体性风险，还强调了文化结构中的风险、阐释学上的风险。此外，罗斯、哈杰（Maarten Hajer）、阿瑟·摩尔（Arthur P. J. Mol）、凯瑟琳（Sven Kesselring）等人也纷纷撰文讨论生态现代化与风险社会等关系。

上述经典风险理论家的阐述，向我们揭示了风险与风险社会这两个概念的内涵及其重要特征、风险与风险社会的重要理论思想。若不搞清楚风险与风险社会这两个重要概念，本项研究也就无法进行。正如道格拉斯所言：“如果没有一个正确的风险概念，也就无法使人们接受它。”④ 更谈不

① 参见贝克，吉登斯，拉什. 自反性现代化——现代社会秩序中的政治、传统与美学［M］. 赵文书，译. 北京：商务印书馆，2001：147.

② 参见贝克，吉登斯，拉什. 自反性现代化——现代社会秩序中的政治、传统与美学［M］. 赵文书，译. 北京：商务印书馆，2001：192.

③ 参见贝克，吉登斯，拉什. 自反性现代化——现代社会秩序中的政治、传统与美学［M］. 赵文书，译. 北京：商务印书馆，2001：209.

④ Mary D. Risk and Culture［M］. Berkeley：University of California Press，1983：4.

上有关该风险的完整、全面的认知与研究，若缺乏对风险的相关知识与理论的掌握与深入研究，风险的治理更无从谈起。风险与风险社会概念的内涵与重要特征我们将在第二章重点讨论。接下来我们来学习相关理论家们对风险社会治理理论的探讨。

（二）西方理论家关于风险治理理论综述

与上述的风险社会理论相对应，本文着重介绍贝克、吉登斯、鲍曼、哈贝马斯等的风险治理理论。这些理论为全球性风险社会的来临与治理提出了一系列的创意与设想，为我们探索风险社会的良好治理与治理创新跨出了最重要的一步与典范性的探索。

贝克在《世界风险社会：失语状态下的思考》[①]《再造政治：自反性现代化理论初探》《从工业社会到风险社会》《风险社会再思考》"9·11事件后的全球风险社会"等系列论文中对风险社会的治理提出了自己的全面思考。他认为现代性的自主发展将我们人类的一切带入不确定性状态。原有的工业社会的制度也成为威胁与危险的生产源，个人通过抽离与再嵌入，重新生产自己的生活经历与重返社会，从而形成一个从下方塑形社会的亚政治。随着工业社会的进一步功能性系统分化而出现的自反性现代化，更是呼吁一种新的理性形式即编码合成，国家因此也发生嬗变，创造出一种超越左与右、生与死的新政治。因此，风险社会向旧的社会治理机制与治理模式提出了巨大的挑战。风险社会中，决策非常重要，风险的客观存在是一方面，而另一方面则是人们对风险的认知所造成的恐慌而导致的心理崩溃与社会无序或混乱，而"将可预测的安全呈现于日益开放的未来时代"[②]。这需要决策者一方面用法律与科学将风险与威胁纳入预警与防范体系加以规范，另一方面充分利用工程技术与自然科学、社会评估机制的作用，明确责任主体，确定风险标准，使得在风险与灾难纳入可预先计

---

① 载贝克，张世鹏. 世界风险社会：失语状态下的思考［J］. 当代世界与社会主义（双月刊），2004（2）：88-92.

② 参见薛晓源，周占超. 全球化与风险社会［M］. 北京：社会科学文献出版社，2005：63.

算与可事后归责的治理机制崩溃之后一种重建风险治理的开放政治形成，从而使风险成为生态民主政治形成的一个契机。

吉登斯认为具有实验性质的现代性将人类世界的一切卷进不确定的巨大危机之中，带有本体性安全的传统也在这种现代性与全球化的滚滚洪流中撤离或破除，这种现代性是伴随着人类知识的增长不可避免的趋势。“曾经由‘自然’决定的东西——无论是环境还是传统——一旦成为决策对象，那么，便会出现新的道德空间和政治的复杂性。”① 在这种情景下，吉登斯认为“主动信任”变得非常重要，一种新型的社会团结或者说社群的创造，一种以保卫传统的程式真理的宗教激进主义与新兴的政治激进主义的对话，作为日常生活中制度的自反性就会出现，从而导致一种“自由民主”的诞生。“由更加灵活的、中心分散的权威系统取代官僚等级制的趋势很明显。”② 这种新型的治理机制使“民主化进程再次与制度的自反性联系到了一起，且明显表现出自治原则”③。而在其他情境中如家庭关系领域内出现的“情感民主”倾向、在社会运动和自助团体的发展方面、全球化的发展层次上都表现出民主化的进程。“在积极信任所特有的自反、自治与对话的混合体中，我们也许能够创造出一个更加公正的、不再有大规模战争的全球性秩序”④，也就是将各种具体领域的民主化进程的亚政治形式引导到总体政治或超政治的可能性上来，从而去探索和创造风险社会新治理机制的前景。

在上文的介绍中，我们已经认识到鲍曼对现代社会的流动性的强调，对时空关系新模式的重视和对劳动与生活世界各种固态关系的抛弃，从而

① 参见贝克，吉登斯，拉什. 自反性现代化——现代社会秩序中的政治、传统与美学[M]. 赵文书，译. 北京：商务印书馆，2001：241.

② 参见贝克，吉登斯，拉什. 自反性现代化——现代社会秩序中的政治、传统与美学[M]. 赵文书，译. 北京：商务印书馆，2001：245.

③ 参见贝克，吉登斯，拉什. 自反性现代化——现代社会秩序中的政治、传统与美学[M]. 赵文书，译. 北京：商务印书馆，2001：245.

④ 参见贝克，吉登斯，拉什. 自反性现代化——现代社会秩序中的政治、传统与美学[M]. 赵文书，译. 北京：商务印书馆，2001：246.

进入全方位的脱域与个体化过程。个体不同于公民。① 法律意义上的个体不同于事实上的个体，而要“填平这一鸿沟，是真正的名副其实的政治的事情”②“公共权力意味着个体自由的不完全性，但是公共权力的退却和消失，则意味着在法律意义上取得胜利的自由实际上的无能。——在今天，任何真正的解放，它需要的是更多而不是更少的‘公共领域’和‘公共权力’”③。只不过，这种公共权力不能从公共政治中去寻找，而是要从个体的生活政治中去寻找。也就是说，解放与个体化过程使得这种社会的治理与以往发生了质的改变。当劳动、生活方式都从沉重的、固态的转变为轻快的、液态的时候，不确定性、风险也在发生着改变，当然，权力关系模式也发生了变化。比如，福柯的全景监狱的模式。“时间优势是监狱治理者权力的秘密所在”④，全景监狱的权力关系模式是双方交战与对抗的模式，这种模式里，“治理者被假定为总是在‘那’，在附近，在控制塔里。后全景监狱权力关系重要的地方，是掌握了权力操纵杆的人，能够在任何时刻都能完全不受这一关系模式的影响”⑤。而现代技术如电子信息的发展使得时间与空间的关系发生了重大的变化，从而导致这种相互对抗的权力关系模式的终结。新的权力关系模式是要摧毁一切控制网络，摧毁一切阻碍全球性权力流动的障碍，冲破所有的妨碍权力流动的边界。“现在是更小、更轻、更轻便的东西更能表明‘进步’和完善。是更为稳健可靠并因而更有吸引力的‘轻装旅行’，而非紧紧抓住事物被认为是权力的优点。”⑥

---

① 参见贝克，吉登斯，拉什. 自反性现代化——现代社会秩序中的政治、传统与美学［M］. 赵文书，译. 北京：商务印书馆，2001：55.

② 参见贝克，吉登斯，拉什. 自反性现代化——现代社会秩序中的政治、传统与美学［M］. 赵文书，译. 北京：商务印书馆，2001：59.

③ 参见贝克，吉登斯，拉什. 自反性现代化——现代社会秩序中的政治、传统与美学［M］. 赵文书，译. 北京：商务印书馆，2001：77-78.

④ 参见鲍曼. 流动的现代性［M］. 欧阳景根，译. 上海：上海三联书店，2002：14-15.

⑤ 参见鲍曼. 流动的现代性［M］. 欧阳景根，译. 上海：上海三联书店，2002：16.

⑥ 参见鲍曼. 流动的现代性［M］. 欧阳景根，译. 上海：上海三联书店，2002：20.

同时，人们渴望重建一个“良好社会”或者共同体①，以使脱域之物重新嵌入，让人们获得一种能够容纳至少不排斥这些重大变化的安全稳定性。那么，这种共同体到底是聚集在爱国主义或民族主义旗帜下的种族共同体，还是独立自主的有着各种差异性的个体成员通过谈判和调解团结起来的共同体，抑或是鲍曼所述的“衣帽间式的共同体”或“表演会式的共同体”。鲍曼认为第一种共同体主要以民族国家的形式存在，它的安全稳定性的获得代价高昂，因为它以封闭的强加给成员的身份认同的归附性为特征，而对成员的身份认同的自由选择忽略不计，一方面存在着共同体权利与个体权利的内在冲突，另一方面以限制与减少个体自由为条件，尤其是共产主义，而自由的扩大可以增加人类安全的总量；第二种共同体主要以联合国或一些国际组织为代表，事实证明：这种共同体在全球战争与全球性经济危机中所供给的安全保证还是很有限和无法承诺的；而第三种共同体尚是零散的、即时性的、在人们生活中地位次要的共同体，它们仅仅能提供这些个体们暂时的喘息和缓解，而不是解决痛苦与不幸的治疗办法，甚至可能是流动社会失序的原因。所以，这三种共同体都存在着不同程度的局限性。那么多元文化主义是否能解决或至少能缓解这种局限性而建立起“良好社会”呢？多元文化主义是“由制造舆论的有识阶层给出的解决这个世界关于各种价值准则以及方向的不确定性的最普通的办法”②，这种被拉塞尔·雅各布称为“意识形态终结的意识形态”③，鲍曼称它“最好被解释为知识分子对人类状况做出的一个注释，这种人类状况受到通过脱身而来的权力与通过过剩而来的控制的双重影响的塑造”④。这种多元文化主义也遭到了诸多的批评，鲍曼认为这种多元文化主义本质上无非是“把不可能要求公开同意的不平等，重新塑造为可以珍视并遵守的‘文

① 参见鲍曼．流动的现代性［M］．欧阳景根，译．上海：上海三联书店，2002：260.

② 参见鲍曼．共同体——在一个不确定的世界中寻找安全［M］．欧阳景根，译．南京：江苏人民出版社，2003：153.

③ 参见鲍曼．共同体——在一个不确定的世界中寻找安全［M］．欧阳景根，译．南京：江苏人民出版社，2003：154.

④ 参见鲍曼．共同体——在一个不确定的世界中寻找安全［M］．欧阳景根，译．南京：江苏人民出版社，2003：165.

化差异'。剥夺的道德上的丑恶，被奇迹般地化身为文化多样性的美学上的美"① 和被"这种显然更为人道的说法所取代"② 而已，"目标是要平息道德上的良心不安，并与人类不平等的事实相调和"③。而且，"在一个'多元文化主义'的世界里，文化可以共存，但很难从共同生活中得到好处"④。但在"不再有社会的拯救了"的现代性条件下，这种多元文化主义还是有它存在的价值。其中之一是为了保存差异权，保存人类不同探索征途中的不同发现。而"发现的多样性，增加了避免人类可能性遭到忽视和依然未被努力尝试的机会"⑤，所以，对这种文化多样性的承认，是最终有益的政治探索过程的起点。它与多元共同体主义不同，通过鲍曼的论证，"不安全感往往会把多元文化转变成'多元共同体主义'"⑥，结果是造成了全球性精英阶层和隔离区的出现，而将差异绝对化。这种状况的出现是一场"以分裂、孤立、分离与疏远为根本目标的探险"⑦。"安全感才是文化之间对话的必要条件"⑧。它虽然超出了多元文化主义倡导者承认的范围，但安全感是人类幸福与人性光明前景的关键品质与重要保证。只有它才使得不同文化的对话有了可能，因为只有"从对共同人性的寻求和共

---

① 参见鲍曼. 共同体——在一个不确定的世界中寻找安全［M］. 欧阳景根，译. 南京：江苏人民出版社，2003：132.

② 参见鲍曼. 共同体——在一个不确定的世界中寻找安全［M］. 欧阳景根，译. 南京：江苏人民出版社，2003：133-134.

③ 参见鲍曼. 共同体——在一个不确定的世界中寻找安全［M］. 欧阳景根，译. 南京：江苏人民出版社，2003：134.

④ 参见鲍曼. 共同体——在一个不确定的世界中寻找安全［M］. 欧阳景根，译. 南京：江苏人民出版社，2003：168.

⑤ 参见鲍曼. 共同体——在一个不确定的世界中寻找安全［M］. 欧阳景根，译. 南京：江苏人民出版社，2003：168-169.

⑥ 参见鲍曼. 共同体——在一个不确定的世界中寻找安全［M］. 欧阳景根，译. 南京：江苏人民出版社，2003：176.

⑦ 参见鲍曼. 共同体——在一个不确定的世界中寻找安全［M］. 欧阳景根，译. 南京：江苏人民出版社，2003：176.

⑧ 参见鲍曼. 共同体——在一个不确定的世界中寻找安全［M］. 欧阳景根，译. 南京：江苏人民出版社，2003：177.

同控制人类状况的延迟中获得好处”，才是获取安全感的力量源泉和共同动机。① 而不安全感的根源是法律意义上的个体与事实意义上的个体之间所存在的鸿沟。因此，现代社会的治理与政治只能从填补这个鸿沟开始，减少人们的不安全感，从保存差异性和多样性的存在及不同文化之间的对话中，去寻找现代及将来社会治理的有效模式。

哈贝马斯的风险治理理论一如既往建立在他的商谈论基础上。他在讨论技术进步的实践后果时指出，按照技术发展的内在逻辑，现代的技术与自动化生产使人摆脱远古时候的体力劳动与各种痛苦和危险，同时，“科学、生产、治理、交通、军事和大众自由中的前进中的技术系统，成了一部独立的机器，这部机器按照技术的有效性标准，不断改善自己，即在这种意义上越来越理性，但它另一方面却越来越多地摆脱了社会主体们的监督，并因此不再服务于自发扩大的和自由解释的需求的满足，不再有益于自主的决断，因此变得愈来愈非理性”②。它会“发展成一个加固危机和持续扩张的系统”③，成为所谓的“第二自然”。④ 所以，这种作为人类生存环境之一的自然过程的前进中的技术系统需要与政治统治相结合来压制和调节其间的非理性，将技术理性与政治理性融合在一起，从而使得“统治系统在历史上第一次能够通过它依据技术理性的标准使自己合法化”⑤，而政治统治则转化为技术支配的形式，实现自我客体化的过程。因政治统治主要以制度框架的形式来展示与承载，而这些制度框架则是依据目的理性行动的规则形成，因为技术系统的不断进步的本质与自我客体化的过程，使得制度框架不得不去为适应它而改变，其间包括主动与被动的改变，因

① 参见鲍曼. 共同体——在一个不确定的世界中寻找安全［M］. 欧阳景根，译. 南京：江苏人民出版社，2003：178.

② 参见鲍曼. 共同体——在一个不确定的世界中寻找安全［M］. 欧阳景根，译. 南京：江苏人民出版社，2003：369.

③ 参见哈贝马斯. 理论与实践［M］. 郭官义，李黎，译. 北京：社会科学文献出版社，2004：364.

④ 参见哈贝马斯. 理论与实践［M］. 郭官义，李黎，译. 北京：社会科学文献出版社，2004：366.

⑤ 参见哈贝马斯. 理论与实践［M］. 郭官义，李黎，译. 北京：社会科学文献出版社，2004：370.

此，前进中的技术系统促使制度框架在长期的适应过程中发生结构性的演变。当然，这种适应过程不仅是单纯的保证技术系统的顺利运作，也包括对技术系统运作的破坏，是保证还是破坏，依据的是理性，这种理性的最高目标是更好地保存人类自身。正是这种目标促使了探索最佳人-机系统的模式，人类需要掌握自己的社会命运。然而，历史告诉我们：人类在不同的历史阶段和不同的制度框架下，采用的统治形式总是会有某种程度的非理性存在，这种统治的非理性与前面所述的技术上的非理性的共同存在与作用，使得我们人类面临着一种集体生存的危险。因此，按照哈贝马斯的观点，我们“必须发起一场把社会在技术的知识和能力上的潜力，理性地、负责任地同我们的实践知识和愿望联系起来的政治上起作用的讨论”①。因为，统治的非理性“只有通过政治意志的形成才能被克服，而政治意志的形成，必须遵循普遍的和自由的讨论的原则”②。总之，哈贝马斯认为这种现代技术系统与政治统治系统的非理性所带来的风险与危险，只有通过普遍与自由的讨论即民主商谈的形式才可能予以避免与克服。

而在另一本著作和论文中，哈贝马斯也通过对 20 世纪的两次世界大战、中期的民族独立运动、世纪末的恐怖主义、冷战下的资本主义经济的发展与全球化等的回顾与诊断，指出了由于科技的突飞猛进所带来的国际安全问题、世界经济的各地区不平衡发展与资源掠夺问题以及对生态平衡的破坏与环境污染等问题的存在，整个世界范围内无论高福利国家、发展中国家还是不发达国家都存在着各种共同或特有的风险，这种风险的治理超越了民族国家所能控制和能力所及的范围，哈贝马斯呼吁必须重建一个“与全球化市场相匹配的政治调控机制”③，形成风险共同体。当然，他也强调“要使利益协调化和利益普遍化的程序以及创造性地建立共同利益的程序制度化，不能依靠世界国家这样一种组织形式，而必须依靠先前各主

---

① 参见哈贝马斯. 理论与实践［M］. 郭官义，李黎，译. 北京：社会科学文献出版社，2004：379.

② 参见哈贝马斯. 理论与实践［M］. 郭官义，李黎，译. 北京：社会科学文献出版社，2004：380.

③ 参见哈贝马斯. 后民族结构［M］. 曹卫东，译. 上海：上海人民出版社，2002：68.

权国家的自主性、自觉性和独特性"①。也就是说哈贝马斯认为风险的治理需要国际社会和各民族国家或地区的共同关注与自觉重视，相互携起手来共同治理方可达到。

克里斯托弗·胡德在《风险社会中的规制国家：对风险规制变化的考察》一文中，将风险规制拆分为三个相互关联的系统即指挥系统、检测系统与执行系统，以及三个相分离的要素即启发性的思想、制度安排与政策工具，然后以英国政府对家庭氡辐射、危险的狗和杀虫剂污染的三种不同的规制体系中所存在的上述规制系统与要素的差异进行分析，得出风险规制不应仅仅局限于宏观的"风险社会"或"审计社会"方法，或者是"仅仅关注特定风险细节的案例研究和孤立的安全标准设置的中观层次上的制度分析"②，而是要将既存的风险规制的所有系统和要素综合起来进行分析的结论。这种系统研究与规制的方式是基于风险的全面性与特殊性而内生出来的要求，也是一种新型的社会治理模式的探索。

詹·拉斯马森在《动态社会中的风险管理：一个模型化问题》一文中，对动态社会中的风险治理经验进行了总结，建立起一种综合型的跨学科治理的模型。通过对风险治理的自上而下的社会技术系统各层次间的垂直互动及各个层次中假定能够控制的技术性危险的特征分析，建立一种结构分解的模型；通过传统的事故因果关系分析建立一种因果树模型的缺陷展示，向强调控制系统绩效（建立在边界清晰与赋予形成边界上的处理技能机会的）的功能抽象的模型化转移；风险治理因此也被拉斯马森描述为"一种致力于将特别危险的生产性过程保持在安全操作边界之内的控制功能，一种建立在控制论概念基础上并被用来描述全部系统功能的系统方法"③。而这种风险治理"必须建立在依照控制需求对危险源进行分类的基

① 参见哈贝马斯. 后民族结构［M］. 曹卫东，译. 上海：上海人民出版社，2002：67-68.

② 参见薛晓源，周占超. 全球化与风险社会［M］. 北京：社会科学文献出版社，2005：211.

③ 参见薛晓源，周占超. 全球化与风险社会［M］. 北京：社会科学文献出版社，2005：229.

础之上"[①]，同时识别各种危险源的特征、约束条件和安全边界，并与人文科学范式中的决策研究、组织理论、职业安全研究、重大事故研究与人类行为控制研究等一起方能实现风险的有效治理。

迈尔克·梅赫塔在《风险与决策：科技冲突环境下的公共参与》一文中，指出自然环境质量的持续下降是最可怕的风险，而环境风险要求政治干预和促使环境政策与新政治模式的寻求。他认为"风险不仅缺乏安全，而且还是源于决策者做或不做某种选择所导致的可能性损害"[②]。在风险时代中，决策尤其重要。在风险的决策、评估与控制过程中，公共治理机构、拥有专业技术的专家和公民或公众之间会产生冲突，他们之间应该怎样平衡这种对决策的影响力呢？这就导致了公众"对政治科学化的反应"。[③] 由于风险与科学之间的一种联系和用技术方法应对风险的依赖，形成了技术精英统治的"专家治国模式" 和韦伯所称的排斥价值观选择的由科学专家为政治家做出所谓合理客观政策选择提供知识的专家模式，从而实际架空政治家的决策权。但梅赫塔借助于哈贝马斯对这两种模式内在缺乏的批评，认为它们都"没有机构就政策问题同公众进行磋商""都不是结构性需要民主""甚至想通过政治的彻底科学化更进一步地把公众从决策中排斥出去",[④] 而"在哈贝马斯看来，社会系统通过遵循技术过程的'内在法则'而得到发展，这种技术过程通过'非政治化大众群体'的意识渗透，而把背景意识形态嵌入合法的权力关系之中"[⑤]，从而将风险变成产品，风险问题转化成环境战略的一部分，而环境政策变成了风险战略。因此，造成"在环境政策的形成过程中，公众意见总是在更倾向于看重

---

① 参见薛晓源，周占超. 全球化与风险社会［M］. 北京：社会科学文献出版社，2005：230.

② 参见薛晓源，周占超. 全球化与风险社会［M］. 北京：社会科学文献出版社，2005：257.

③ 参见薛晓源，周占超. 全球化与风险社会［M］. 北京：社会科学文献出版社，2005：260.

④ 参见薛晓源，周占超. 全球化与风险社会［M］. 北京：社会科学文献出版社，2005：265.

⑤ 参见薛晓源，周占超. 全球化与风险社会［M］. 北京：社会科学文献出版社，2005：266.

‘专家’意见的技术争论中只起到边缘性作用”①。而在梅赫塔看来，风险本质上是一种政治冲突，尤其是专家与公众的冲突和何种理性是普遍理性的问题。那么，风险时代的决策问题涉及的核心就是这些问题。

皮特·斯特赖敦在《风险社会中的冲突与民意》一文中，立足于风险的内核，从文化与制度层面讨论可持续性、自然、责任与生态公民现象，得出由于在风险社会环境下，自然、责任与生态公民现象的深刻变化，引起新型与反思性体制的出现，从而导致世界政府与生态社会的形成。当然，这种世界政府并不是指一个静态的有形的世界政府组织，而是指世界一体化意识与具有跨国政治职能分配的全球社会。用哈贝马斯的话来说就是“支持民族国家、国际和全球层次上的自治政治程序中相互作用、相互影响的动态模式”②。这种动态模式趋向于一种新型的世界政治形式，如“神圣联盟”“生态政治”（“社会完全按照基因、基因工程、生物技术和生态伦理重新意识形态化”）③ 等，斯特赖敦主要是想从这些当代社会的动态特征与自然、文化的新意识，反思原有的制度或与原来制度对话，从而寻找与发现适应人类社会发展与世界治理的新制度或新政治。

上述风险社会的治理理论都是全球风险社会学家在21世纪以来对风险的共同感知与思考中所做出的风险治理研究的种种努力成果。这种探索中的真知灼见为我们开启了一个探索对风险社会进行有效治理的新里程。北京出版社组织的那套“现代风险管理译丛”，翻译了当今世界风险管理经验与治理措施研究的经典成果，它们汇集了具体风险治理研究的一系列前沿与难点问题，为我们研究当今中国的风险社会治理提供了丰富的资料与借鉴。珍妮·X. 卡斯帕森（Jeanne X. Kasperson）和罗杰·E. 卡斯帕森

① 参见薛晓源，周占超. 全球化与风险社会［M］. 北京：社会科学文献出版社，2005：268.

② 转引自斯特赖敦. 风险社会中的冲突与民意［M］//薛晓源，周占超. 全球化与风险社会. 北京：社会科学文献出版社，2005：290.

③ 参见薛晓源，周占超. 全球化与风险社会［M］. 北京：社会科学文献出版社，2005：293.

(Roger E. Kasperson) 在《风险的社会视野》① 中，着重收集了风险评估与风险治理方面的最重要的基础性研究成果，集中讨论了风险传播、风险治理与风险分配的伦理问题的回应与治理模式，并专门对发展中国家的风险治理进行了探讨。这项研究对世界范围内的风险治理具有重要的借鉴意义。彼得·泰勒-顾柏 (Peter Taylor-Gooby) 在其《新风险·新福利：欧洲福利国家的转变》② 一书中，主要分析了欧盟如何针对出现的风险所进行的制度设计与应对策略，由于风险的全球性，这些策略与措施对不同制度下的国家应对现代风险具有同样重要的意义。中国正处在社会的大转型期，风险的治理尤其重要。所以，泰勒的研究对中国具有重要的借鉴意义。尼克·皮金 (Nick Pidgeon)、罗杰·E. 卡斯帕森 (Roger E. Kasperson)、保罗·斯洛维奇 (Paul Slovic) 等人所编著的《风险的社会放大》③ 一书，主要描述了社会与个体因素在放大或缩小、强化与弱化风险认知过程中的作用，并将当今世界的一些重大的风险案如疯牛病、食品安全、艾滋病 (AIDS) 与 SARS、核泄漏以及"9·11"事件等都纳入其中，作为经验研究的经典资料，以探讨风险认知与风险传播的治理与对策。总之，这套风险管理译丛对风险治理的研究主要还是从对客观风险或者说事实风险的管理或治理角度出发，针对的是现实中发生或存在的具体风险，而不是风险社会来临时的整个社会结构与社会秩序的重整问题，更不是以风险为核心对整个世界的政治、经济、文化、军事、家庭与个人的重新组织与安排问题。其与风险社会理论所指的风险存在一定的区别。前者是一种事实，后者是一种事实与思维的复杂混合物，是一种历史性机遇，是作为一种文化的启蒙来对待。而本文的研究基点建立在后者的基础上。因此，对这一系列研究不再做深度展开。

---

① 参见珍妮·X·卡斯帕森，罗杰·E. 卡斯帕森. 风险的社会视野 [M]. 童蕴芝，译. 北京：中国劳动社会保障出版社，2010.

② 参见泰勒. 新风险·新福利：欧洲福利国家的转变 [M]. 马继森，译. 北京：中国劳动社会保障出版社，2010.

③ 参见皮金，卡斯帕森，斯洛维奇. 风险的社会放大 [M]. 谭宏凯，译. 北京：中国劳动社会保障出版社，2010.

二、国内学者有关风险社会及其治理的主要研究成果

经知网搜索，国内与风险或风险社会研究相关的论文有四千多篇，而百度网搜索竟高达一万多篇，著作有五十多部，由此可知国内对风险社会研究的热度。下面择相关研究的一些代表性成果予以简介。在此择较早研究且取得了一定成就或有一定代表性的学者成果，包括杨雪冬、肖瑛、李路路、刘岩、赵延东、薛晓源、刘婧等。当然，如此宏大的研究成果不可能在此一一罗列，而且，由于笔者的时间精力有限，很有可能遗漏掉国内一些卓有成就或有影响的相关研究，敬请这些学者包涵。

国内学者中较早做系统研究的当属杨雪冬研究员。他在专著《风险社会与秩序重建》及《风险社会理论述评》《全球化、风险社会与复合治理》《全球化：已知的与未知的》等系列论文中对风险社会理论做出推介与自己的诠释。杨雪冬在他的著作与论文中着重介绍了以贝克和吉登斯的制度主义风险理论为代表的风险社会理论，并对风险社会的其他相关理论和概念进行了梳理。他认为“风险社会作为一个概念并不是历史分期意义上的，也不是某个具体社会和国家发展的历史阶段，而是对目前人类所处时代特征的形象描绘”①。另外，他还专门讨论了风险与治理的关系、全球化与风险社会的关系，提出在风险社会中，面对国家中心治理的失效，应该建立复合治理、发挥社会各个行为体的能动性的观点。

肖瑛从哲学与社会科学的视野较早对风险社会理论中的反身性与风险这两个重要概念做出了理论上的思考，② 后期则对风险社会理论重新做了

---

① 参见杨雪冬．风险社会理论述评［J］．国家行政学院学报，2005（1）：87-90.

② 参见肖瑛早期 2004、2005 年系列论文：“反身性”多元内涵的哲学发生及其内在张力［J］．中国社会科学院研究生院学报，2004（3）：78-83．反身性：一种新的现代性诊断视角［J］．社会学家茶座，2004（8）：122-124．从“理性 vs 非（反）理性”到“反思 vs 自反”——社会理论中现代性诊断范式的流变［J］．社会，2005（2）：1-24．“反身性”研究的若干问题辨析［J］．国外社会科学，2005（2）：10-17.

研究与发展。[①] 李路路则在《社会变迁：风险与社会控制》[②] 一文中较早地探讨风险社会尤其是中国社会的风险性特征，他指出由于现代化和体制转型的双重过程，中国社会所面临的风险是叠加的。现代社会的“时—空延伸”特征，以及中国体制转型所带来的多元化、市场化、非集中化、流动性特征，使得重建共享价值观体系、弹性社会结构、国家与社会的组织化体系、法治及社会信息沟通体系，成为当代中国社会控制体系所面临的巨大挑战。

刘岩在其著作《风险社会理论新探》中，以对发展与风险关系的反思为线索，运用马克思主义基本观点对西方风险社会理论进行了梳理与评析。他认为“风险凸显了人的一种特殊生存境遇，风险社会表征着当代人类的一种令人担忧的整体存在状态”，另外，就风险社会理论内部有待澄清和拓展的理论问题进行了探讨，就类性风险、风险文化的二重性、风险意识启蒙、风险责任伦理、风险社会与和谐社会的关系等问题提出了自己的观点。在《风险社会三论及其应用价值》[③] 一文中，他将西方风险社会理论研究的先驱提出的相关理论归纳为三类：风险文化建构论、风险社会转型论、反身性现代化理论，并指出它们具有共同的对风险预警的应用价值。

何博闻、田禾、薛晓源与赵延东等是较早将贝克、吉登斯等风险社会的重要著作及论文译介到中国的学者，同时，其中一些学者还对风险社会理论做出了自己的独特理解。如薛晓源在《全球化与风险社会》[④] 书中提出，这本书选译了西方学者论述“全球化与风险社会”关系的十余篇经典论文，讨论了在全球化时代我们应当如何避免、预防和消除自然的和人为

① 参见肖瑛. 风险社会及其超越——“反身性”与贝克的风险社会理论之建构［J］. 社会理论. 北京：社会科学文献出版社，2007：125-155. 周晓虹，成伯清. 作为风险的认同与作为认同的风险——认同视角下的风险社会生产机制研究［J］. 社会理论论丛. 北京：北京大学出版社，2009：第4辑.

② 参见李路路. 社会变迁：风险与社会控制［J］. 中国人民大学学报，2004（2）：10-16.

③ 参见刘岩. 风险社会三论及其应用价值［J］. 浙江社会科学，2009（3）：64-69.

④ 参见薛晓源，周占超. 全球化与风险社会［M］. 北京：社会科学文献出版社，2005.

的社会风险，对我国学者研究中国当下的社会风险的预测、预防、控制与治理具有一定的借鉴意义。赵延东等人翻译的《风险社会及其超越：社会理论的关键议题》《风险的感知》① 等，对风险社会中的一些关键议题如社会-政治、社会-科学等的理论与实践，过去与未来做了反思性评价，并以科学的方法调查与阐析人们是如何对各种风险经验和证据进行判断并纳入自己的决策的，这些研究对中国研究风险社会治理的学者提供了颇有价值的资料。另外，赵延东在与张文霞合作的《风险社会：概念的提出及研究进展》②《解读“风险社会”理论》③ 等论文中，作为一个风险社会多部重要著作的译者提出了自己对风险社会理论的独特见解，为我们研究风险社会理论提供了有益的思考。

刘婧在《风险：当代社会的重要特征》一文中，指出了当代社会的重要特征——对风险的科学考察与风险的种类、特征以及风险产生的动因进行系统探讨的重要性，并对风险种类、特征与产生原因进行了分析。④ 而在《风险社会与责任伦理》⑤ 中则在风险产生的原因分析的基础上，提出责任伦理的确立是人类应对风险社会挑战的有效途径。

自21世纪初一些学者将西方有关风险社会理论的经典著作译介到国内以来，对风险社会理论及其治理实践的研究就没有停止过。但是，综览上述国内的研究存在着一些明显的不足与缺陷。①理论研究绝大部分停留在对西方学者提出的风险社会理论的解读与评介，对理论的延展性研究极少。②风险社会的相关研究主题过于狭小与零星，缺乏系统性与涵盖力。研究资料缺乏实证资料的支持，缺乏足够的说服力和学术创新价值不明

---

① 参见亚当，贝克，房·龙. 风险社会及其超越：社会理论的关键议题 [M]. 赵延东，马缨，等译. 北京：北京出版社，2005. 斯洛维奇. 风险的感知 [M]. 赵延东，林垚，冯欣，等译. 北京：北京出版社，2007.

② 参见赵延东，张文霞. 风险社会：概念的提出及研究进展 [J]. 科学与社会，2011，1 (2)：53-63.

③ 参见赵延东. 解读“风险社会”理论 [J]. 自然辩证法研究，2007，23 (6)：80-83，91.

④ 参见刘婧. 风险：当代社会的重要特征 [J]. 东岳论丛，2005 (1)：193-196.

⑤ 参见刘婧. 风险社会与责任伦理 [J]. 道德与文明，2004 (6)：34-38.

显。③缺乏对中国社会风险状况的充分呈现和阐述，研究的实践意义明显欠缺。④未能从中国社会的特殊情境出发，挖掘出有价值的资料，归纳与抽象出与风险社会及其治理相关的经验知识。因此，上述研究中存在的所有不足都将成为今后研究应当注意和重视的问题，形成新的研究课题，本项研究正是基于对这些不足的思考所进行的尝试与探索，只是本研究突出于阐述中国当下社会风险现状、高风险的表现、特征与成因及其治理困境研究，并在此基础上提出相应的治理对策与探讨法律在这种风险社会治理中的作用与功能。

第三节 研究方法

一、研究思路与研究框架

本课题的基本研究进路是，以社会科学的相关理论为基础，以中国场景为蓝本，将实证研究和文献资料研究相结合，探讨中国社会的风险现状、程度及其治理困境与对策，最后落定在高风险社会的治理模式与技术创新和法律功能的新拓展这样一种研究取向上。在研究思路上，本课题顺着两条线延展，一条是中国风险社会现状描述、挖掘及其治理线，另一条是法律功能线。第一条线拆解为相互关联的几个部分。第一部分是风险社会理论家对风险社会及其治理理论的文献综述，系统介绍与梳理他们的思想与理论体系，重在理论上明晰有关风险社会、高风险的概念与特征，从而对风险社会做出诊断。第二部分以大量文献数据与经验研究呈现中国社会的风险现状与治理困境。这些研究立基于风险社会理论与中国社会现实，选取了风险社会相应的代表性领域，每一领域的前半部分采用了大量的二手数据，描述与呈现该领域的普遍性风险现状、程度，分析与展示它们的治理困境；每一领域的后半部分以相应的典型个案等实证资料为经验基础，深度挖掘与展示中国场景下高风险因素及其形成的缘由、治理困境及瓶颈所在。第三部分则是在上述文献综述与经验研究的基础上，挖掘中国社会特殊场景下高风险形成的重要缘由及其症结所在，高度概括高风险治理的各个层次的困境与难题、焦点与瓶颈。第四部分则是在第三部分的基础上针对性地提出高风险治理的对策，探讨中外高风险治理的理论与实践经验，并对高风险社会的治理创新提供有科学依据的建议与设想。第二条线也始终贯穿在前面所述的本项目主体部分的研究中，即考证传统法律功能在风险治理中的缺席或不足，讨论法律如何在高风险社会的治理中发挥其应有的功能，进而探讨法律在高风险社会治理创新中的在场、功能拓展与变迁。这条线的研究基于这样一种理论思考：我们的社会之所以需要法律，是因为法律在社会的产生、维持、变迁过程中发挥着不可替代的作用。这一方面基于法律本身所固有的功能属性，但也与社会的需要密不可分，犹如马克斯·韦伯所言："在一个共同体内，事实上因此而发生着什么样的事情，因为存在着这样的机会，既参加共同体行为的人们，——主观上把一定的制度视为是适用的，而且在实践中，也是这样对待的，即让他们的行为以之为取向。"① 所以，法律的功能并不仅仅是指法律应具有怎样的功能，而是它事实上有着怎样的功能。据此，去挖掘高风险社会治理中法律究竟应该具有怎样的功能。

基于上述理论思考，第一条主线的研究内容上有两个基本重点：第一，关于何谓风险社会尤其是高风险社会的文献综述与理论研究；第二，如何以中国场景下的风险社会现状为蓝本，深度挖掘与高度概括中国社会的高风险特征与成因及各个层次的治理困境、需要突破的焦点与瓶颈。第二条线的研究内容的基本重点：高风险社会的有效治理与控制对法律功能提出了什么样的需求，传统的法律功能是否能够满足，由此论证法律在高风险社会中需要什么样的新功能和法律的功能是如何在事实中扩张或缩小的。通过这两条线的研究延展，中国社会建设与社会治理的主要困境与需要突破的瓶颈问题就呈现出来了，然后通过相应的治理对策与治理创新的研究，为将来中国社会的治理与建设创新提供了一项基础研究与理论蓝本。

① 参见韦伯. 经济与社会（下卷）[M]. 林荣远，译. 北京：商务印书馆，1997.

二、研究方法与研究手段

（一）理论与经验相结合的研究方法

在社会风险的治理研究中，往往是社会理论、经验研究相结合，才能得出科学合理的经验性结论。用风险社会理论来描述与诊断当下中国社会的风险状况与程度，并进一步探究中国社会高风险特点、缘由及其治理困境与治理创新，这本身就是一项复杂系统。为此，本研究在系统介绍国际社会有影响的风险社会理论及其治理理论之后，抽象出具有解释力的高风险概念及与其相关的理论框架，运用到中国社会的现实图景中，对它们进行描述、透视与诊断。因此，就需使用一种与纯粹的理论研究不同的社会学研究方法，即经验研究与理论研究相结合的方法，以区别于以往有关风险社会研究大都基于一种纯学理上的普遍性探讨方法。当把高度抽象、理论化的风险社会及高风险概念运用到中国社会的研究中时，就须对它进行一些具体化或者说指标化的阐析，然后才能用经验数据来加以客观的呈现与描述，再通过严谨深度的个案研究来揭示其内部的运行机制。经验方法通常指通过切实可靠的经验材料或客观数据来揭示社会现象和社会行为的原因和客观规律，包括档案法、访谈法、田野法、问卷法等。本研究的经验资料主要包括案例资料和统计资料，利用这些资料对中国社会场景下的风险状况及其治理困境进行深层次的挖掘、展示与剖析，系统地揭示和阐述这种高风险的表现、特征、成因及治理过程中的种种困境和法律传统功能的不足与改变。

然后，通过中国现实状况的经验考察，与理论进行对话。经验研究对理论所起的作用不只是被动地检验理论、证实理论，它还起着其他作用。对此，著名的美国社会学家默顿也做了独到的阐述。他说：“经验研究已超出了证明和检验理论这一被动角色，即它不只肯定或否定假设。经验研究可承担积极的角色：它在推动理论的发展上至少具有四种主要功能。它们是激发理论、重塑理论、修正理论和澄清理论。”① 此外，经验研究与理

① 参见张蓉. 社会调查研究方法［M］. 北京：知识产权出版社，2014：53-54.

论研究本身不可割裂，否则，就会出现默顿所批评的那种局面：或热衷于建立空洞抽象的社会学理论，或只做零散的无意义的纯经验研究。这两种偏执都极大地阻碍了社会学学科的发展。所以他提出："社会学要想取得真正的硕果，必须有经验研究和理论的结合，这样说还不够。它们不仅仅要有山盟海誓，它们还必须懂得如何携手向前。"① 因此，面对风险社会这一研究主题下亟须解决的上述诸多问题，我们只能采用经验研究与理论研究相结合的研究方法来进行。经验研究中包括整体性结合和分解式结合。② 所谓整体性结合，即在同一研究项目中使用两种不同的方法可以同时在不同层面和角度对同一研究问题进行探讨；分解式结合，即如果研究的问题中有一些不同的、多侧面的子问题，比如，我国自然环境、食品药品以及政治制度等相关子问题，研究者可以根据需要，选择不同的方法对这些问题进行探讨。本研究主要是针对当下中国社会的风险现状及其治理展开的，其中分别涉及相关理论与经验事实，也涉及许多相应的子课题。因此，本项研究采用理论研究与经验研究相结合的方式进行。

（二）研究对象决定的定性与定量研究的结合

通常情况下，定量分析能从宏观揭示一般特征和趋势，但难以对具体领域的风险特征和困境加以具体和深入的理解。而定性研究方法通过对个案的微观考察、主客体的互动和情境性理解，更有助于认识和发现具体社会事实的深层意义。定量的研究方法就好比天文望远镜，可以使我们对复杂的社会系统有一个整体的认识，但是如果我们想要更清楚地认识这个社会系统内部的成因、运行机制，就得通过定性的方法，通过严谨深度的个案研究来揭示其形成的缘由和困境，在这个意义上来说，定性研究更像是显微镜，通过对个案的透析来探究其内部更深层次的特性。对于本研究来说，要想对我国社会的风险和高风险现状、成因及其形成的内在机制有一个完整清晰的把握，就必须摆脱定性与定量研究方法的对峙，把两者结合

① 参见张蓉．社会调查研究方法［M］．北京：知识产权出版社，2014：53.

② 参见陈向明．质的研究方法与社会科学研究［M］．北京：教育科学出版社，2000：477-483.

起来。因此本著作将融合定性与定量方法，沟通起从宏观社会整体状况到微观的个案情景，在本研究的第三章到第六章这四章中，用大量的文献数据对中国社会的主要风险现状做全面描述，通过这些量化的数据，我们对中国当下社会的风险现状、高风险特征及其治理困境有了较全面的了解与把握。同时，针对中国当下人为的自然风险、产品与服务风险、制度制造的风险等三个重大风险领域，选择北京C区垃圾焚烧厂环境污染个案、杨桂元上访个案、X县食品药品监督管理局药品风险管理等几个代表性个案分析，展示个案内部的复杂性及其不同特点，来深度呈现这几个领域风险与高风险形成的制度原因及治理困境，从而使研究具有全面性、严谨性、科学性。

（三）研究手段：资料收集与分析

（1）在定性研究方法中，面对资料的收集，本书主要运用了非介入性定性资料收集与深度访谈法。

①非介入性定性资料分析

非介入性定性资料包括档案文献、影像资料和物品等。关于档案文献的查找，这项工作贯穿整个研究过程。一开始我们就查阅了大量有关风险社会的文献资料，了解当前相关研究的进展，在借鉴已有的研究经验与结果的基础上，确定我们的研究目标及研究框架。其中包括贝克、玛丽·道格拉斯、吉登斯、鲍曼等诸多西方学者有关风险社会的著作、论文与中国学者的研究成果。对于影像资料的收集，主要是针对研究中涉及的相关问题的当时学术杂志、网络资料以及国家统计局等权威网站发布的有关数据和个案中获取的一些图文资料。

②深度访谈法

深度访谈方法的运用主要体现在本书的第三章到第六章，即主要是针对中国当下三大风险领域相对应的北京C区垃圾焚烧厂环境污染个案、杨桂元上访个案、X县食品药品监督管理局关于药品风险管理个案的实证研究。在对这些案例进行实地调查的过程中，根据事先制定好的半结构式访谈提纲，对研究对象进行深度访谈，了解受访对象对于目前我国社会现存问题的真实想法。其中，北京C区垃圾焚烧厂环境污染个案中，通过对焚烧厂周边村庄大量村民的访谈，深度呈现环境污染治理中的困境。在制度制造的风险现状描述的主题探究中，杨桂元上访案例作为一个特殊的典型性案例，对其进行了个案调查，详尽了解与剖析了杨桂元整个上访事件发生的背景、过程及其后果。而在X县食品药品监督管理局的案例中，则主要是立足于治理者的角度对X县食品药品监督管理局的相关人员进行深度访谈，以深度探索药品风险管理的内部机制、运作逻辑及其治理困境。

（2）定量研究方法的运用主要是穿插在整个定性研究方法的过程中，在借助于国家统计局等相关网站中收集到的相关数据的基础上，对其进行的二次分析。例如，在对药品安全风险治理的实证研究中，就是对“国家市场监督管理总局”网站近六年来（主要集中于2006—2011年）我国药品监督部门的统计数据资料，以及来自2006—2012年《中国食品药品监督管理年鉴》中的近年来药品注册管理、药品生产流通管理、药品使用监督管理、药品标准工作、药品检验工作、药品稽查工作的文字资料及统计数据进行的二次数据分析，并将该分析运用到研究中。同理，在本项目的其他实证研究中，也可以看到对收集到的数据进行的二次分析。

在同一研究中使用不同的研究方法可以为研究设计和解决实际问题提供更多的灵活性，还可以对有关结果进行相关检验，从而提高研究结果的可靠性。因此，本项目的整个研究奠基在理论研究与经验研究相结合，以定性研究为主、以定量研究为辅的研究方法上。

第二章　高风险社会概念、特征及其诊断

这一章主要讨论三个方面的内容。第一节是通过主要的风险理论家对风险社会的概念及其特征的讨论，概括总结出风险社会的概念、风险类型及其重要特征。第二节从经典理论的讨论出发，抽象出什么是高风险及其重要特征和表现症状，从而为现实社会中高风险社会的诊断提供理论依据。第三节着重从前述的风险理论家的理论阐述中，概括出高风险社会治理的焦点与瓶颈所在，为后面几章对中国社会风险现状的研究和对风险社会的治理提供指导框架，同时，在现实和实证研究中去检验风险社会的理论。

第一节　风险社会概念及其特征

一、风险社会概念综述

在第一章诸多风险理论家的论述中，我们对风险的概念、内涵与特征已有深刻而全面的了解，在此再做一个简单的回顾总结。

道格拉斯认为，风险是一种文化建构，当然她并不否认风险存在的客观性，但她认为关键还是认知问题。你对它足够的重视并认为是一种风险，那它就是风险；若你承认它有一定的危险性或危害，但并不构成危险或风险，它就不是。而这种认知却要受到社会生活形式、政治与道德认

同、人们所拥有的文化结构等各种文化定义的影响。面临着这种风险的社会即是风险社会。

贝克强调风险概念的事实与建构的统一性，强调工业文明的潜在副作用与科技自身的自反性。在《全球风险世界：现在与未来》一文中，贝克再次概括了风险的总体特征是“高度不确定性、不可预测性、显现的时间滞后性、发作的突发性与超常规性”及“人们在面对风险时所表现出的慌乱无措”，通常情况下，“人们在开始使用科技时，就已经为风险埋下了发作的种子”“当代社会的风险问题在本质上体现为社会性、集团性和结构性”，核心是风险扩大与风险分摊的逻辑问题。贝克在多部著作与文章中，多次阐述和讨论了风险社会的这些特征。

吉登斯认为“风险指的是在与将来可能性关系中被评价的危险程度”，是现代性的断裂所带来的本体性安全危机与风险景象，包括①高强度意义上风险的全球化；②突发事件不断增长意义上的风险的全球化；③来自人化环境或社会化自然的风险；④影响着千百万人生活机会的制度风险环境的发展；⑤风险意识本身作为风险；⑥分布趋于均匀（译为普遍较好）的风险意识；⑦对专业知识局限性的意识。前四种属于风险客观分配的类型，后三种属于对风险观念理解的类型。所有这些类型中的风险景象在抽象系统的脱域机制与传统破除的作用下，极可能构成具有独特品质的难以驾驭的风险这个猛兽。这就是吉登斯所指的风险的最本质内涵及其特征所在。

鲍曼眼中的风险是指由于现代社会的流动性特征，使得时空关系发生重大变化，这个世界中存在的所有事物都在经历着脱域与解放，使得人们的生活世界充满着各种不确定性与不安全感。“风险是我们还看不见、听不到的危险，是我们可能还没有充分意识到的危险。”斯科特·拉什在指出现代社会结构的本体性不安全的同时，植入了阐释学与社群这两个重要概念，描述一种能够作用于未被考虑到的范畴、作用于十分难解的风俗、作用于构成社群基础的共享意义的自反性和理解，强调了这种文化结构中的风险。

上述理论家们虽从不同的研究基点与需要出发，对风险做出了自己独特的理解与阐析。即便如此，他们对风险的理解还是未超越风险的事实性与文化建构性这两个方面，只是侧重点不同，有的强调风险的客观性和风险的建构性与文化定义的结构性，有的则强调作为实践意识本体性基础的不确定性与主观、心理的多变性与不安全感。但对风险这一现象的存在与承认却达成了共识。他们认为风险主要来自现代化过程中工业文明自己制造的风险，可称之为自反性现代性。用风险来定义和描述的社会就是风险社会。风险社会作为一种理论观点来说，是贝克为了很好地描述现代社会而采用的一个分析概念。

二、风险社会的风险类型

将上述风险理论家的观点归纳起来，风险是描述某种现象的概念和命题，同时，它还是一种感知，一种心理与意识层面的东西。风险社会既是一种分析概念、一种文化建构或文化定义，又是一种客观存在的事实。所以，风险社会概念包括客观存在的风险与对风险的文化建构两个方面内涵。客观存在的风险在现代社会主要包括三种类型：第一，来自现代化过程中科学技术的发展与工业文明所形成的风险和人类对自然界的破坏所造成的生态风险；第二，政治、法律、经济、社会等制度制造的风险，这些人为制造的风险或制度形成的风险潜在危险最大，也是本文所称的高风险的主要类型之一；第三，各种人类不可预测的突发事件的风险，包括自然风险和人为风险，这类风险的发生既有纯自然因素，也有纯人为因素，还有二者共同作用的结果。第二方面即对风险的文化建构包括对危险的感知，是符号、文化层面的内涵及主观、心理层面的东西，是从文化建构或文化定义这一层面出发。尤其是专家知识与文化结构的本体性不安全与具体情境下的信息交流实践中所产生的不确实性，以及对上述的各种客观存在的危险感知后的心理接受度与承受限度的差异，再就是基于对客观风险的认知所产生的一种制约科技单向发展的内在动力和认知、预测未来的结构性概念，使得风险在文化建构与文化定义方面存在着多样性与差异度。有一点特别需要强调一下，即风险不等于危险，危险虽也有认知成分，但主要还是在于强调它的外在威胁的物化特征。

综上所述，风险或风险社会概念在所有风险理论家的研究与阐述中既有共通之处，又存在着差异。风险社会是贝克特别用来描述一种特殊社会形态的概念和命题。风险社会始于自然与传统的终结，在这种社会中，大家都意识到工业文明与科技发展所带来的各种副作用——风险事实，“社会变成了一种实验室，没有人对实验的结果负责”，我们人类普遍生存于风险环境之中。而风险则是描述某种现象的概念和命题。总之，所谓风险主要指它是科学技术的发展与工业革命的伴生物，风险是一种机遇、一种存在，它受到人们认知与文化定义的影响，风险对人类生存带来了危机与挑战，我们的社会、国家、个人，政治、经济、文化、军事都不得不以它为核心重新组织与安排。风险为我们开创了新思维，使我们人类世界迈入了新纪元。

三、风险社会的特征

所以，风险社会的特征概括起来主要有客观性、不确定性与不可预测性、文化建构性、跨越时空性、迅速而高强度的风险传递扩散性、关联性、风险来源的多样性、风险的动态与流变性等。这些特征的具体内容见表 2-1。

表 2-1　风险社会的特征

风险社会的特征	客观性或物性	指风险存在的物性，无论是自然风险还是人为风险或者是人为风险引发的自然风险这种混合型风险，如上文提到的三种风险。它们的存在不以人类的承认与认知而改变
	不确定性与不可预测性（这是所有风险社会理论家所形成共识的特征，也是风险之所以构成风险的主要理由）	不仅指风险存在的潜在性、流动性、风险本身的变异性，而且还受专家知识的质疑与不稳定性和人类认知工具与能力的局限性限制。这种不确定性从某种程度而言，“正是由人类知识的增长创造出来的”①

① 参见贝克，吉登斯，拉什. 自反性现代化——现代社会秩序中的政治、传统与美学［M］. 赵文书，译. 北京：商务印书馆，2001：235.

续表

风险社会的特征	文化建构性	文化建构性不仅涉及对风险认知和定义的文化结构与文化基础的影响，更是受到社会、政治、经济制度、道德伦理观、文化传统、社会生活模式与具体的情境基础等多重因素的综合作用，道格拉斯与拉什对此有很深入的分析与讨论，吉登斯在《生活在后传统社会中》一文中也有较为深度的探讨
	跨越时空性	跨越时空性对贝克来说，首先是全球化，其次是面对未来，而对鲍曼而言，则是时空关系的重大改变，导致现代性的流动如摧枯拉朽似的荡涤着传统社会的一切元素，风险也随之在时空中流动
	迅速而高强度的传递扩散性	主要涉及信息媒体，知识经济与信息社会，加之科技发展带来的各种交通工具、传播工具、传播手段的便捷、多样化与高速率，如飞机、高铁、计算机软件、新媒体、微媒体等
	关联性	主要指所有这些风险特征之间的相互作用及风险与整个人类社会、生存环境之间的复杂的交错关系，风险自身的结构性影响与风险外在环境的结构性关系，风险不是孤立存在的，它是人类社会与自然世界网络中的一种现象，它与这个世界中的所有其他现象相关联
	风险来源的多样性	指风险可能来源于自然、人为、人为与自然叠加的风险，可能来源于产品、服务、技术、制度，可能来源于国内、国外、地球或地球外，可能来源于当下，也可能来源于未来
	风险的动态与流变性	指风险不仅意味着过去、现在与未来，风险更是一种启蒙，它是社会生产与制造的准主体与参与者，它使现代性具有了反思性，它能重建社会治理与政治制度

风险社会的上述特征主要是从理论层面来讨论的，是从重要的风险理论家的研究中归纳总结出来的，而真正的特征需要回到社会现实中去挖掘、概括与验证，在特定社会的情境中去理解与解释。回到吉登斯所说的

“场景思考”模式中去。[①] 这就是我们后文所做的中国风险社会现状及特征研究的意义与价值所在。

第二节 高风险社会概念内涵、特征及其诊断

本文之所以提出“高风险”这个概念，是为了引起对现代社会中高强度风险的重视。在这些风险理论家的理论著述中，虽然没有明确提出高风险这样一个概念，但蕴含着高风险概念的内涵及其本质特征。我们分别来讨论。

一、经典理论中包含的高风险概念内涵与特征

高风险在贝克的视野下，即是自反性现代化，它是指“创造性地（自我）毁灭整整一个时代——工业社会时代——的可能性。这种创造性毁灭的对象不是西方现代化的革命，也不是西方现代化的危机，而是西方现代化的胜利成果”[②]。这种自反性现代化，“它对整个社会来说意味着难以界定的深层不安全感”[③]。它的媒介贝克认为“是非知识，是内在的动力，是见不着、想不到之物”[④]。贝克将它们的特征概括为八点，[⑤] 从中可以得

---

① 参见贝克，吉登斯，拉什. 自反性现代化——现代社会秩序中的政治、传统与美学［M］. 赵文书，译. 北京：商务印书馆，2001：239.

② 参见贝克，吉登斯，拉什. 自反性现代化——现代社会秩序中的政治、传统与美学［M］. 赵文书，译. 北京：商务印书馆，2001：5.

③ 参见贝克，吉登斯，拉什. 自反性现代化——现代社会秩序中的政治、传统与美学［M］. 赵文书，译. 北京：商务印书馆，2001：7-8.

④ 参见贝克，吉登斯，拉什. 自反性现代化——现代社会秩序中的政治、传统与美学［M］. 赵文书，译. 北京：商务印书馆，2001：221-222.

⑤ ①既不是毁灭也不是信任/安全，而是“真实的虚拟”；②是有威胁的未来，与事实相反，成为影响当前行为的一个参数；③既是对事实也是对评价的陈述，它在“数字化的道德”中结合了起来；④控制或缺乏控制，就像在“人为的不稳定”中表现出来的那样；⑤认识冲突中表现出来的知识或不知；⑥由于风险的“全球性”而使全球和本土同时重组；⑦知识、潜在冲突和症候之间的差别；⑧一个人为的混合世界，失去了自然与文化之间的二元性。参见贝克. 风险社会再思考［M］//薛晓源，周占超. 全球化与风险社会. 北京：社会科学文献出版社，2005：143.

出，高风险社会具有现代化所引致的深层次的不确定性与不安全感，它们是工业社会及其制度本身生发出来的对自身的否定，是制度的自反性，是对工业社会的自我威胁、自我消解与自我危害，高风险与物质文明犹如一枚金币的正面与反面，如影相随。现代化革命是这些生长与毁灭的结合体。在《全球风险世界：现在与未来》一文中，贝克再次概括了风险社会即本文所指的高风险社会的总体特征是“高度不确定性、不可预测性、显现的时间滞后性、发作的突发性与超常规性”及“人们在面对风险时所表现出的慌乱无措”，通常情况下，“人们在开始使用科技时，就已经为风险埋下了发作的种子”“当代社会的风险问题在本质上体现为社会性、集团性和结构性”①，核心是风险扩大与风险分摊的逻辑问题。

而在鲍曼的笔下，高风险是由一种液化与流动的现代性，一种个体化与全方位的脱域过程所带来的。他认为风险就存在于这些无数个瞬间关系间的液态流动之中。其间，最重要的莫过于解放，即“把个体从深受贪得无厌的极权主义同质化和一致化的欲望折磨的社会的铁笼子里放出来，当作解放的最高点和人类悲惨的终结点”②，把个体从种种的时空束缚、有形和无形的束缚中解放出来，进入个体化进程，当然风险社会的个体化与人类早期社会的个体化具有内涵上质的区别，这种个体化的脱域与重新嵌入，是个体自主权与控制能力施展的过程。由于重新嵌入的瞬间性，个体化的个人对脱域与重新嵌入的无能为力与不可控制则会产生深切的焦虑与不安全感，这是鲍曼眼中风险的最深切因素和最主要的不可控所在，也是高风险的寓所。

吉登斯的高风险概念混合着结构主义、文化建构主义、个体主义、心理学、物性等意义上的深刻内涵。在他的视野下，高风险是这种混合物中所隐匿着的种种因现代性的断裂、守护传统与传统撤离所导致的不确定性与不安全感引发的，当然，也是后传统社会或现代性社会重塑信任与本体

---

① 参见薛晓源，刘国良．全球风险世界：现在与未来——德国著名社会学家、风险社会理论创始人乌尔里希·贝克教授访谈录［J］．马克思主义与现实，2005（1）：44-55.

② 参见鲍曼．流动的现代性［M］．欧阳景根，译．上海：上海三联书店，2002：39.

性安全的颠覆性的契机所在。所以，传统的撤离与破除、抽象系统的脱域与嵌入、信任与本体性的不安全、风险的不可驾驭、灾难的可能性是吉登斯眼中的后传统社会中高风险的主要特征。

而拉什除了强调自反性现代化自身具有的本体性不安全外，还植入了结构、阐释学与社群这三个重要概念，来描述一种能够作用于未被考虑到的范畴、作用于十分难解的风俗、作用于构成社群基础的共享意义的自反性和理解，同时，还强调了文化结构中的风险、阐释学上的风险，这些风险的共存与混合必然构成高风险社会，拉什所指的高风险的特征也包含其中。

二、高风险社会的表现症状及其诊断

上述风险理论家对高风险社会的研究与阐述，虽然没有明确提出高风险概念，但实际上蕴含着高风险的内涵及其本质特征。从他们的阐述中，我们可以概括出高风险的概念，它是指人们普遍感到的一种深切的不安全感与危机感，是全民性的一种感受与趋势，社会与人类生活模式不可阻挡地将以风险为核心被重新组织与安排。从现实社会状况而言，是从风险存在的广度与深度来表达的，指风险存在的普遍性与后果的严重性。高风险不仅体现在实物性的风险上，还体现在制度与文化性风险上；不仅指已存在的现实风险，更指尚没有发生的未来风险；不仅涉及风险的客观性，也涉及风险的主观感受即不安全感、不确定性与敏感多疑，更涉及文化结构中的阐析学。由此，我们可以得出：高风险社会的特征除了包括风险社会所具有的全部特征即风险的自反性、不确定性、不可治愈性、突发性等各种本体性特征外，还在于风险症状、风险过程、风险程度、风险后果的严重性及来源的多样性，更在于它的认知难度。风险本质上是现代化与生俱来的另一面，科技进步的同时制造着它或明或暗的风险，从这个意义上而言，风险永远不可能被完全认知。而且科技进步与潜在风险的缺口在实践中永远地打开着，因为科技进步是直接追求的结果，风险是衍生的，而且常常是被忽略的，衍生总在原创后，这种风险是由它的本性决定的。但风险总是会以某些症候或表现呈现出来，所以，它又是可以被认知的。

除却高风险的自身特征外，特殊的国情作用于自然而导致的混合后果也是形成高风险的重要渊源之一，同样的现代化风险在不同的国情条件下或会放大或会缩小。据此可以确立一套评判或测量高风险社会的原则、标准与程序。这套原则、标准与程序，概括起来主要体现在两方面：一方面要深切地领悟与掌握高风险的理论渊源、概念内涵及其特征；另一方面要深度了解一个特定社会的历史与现实状况，洞察这个社会的国情、民情、文化结构与传统、社会结构与各项制度、所存在的各种问题。在这个前提下，我们可以运用这套原则、标准与程序对每一个特定社会的高风险症状与表现做出诊断。根据前文所述的高风险社会的理论内涵与本质特征，我们可以总结出高风险社会一些共同的表现症状，以此来对一个社会的风险状况与程度做出评估与诊断。这些表现症状包括以下六方面。（见表 2-2）

表 2-2　风险社会的症状

风险社会的症状	第一，日常生活中高频的衣、食、住、行、医疗服务等方面的各类风险事件，成为社会的普遍状态与生存环境，人们凭常识与一般知识都能判断或感受到生活已进入风险旋涡，同时意识到人们通常的生产与生活又是在制造着新的风险
	第二，自然、人为、制度制造等各种风险到了可控的临界点，灾难性大事件频发与未来的不确实性、安全隐患大大增强，本体性的不安全呈现出强烈的阶段性形式
	第三，个体对日常生活瞬息万变的无能为力与对未来一切的不可控制感，对未来缺乏信心；社会陷入混乱，人心涣散，各种邪端异教兴起，人们的基本生存安全受到威胁和挑战
	第四，传统的撤离或破除，公民缺乏内心自觉自愿、统一认同的核心价值观，社会的正能量微弱或正气消退，爱国心溃败，国家与民族凝聚力和号召力消退，导致普遍的信仰、诚信与伦理危机。

续表

风险社会的症状	第五，统治的合法性与政府权威受到质疑，人们对政府或政策、专家知识、抽象系统普遍不信任与不支持，无所适从的人们处在一种普遍的风险生存环境之中
	第六，事实、文化、制度、社会结构都给人们心理上带来深切的不安全感、危机感与动荡感，人们总是生活在焦虑之中，存在着一种普遍的生存危机和风险感受

所以，对风险的认知要分两个层面，一个是对其本质有基本的认知和理性的思考，能从源头上对风险尽可能地加以认知与假设。第二个层面是认知的难度，主要在暗的风险、潜在的风险认知及寻找这条认知之路。暗的风险的潜在性，风险并不能即刻呈现被人认知，需要一个过程。它可以是科学技术的原创者用他的专业知识推导与演绎出来，也可以是各个社会主体通过高风险的表现与症候群识别出来，也可以是社会治理者通过对风险知识的本质性认知探索出来。但谁也无法保证自己的路就是最好的路、真正的路，是能对风险采取有效控制的路。而以上对高风险社会的症状所做出的六大总结，可以帮助我们减轻这种认知难度，便于我们对社会的风险状况做出科学评估与诊断。例如，从上述六种症状共存到一种也不存在来诊断某个特定社会从高到低的风险程度，甚至零风险。如六种症状都出现则可以初步诊断该社会为高风险社会，而六种症状都不存在，则为无风险社会。

第三节 高风险社会的最大挑战与治理瓶颈所在

一、高风险社会的最大挑战

从上述风险理论家对高风险的研究与描述及本文所做的高风险社会的内涵与特征的总结，可以发现：高风险社会的最大挑战是科技进步带来工业文明与现代化的后果同时，又在毁灭着这种成果。如核、有毒物质、电与磁放射、病毒与细菌等有害元素对人类造成客观上的巨大伤害与严重后果的不可预测与不可控性，以及人类所感受到的主观与心理上的严重的不安全感与危机感。而科技的巨大进步与现代化的发展究竟会走到哪里，和这种进步与发展同步具有的杀伤力与毁灭性到底有多大都不得而知。也就是说高风险社会存在着一种本体性的不安全，存在着导致人类毁灭性事件的发生或者人类心理的普遍性崩溃与对认知的彻底放弃的可能性。

高风险社会的最大挑战源自这种现代性的两面性即发展与毁灭，但它的表现形式各异，因地因时而呈现出各种现实症候群的差异。如人们在庆祝胜利时，却不知道他们是在制造风险。所有的行业、领域、组织都有各自的专家，但他们互不相涉、互不印证。也就是说，这些宇宙世界最终势必相互联结之物所产生的风险后果，因人的意识、认知能力或科学技术的局限、制度设置的弊端等各种因素，却未能预先联结起来进行评估与预防规划，然而，一项项超越风险系统评估与可控预测的改变自然或与自然相互作用的工程却在持续地进行着。这种巨大的隐性风险与潜在后果是难以预测、预防的。多少的核泄漏或核弹使用会毁灭地球或人类生存所必需的臭氧洞和其他生态环境，它的拥有量与使用的掌控能力与可能性是多少，这些都无法精确计算与预测。因为这些核物质被分别掌控在不同的国家与民族、群体之中，它们爆炸发生的连带风险后果也无法事先实验。同理，科技持续的进步所隐含的无法事先实验的风险种类也是不可预测与无法评估的，而人类迄今为止尚未有一个让全世界对它们统一掌控的政府或组织（联合国也没有能力对各个国家的核武器等进行完全有效的控制），也没有将某一领域及相关领域联结起来进行风险预测与评估、控制的系列制度，这是高风险中最大的风险。而人们对风险的主观认知与心理承受能力的极限是多少，在多大的承受极限下个体与整个社会共同体会崩溃，会做出不可控的破坏性行为和非理性行为？或者在何种状态下人类会彻底放弃对地球和人类自身的拯救与保护？这些更是难以做出评估与计算的事情。这些挑战严重地威胁着现代国家的治理能力与社会治理模式。

二、高风险社会治理瓶颈的理论思考

（一）怎么去重建风险社会的信仰和价值观

这正是高风险治理的焦点之一。借用吉登斯的研究成果，在传统的程式真理的捍卫与现代化自反性的对话中去重建，未尝不是一条有益的探索之路。但哪些是应该捍卫的传统，捍卫的程式真理有哪些，每个国家的现代化自反性表现有哪些，如何去对话，怎样的风险社会的信仰与伦理观才是未来希望所在。诸如此类的问题都需要一一搞清，而要理清楚这些问题必须回到现实世界中去，现实世界纷繁复杂，并不是一望便知的。鲍曼所提出的确认文化多元主义，保存差异权，仅是一种意识形态终结的意识形态，目的是从这种孤立、分散和被人类忽略的保存中寻求对话和找到与风险社会相适应的促进人类幸福与人性光明的信仰与价值观。这更是一种瞬息万变不易捉摸、不易抓住的路径。在贝克的视野下，风险就是风险社会的信仰，无论是将风险视为一种客观存在，还是一种看待客观存在的方式，风险就是自反性现代化本身、你的认知与你的行动等一切的核心。这与拉什用结构、阐释学、社群来阐述风险社会的一切异曲同工，因为在风险社会中，对原有结构与专家系统的信任被一切本体性的不安全与不信任取代，反思、实践性与阐释性成为一种信仰，风险成为一切价值观的核心。因此，在他们眼中，各种各样主观认同的风险或客观存在的风险、现在与未来的风险或潜在的风险都是风险社会的信仰。因为一切都不安全也不可信任，都要你去认知、阐释、反思、实践，一切未被考虑到的范畴都将作为这些认知、阐释、反思、实践的本体性基础。用通俗的话来说，忧患意识是风险社会价值观的核心。

由此可知重建这种信仰和价值观的难度，它是一种动态的思维过程，而不是有固定元素的静止物。当然，具体到每一个特定社会的信仰和价值观，是可以与一个特定的国家、民族的特殊性联系起来去获取某些价值因子与元素，用刚才所说的风险与忧患意识这种思维模式去建立特定的信仰和价值观。但除了对风险社会理论具有洞见外，这种重建还势必要透视自己国家、民族、社会的特殊历史传统、文化特点，政治、经济、社会制度与状况，国情与民情等，方能找到与重建适合每一个特定国家的风险社会的信仰和价值观。其间的难度不容累述。如我国当下传统相对稳定的价值观已动摇，几种混合的价值观找不到重心，如何在这种情形下去重建风险社会的价值观，个中难度不难理解。这在以后的章节里笔者将会专门讨论。

（二）制度的科学设置及其执行

体制与制度的科学设置是实现对高风险有效治理的关键。这种制度将以不可预测、不确定性的未来风险和潜在风险纳入其中并对未来开放的形式存在。贝克感兴趣于个人通过抽离与再嵌入形成一个从下方塑形社会的亚政治和呼吁一种用新的理性形式即编码合成创造出一种新政治的形式来探索新治理机制。吉登斯也倡导一种从家庭、社会组织等各种具体领域自下而上的亚政治形式中去探索和创造风险社会新治理机制。鲍曼则寄希望于保存差异与文化多元主义及不同文化之间的对话，从填补法律意义上的个体与事实意义上的个体之间所存在的鸿沟出发，去寻求各种制度的科学设置。上述风险理论家提出的一些设想是从对风险社会的深刻思考出发，是从根源上如何对高风险做出治理的思考出发。

他们的研究反映出的一个共同点就是现在与将来的社会应以风险为核心全面组织新的政治、经济、社会、文化与教育制度。现在世界各国都已意识到体制与制度设置的重要性。如胡德提出的英国将风险规制拆分为三个相互关联的指挥系统、检测系统与执行系统，以及三个相分离的要素①，然后将所有系统和要素综合起来进行系统研究与规制的制度设置；斯特赖敦通过对当代社会的风险内核、动态特征与自然、文化的新意识研究，反思原有的制度，从而寻找与发现适应人类社会发展与世界治理的新制度。还有第一章提到的卡斯帕森、泰勒-顾柏对一些发展中国家和欧盟国家针对出现的风险所进行的制度设计和应对策略、措施的变化等，说明了风险

① 启发性的思想、制度安排与政策工具，参见第一章第二节中胡德研究的介绍。

已引起了世界范围内的重视，哪个国家越早意识到风险社会的到来，就会治理得越好。由于风险社会的特殊性，这种体制与制度的设计需要将制度的执行效力包括进去。制度设置的同时就要兼顾到制度能否得到，如何得到有效的执行落实，无论是法律制定还是正式制度设置都须顾及于此。这也正是高风险治理的难题与焦点所在。

（三）治理模式的创新与治理技术的提高

贝克认为在风险社会，决策非常重要，它更需要决策者能够充分利用法律与工程技术、自然科学、社会评估机制等将风险与威胁纳入预警与防范体系加以规范，形成一种生态民主政治。在决策过程中，公共治理层、技术专家和公众之间会产生冲突，如何去平衡他们对决策的影响力呢？实践中存在技术专家实际架空政治家决策权的问题，在梅赫塔看来，更存在缺乏与公众沟通协商的结构性民主缺陷，所以，如何制度性或结构性地行使决策权使得决策科学化，无论在理论上还是实际操作中都难度很大。吉登斯倡导从更加灵活的、中心分散的、个体化的生活政治中去寻求公共权力关系新模式，从而创新这种“明显表现出自治原则”的新型治理机制。鲍曼则从填平法律意义上的个体与事实上的个体之间的鸿沟的权力关系新模式和减少人们的不安全感作为起点，去寻求现代及将来社会治理的有效模式。哈贝马斯更是从如何克服现代技术系统与政治统治系统的非理性，控制全社会在技术的知识和能力方面的潜力上去寻求治理的新模式。拉斯马森提出了建立在对各种危险源进行分类治理基础上的综合型的动态治理模型。

这些风险理论家从各自的经典研究中得出的建议与方案无疑为我们探索与创新治理模式提供了指导。虽然也出现了一些城市规划、社区参与和协商、信息公开、政策意见反馈、参与式预算等新的治理模式，但由于这些理论认同的难度与将理论和每个国家特殊性的把握有机融合的难度，使世界各国治理模式的创新与治理技术的提高还处在摸石子过河的阶段。但不管怎样，风险社会的到来，传统的治理模式肯定已不再适用，如何创新这是每一个国家都需要突破的瓶颈，它关系到每一个国家的发展与前途。

它需要我们予以足够的重视。治理技术的创新也与治理模式一样，要回到每个特定国家、社会的情景中去。这些我们都将在中国的场景下进行专门的研究。

（四）怎样去全面开启以风险为核心的新时代的启蒙

中世纪的启蒙是开智、文明、理性与野蛮、堕落、神秘非理性的博弈。而伴随着科学技术的发展与民族关系的变化，我们进入了全球化的风险时代。风险社会的风险源自自然、人为及自然与人为的结合，围绕在我们生活的方方面面。无论是国家、社会还是个体都面临着风险的来临与威胁。不管是客观的风险还是主观的认同，风险与我们的生活相依相伴，所以，我们要开启以风险为核心的新的启蒙。在国家与社会层面，以风险为核心去重新审视我们的文化、政治、经济、社会及个人的生活领域，去思考我们的信仰、意识形态、现行的一切制度、理论与实践，充分运用不断进步的科学技术去帮助我们扩大与加深对客观风险的认知、掌控，以让危险尽可能降低。在个人层面，我们始终要拥有这样一种意识：未来风险、潜在风险、风险的不确定性始终存在。所以，我们要始终保持对它们的警觉与忧患，风险能帮我们更好地作用于未来范畴，让我们保持一种对人性的反思与对心灵完善的警觉，去修正我们的信仰和价值观，也去修正我们的主观的认知态度。在生活实践中，用风险意识去重新安排我们的生活与未来。

总之，上述所总结出的高风险社会治理的焦点与瓶颈，为我们接下来进入当下中国实际风险状况的研究和中国社会的风险治理提供了理论依据和指导框架。

第三章　人为所致的自然风险及其治理的困境研究①

所谓的自然界风险主要指来自客观世界的危险与危机。在现代化之前，这种危险与危机主要是基于宇宙世界的自然现象与自然变化对人类所造成的危险与威胁。而现代化之后，这种自然界的风险相当一部分是基于人类对生态环境的破坏所致，是人为的自然风险，包括环境污染、生态破坏、能源与其他自然资源消耗。中国近二十年发生的草原、森林、河流、湖泊面积的不断锐减与退化，可耕地数量、质量不可逆转的下降与地力贫瘠，因土壤中各类重金属含量超标所致的主要农作物的污染，因不合理开发与使用自然资源所致的沙尘暴、雾霾、地震、洪水、高温等自然灾害，湖泊绿藻、各类珍稀动物与江河鱼种的锐减与灭绝，饮用水污染、枯竭，以及各类自然资源衰竭及各种突发性自然风险的频繁发生与升级，这一切人为风险有些已经能够被我们拥有的科学知识与专业知识解释，有些尚未能被我们目前拥有的知识解释。但这些人为施加于自然所致的客观风险才是我们所要讨论的现代风险的要义所在。

---

① 本章第二、三节中有关北京的部分数据与C区垃圾焚烧厂的个案调研与资料整理，主要由笔者指导的研究生袁祥祥完成。

第一节 环境污染与生态失衡方面的风险状况

中国因为发展的需要，与其他现代化国家的发展初期一样，经历了发展的困境期，付出了极大的发展代价。一味地强调发展与经济，强调国内生产总值（GDP）与增长率，强调物质的富裕与脱贫人口规模的减少，而忽略了生态环境的保护，社会、经济、文化的同步发展与可持续发展，导致了一系列社会问题的诞生和种种风险的衍生，尤其是环境污染与生态环境的破坏，这是关系到民族生存与发展的基础性条件与保证。这方面的问题主要体现在三个方面：环境污染、资源衰竭、生态失衡。其实，能源与其他自然资源的过度开发与采用，土地、大气、海洋的大面积污染，势必导致生态破坏与失衡。这种生态破坏所致的严重性可以从下面一系列现象与数据中得到反映。

一、环境污染与生态失衡的现状

1. 土地退化、耕地红线与地力质量下降

近几年来，我国土地退化形势严峻，包括沙漠化、盐碱化、牧场退化、水土剥蚀、矿山土地退化等。国家林业局资料显示，截至 2004 年年底，我国仅沙漠化一项的土地面积就达 263.62 万平方公里，占国土面积 27.46%；2012 年 262.37 万平方公里，占 27.33%。① 耕地红线，指经常进行耕种的土地面积最低值。国务院全国土地调查小组的调查结果显示，1996 年中国耕地面积为 19.51 亿亩，2005 年则为 18.31 亿亩。短短十年中国耕地面积减少了 1.2 亿亩。为此，国务院印发的第三版《全国土地利用总体规划纲要（2006—2020 年）》（以下简称《规划》），对这 15 年土地利用的目标和任务提出 6 项约束性指标和 9 大预期性指标。其核心是确保 18 亿亩耕地红

① 参见中国林业局近二十年历次发布的《荒漠化和沙化土地监测》资料，中国林业局官网。

线——中国耕地保有量到2010年和2020年分别保持在18.18亿亩和18.05亿亩，差额只有1300万亩。① 但这里的矛盾如下。第一，三版《规划》预期新增建设用地2010年总量是2925万亩，2020年是8775万亩。必然要突破占地红线。尽管《规划》要求复垦开发补充耕地予以弥补，确定的约束性指标是2010年1500万亩，2020年4500万亩和由国家整理复垦开发的重大工程补充耕地1210万亩。三项合计7210万亩。且不说这个约束性指标能否完成，即使数量达到，也会出现第二个问题，即建设占用的是好地，而补的是差地，土地质量和产能很难保证。第三，是原有耕地的大面积污染。下面我们来看第二个数据。

2. 土壤污染情况

2014年环保部公布的调查公报显示：② 全国土壤总的点位超标率为16.1%，③ 其中轻微、轻度、中度和重度污染点位比例分别为11.2%、2.3%、1.5%和1.1%。④ 从土地利用类型看，耕地、林地、草地土壤点位超标率分别为19.4%、10.0%、10.4%。从污染类型看，以无机型为主，有机型次之，复合型污染比重较小，无机污染物超标点位数占全部超标点位的82.8%。从污染物超标情况看，镉、汞、砷、铜、铅、铬、锌、镍8种无机污染物点位超标率分别为7.0%、1.6%、2.7%、2.1%、1.5%、1.1%、0.9%、4.8%；六六六、滴滴涕、多环芳烃3类有机污染物点位超标率分别为0.5%、1.9%、1.4%。⑤ 从污染分布情况看，南方土壤污染重于北方；长江三角洲、珠江三角洲、东北老工业基地等部分区域土壤污染

---

① 参见中华人民共和国自然资源部2010年3月发布的《全国土地利用总体规划纲要（2006—2020年）》。

② 2005年4月至2013年12月，生态环境部会同自然资源部依照国务院决定，开展了首次全国土壤污染状况调查。调查的范围除香港、澳门特别行政区和台湾地区以外的陆地国土，调查点位覆盖全部耕地，部分林地、草地、未利用地和建设用地，实际调查面积约630万平方千米。调查采用统一的方法、标准。

③ 点位超标率是指土壤超标点位的数量占调查点位总数量的比例。

④ 该次调查土壤污染程度分为5级：污染物含量未超过评价标准的，为无污染；在1倍至2倍（含）之间的，为轻微污染；2倍至3倍（含）之间的，为轻度污染；3倍至5倍（含）之间的，为中度污染；5倍以上的，为重度污染。

⑤ 参见《生态环境部和自然资源部发布全国土壤污染状况调查公报》，2014-04-17.

问题较为突出，西南、中南地区土壤重金属超标范围较大；镉、汞、砷、铅 4 种无机污染物含量分布呈现从西北到东南、从东北到西南方向逐渐升高的态势。而不同类型的土地如耕地、林地、草地与未利用地的土壤环境质量有差异，它们的主要污染物：耕地是镉、镍、铜、砷、汞、铅、滴滴涕和多环芳烃，林地是砷、镉、六六六和滴滴涕，草地是镍、镉和砷，未利用地是镍和镉。① 由此可见，我国的土壤污染总体已不容小觑，虽然土壤环境质量受多重因素叠加影响，但工矿业、农业的人为活动是造成土壤污染或超标的主要原因。它是在经济社会发展过程中对环境的忽略与片面追求经济利益长期累积而成的。

3. 水资源污染状况与数据

中国水资源总量丰富，但人均水资源占有量仅相当于世界人均水资源占有量的 1/4，被联合国列为“水资源紧缺”国家。而且，由于多年来过分开采地下水，在北方地区约有 1.5 万平方千米的超产区，致使华北地区地下水位每年平均下降 12 厘米。而我国十几年来不断爆发的水污染事件与水质恶化更使本来就紧缺的水资源雪上加霜。2001—2010 年《中国环境状况公报》淡水环境部分显示：在我国最为重要的七大水系中，污染严重的是海河、辽河水系，淮河、长江、松花江和珠江水系水质良好，水质为优的只有浙闽区河流与西北诸河。这七大水系近十年的水质类别如表 3-1 所示。

表 3-1　近十年七大水系监测的重点断面中各类水所占的比例（%）

年份	级别		
	Ⅰ-Ⅲ	Ⅳ-Ⅴ	劣Ⅴ
2001	29.50	26.50	44.00
2002	29.10	30.00	40.90
2003	38.10	32.20	29.70

① 参见生态环境部和自然资源部发布全国土壤污染状况调查公报［J］. 中国环境治理，2014（2）.

续表

年份	级别		
	Ⅰ-Ⅲ	Ⅳ-Ⅴ	劣Ⅴ
2004	41.20	30.30	27.90
2005	41.00	32.00	27.00
2006	40.00	32.00	28.00
2007	49.90	26.50	23.60
2008	55.00	24.20	20.80
2009	57.30	24.30	18.40
2010	59.90	23.70	16.40

从表3-1中可以看出在2002年以及02年之前这七大水系的总体水质较差，Ⅰ-Ⅲ三类水只占了总体的近1/3，而劣Ⅴ类水更是高达40%以上，从2003年这一状况得以改善至2007年Ⅰ-Ⅲ三类水已经接近1/2，到2010年更是达到了近60%，并且劣Ⅴ类水所占比例也在逐年下降，但是在2010年有所反弹，比上一年降低了2%。①

我们再看一下我国的湖泊污染情况。我国天然湖泊有2000多个，其中有26个重点湖泊（水库）为国控重点湖泊。自1949年以来，我国湖泊减少了500多个，面积缩小了约1.86万平方千米，湖泊蓄水量减少513亿立方米，其中淡水量减少340亿立方米。而湖泊的污染主要为工业污水的排放、生活污水的排放以及水体富营养化。2001—2010年《中国环境状况公报》显示，三湖（太湖、滇池和巢湖）的水体富营养化较为严重，9个主要大型淡水湖泊从整体看水质呈下降趋势，五大城市内湖水质有所下降，大型水库水质无明显变化。下面我们参考一下2003—2010年我国国控重点湖泊（水库）水质级别变化对比（见表3-2）。

① 参见姜伟. 中国水环境变化趋势分析报告［D］. 贵阳：贵州大学，2011. 并见2010年度《中国环境状况公报》中第5页淡水环境中七大水系污染状况调查报告部分。

表 3-2 2003—2010 年我国国控重点湖泊（库）水质级别（%）

年份	级别					
	Ⅰ	Ⅱ	Ⅲ	Ⅳ	Ⅴ	劣Ⅴ
2003	0	3.60	21.40	25.00	14.30	35.70
2004	0	3.60	21.40	25.00	35.70	39.30
2005	0	7.00	21.00	11.00	18.00	43.00
2006	0	7.00	22.00	4.00	19.00	48.00
2007	0	7.10	21.30	14.30	17.90	39.30
2008	0	14.30	7.10	21.40	17.90	39.30
2009	0	3.90	19.20	23.10	19.20	34.60
2010	0	3.80	19.20	15.40	23.10	38.50

从表 3-2 中我们可以看出我国主要湖泊（水库）的水质在最近几年均未能达到Ⅰ类级别。Ⅱ类级别在 2003 年到 2008 年期间为上升趋势，此后有所下降。Ⅲ类级别在最近几年处于稳定状况基本上没有变化，但在 2008 年有所下降。Ⅳ类级别在 2003—2006 年间，呈显著下降趋势，但从 2006—2010 年又呈现增加趋势。Ⅴ类级别在最近几年总体上呈缓慢上升趋势，2004 年为高峰期达到了 35%。劣Ⅴ类级别在 2003—2006 年呈上升趋势，在 2006—2010 年又呈现出下降趋势。因此，我国的湖泊（水库）污染仍严重，水体污染没有得到有效控制。① 总体上来说，国家相关部门的监测调查与相关专家的研究显示，我国的七大水系、各类湖泊的污染、干涸等生态环境在改革开放以来呈现下降趋势，虽然这些情况 21 世纪初近十年来引起了全社会的重视，可治理效果并不理想。但 1997—2017 年中国水资源公报所发布的信息显示：2011 年之后我国污水排放量逐年下降，降水量和地表径流量呈先减少后增加的趋势，Ⅰ-Ⅲ类水质河长占比呈现稳定增长趋势，Ⅳ-Ⅴ类和劣Ⅴ类水质河长占比呈现减小趋势，② 说明我国江河

① 参见姜伟．中国水环境变化趋势分析报告［D］．贵阳：贵州大学，2011．

② 参见王乐扬，李清洲，杜付然，等．20 年来中国河流水质变化特征及原因［J］．华北水利水电大学学报（自然科学版），2019（3）：84-88．

水质总体趋于改善状态，治理效果开始显现。

4. 雾霾与空气污染状况

纵观全国，2013 年 1 月罕见的连续高强度大气灰霾污染，5 次席卷了中国中东部、东北及西南共计 10 个省市区，受害人口高达 8 亿以上，其中污染最严重的为京津冀区域。① 类似的还有 2013 年 12 月 3 日始和 20 日始，及 2014 年 1 月 16 日始和 2 月 20 日始的持续性大范围雾霾。

环保部于 2013 年发布的《2013 年全国主要城市空气质量状况》② 表明，监测的 74 个主要城市中，仅有 3 个城市各项污染指标年均浓度均达到二级标准。京津冀、长三角、珠三角区域是空气污染相对较重的区域，尤以京津冀区域污染最重。京津冀 13 个城市中，有 11 个城市排在污染最重的前 20 位，其中有 7 个城市排在前 10 位。空气质量平均达标天数比例为 37.5%，比 74 个城市平均达标天数比例低 23 个百分点。首要污染物为 PM2.5，其次是 PM10 和臭氧。京津冀区域所有城市 PM2.5 和 PM10 年平均浓度均超标。另外，空气污染呈现明显的季节性特征，城市空气重污染主要集中在第一、第四季度。74 个城市首要污染物是 PM2.5，其次是 PM10，臭氧和二氧化氮也有不同程度超标情况。

雾霾与空气污染严重地侵蚀着中国人的健康与生命安全，尤以京津冀为甚。国家虽然采取了相应的措施，但效果尚不明显。这方面的治理仍需加大力度与调整视角。这一切之间的相互关系及这种关系的精算与确定，相信随着科学的发展与技术的进步终能得到明晰与解决。

5. 自然灾害现状

自然灾害包括旱灾、洪涝、台风、冻害、雹灾、海啸、地震、火山、滑坡、泥石流、森林火灾、农林病虫害等。我国较为严重的是地震、山体滑坡和泥石流等地质灾害以及洪涝、干旱、火灾、台风、高温、低冷和雪灾。如 2015 年全国各类自然灾害共造成 1.9 亿人次不同程度受灾，因灾死

---

① 参见孙自法. 中科院：京津冀 1 月共 5 次强霾污染仅 4 个晴天［N］. 中国新闻网，2013-02-03.

② 参见中华人民共和国生态环境部发布《生态环境部发布第一季度 74 个城市空气质量状况》，2013-04-19.

亡失踪967人，紧急转移安置644.4万人次；农作物受灾面积21769.800公顷，其中绝收面积2232.700公顷；倒塌房屋24.8万间，损坏房屋250.5万间；因灾直接经济损失2704.1亿元。① 我们接着看一组近十年全国地震与地质灾害数据，就会略知一二。国家地震局（2012年）公布的2003—2011年度全国地震灾害等级、次数、伤亡人数及经济损失等与地质灾害的种类、次数、伤亡人数及经济损失等统计数据显示，（见下表3-3、表3-4）可见，这种地震与地质灾害发生的频次已相当高，它的后果也是极为严重的。其他方面的自然灾害特别是特大洪水、干旱、火灾、台风等对我国人民生命健康与财产造成的危害情况，每年都有公布和通告，一列列的数据表明自然灾害对国人的危害已不容小觑，无论是生命健康还是财产损失。

表3-3　2003—2011年发生地震详情

	2003年	2004年	2005年	2006年	2007年	2008年	2009年	2010年	2011年
地震灾害次数(次)	21	11	13	10	3	17	8	12	18
5-5.9级地震灾害次数(次)	10	8	9	9	1	6	5	4	11
6-6.9级地震灾害次数(次)	6	1	2	—	1	4	2	—	2
7级以上地震灾害次数(次)	1	—	—	—	—	2	—	1	1
地震灾害人员伤亡(人)	7465	696	882	229	422	446293	407	13795	540

① 参见国家民政部发布的《2015年社会服务发展统计公报》，2016-07-11.

续表

	2003 年	2004 年	2005 年	2006 年	2007 年	2008 年	2009 年	2010 年	2011 年
地震灾害死亡人数（人）	319	8	15	25	3	69283	3	2705	32
地震灾害直接经济损失（万元）	466040	94959	262811	79961.7	201922	85949594	273782	2361077	6020873

表 3-4 2003—2011 年度发生地质灾害起数等指标统计

		2003年	2004年	2005年	2006年	2007年	2008年	2009年	2010年	2011年
发生地质灾害起数	次	15489	13555	17751	102804	25364	26580	10580	30670	15804
滑坡	次	10240	9130	9367	88523	15478	13450	6310	22250	11504
崩塌	次	2604	2593	7654	13160	7722	8080	2378	5688	2445
泥石流	次	1549	1157	566	417	1215	843	1442	1981	1356
地面塌陷	次	574	445	137	398	578	454	326	478	386
地质灾害人员伤亡	人	1333	1407	1223	1227	1123	1598	845	3445	413
地质灾害死亡人数	人	767	734	578	663	598	656	331	2244	244
地质灾害直接经济损失	万元	504325	408828	357678	431590	247528	326936	190109	638509	413151
地质灾害防治项目数	个	1815	2247	3179	2914	3492	5325	28061	28106	20871
地质灾害防治投资	万元	166514	175231	166860	193570	244885	529939	542368	1159813	928085
滑坡、泥石流治理面积	公顷	14450	11642	5315	70046	2592	7254.8			

6. 人口爆炸与生物多样性减少

生物多样性的存在对进化和保护生物圈的生命维持系统具有不可替代

的作用，生物链的平衡与生物圈的存在是我们人类生存的必需条件。而事实上，据专家估计，自1600年以来，地球上约3000万种物种，包括动植物和微生物的所有生物物种，至今已有700多个物种灭绝，3900多个物种濒临灭绝，3600多个物种为濒危物种，7200多个物种为稀有物种。这种生物多样性的减少与物种不断消失的现象，一方面是自然的马太效应，即人类占有的空间越来越大，食物需求越来越多，地球上其他生物所占的空间和可供的食物必然越来越少；另一方面，是由于生态环境的丧失，对资源的过分开发，环境污染和人类餐桌上的肆虐等人为的破坏。① 当然，人口爆炸是最重要的原因。人类暴涨势必挤压其他生物的生长。从1950年至2010年，短短的60年间，全球人口数量从25亿增加到69亿多，中国人口也从新中国成立初的5.4亿发展到现在的约14亿。相应的各类动植物物种也不断锐减。所以，控制人口规模的暴涨是控制生物多样性减少的最主要途径。当然，对各种稀有或重要的动植物保护也是一条重要的路径。

上述六大方面的环境污染与生态破坏的事实状况与数据，基本上呈现出了21世纪初到2010年10年间中国的整体生态环境概况与变化状况，从某种程度上也反映了当下中国社会的部分风险现状，特别是生态环境方面的风险状况。当然，我们若将它与改革开放前尤其是工业革命前的发生频率做比较，或许能更准确地得到结论。尽管它的发生与人为破坏的比例关系还无法精算与确定，但已有的知识对二者关系的联系是能做出肯定解释的。矿产能源的过度开采，土壤的污染，土地、森林、草原、湖泊、海洋面积的锐减与退化，动植物物种的减少，空气污染与臭氧洞的出现，地球气候的异常，地壳的变动与大陆架的漂移，以及各种自然灾害的发生，这一切之间的相互关系及这种关系的精算与确定，相信随着科学的发展与技术的进步终能得到明晰与解决。

二、环境污染与生态失衡的危害

众所周知，环境污染是一种经济行为的负外部性产物。首先，环境污

① 参见王丰年. 论生物多样性减少的原因［J］. 清华大学学报（哲学社会科学版），2003（6）：49-52.

染和生态破坏导致的生命健康损失和对大自然的破坏，一定程度上抵消了经济增长带来的收益。中国环境科学院的《中国 2000 年环境预测与对策》报告表明，1981 年到 1985 年间，环境污染一项造成经济损失年均 380 亿元，占 1983 年国民生产总值（GNP）的 6.75%，其中空气污染造成的损失为 124 亿元，占 2.19%。1992 年的相应数据为环境污染造成损失 986 亿元，占当年 GNP 的 4.04%。① 另外，金鉴明从生态破坏的角度估算了其经济损失。② 1997 年，世界银行做出保守估计，中国的空气污染和水污染造成约每年 540 亿美元（当时汇率）的损失，约占 GDP 的 8%，而截至 1995 年中国城市的大气污染每年导致约 17.8 万人的过早死亡。③ 此外，还有其他难以估量的间接方面的损失。

其次，环境污染与生态破坏带来的直接后果是人们的身体健康与生命危险。如空气污染，根据 2012 年世界卫生组织（WHO）对空气污染造成的疾病负担所做的评估，城市和农村地区的环境（室外）空气污染每年导致全世界 370 万人过早死亡，88%发生在低收入和中等收入国家，世卫组织西太平洋区域和东南亚区域负担最大。原因是暴露于直径 10 微米或更小的颗粒物质（PM10），这些颗粒物能导致心血管和呼吸道疾病以及癌症。④并指出将颗粒物质（PM10）污染由每立方米 70 微克减至 20 微克，便能使与空气污染有关的死亡降低约 15%（WHO，2005）。美国比较权威的研究是“哈佛大学六城市研究”与美国癌症协会（ACS）的研究，后者根据 50 万美国人死亡原因风险的数据，研究发现空气中 PM2.5 每增加 10 微克/立方米，心血管和肺癌死亡率分别上升 6%和 8%，⑤ 而这两项研究也推动了

① 参见过孝民，张慧勤. 2000 年中国经济—人口—环境总量分析［J］. 环境科学研究，1989，2（5）：1-4.

② 参见金鉴明. 自然、文化、科技——中国环境保护的思考与探索［M］. 北京：中国环境科学出版社，1995.

③ World Bank. Clear Water, Blue Skies: China’s Environment in the New Century［Z］. Word Bank, 1997: 24.

④ 世界卫生组织.《环境（室外）空气质量和健康》实况报道第 313 号，2014 年 3 月.

⑤ 参见高知义. 大气细颗粒物暴露对人体免疫指标的影响［J］. 卫生研究，2010（1）：50-52.

美国在这方面的环境立法。而中国的空气污染对人体健康的影响的实证研究，在20世纪50年代就开始着手进行。但对PM2.5及气溶胶等物质对人体健康的影响，则是在2000年前后才开始做出一些尝试，① 近两年来，这方面的研究迅速增多，但是国内的研究还没有形成一个体系。国外学者曾对中国这方面问题的研究做过系统的分析和阐述。② 土壤与水质污染也同理，它直接导致农作物包括粮食、饮用水成为有毒食品，直接损害人体的生命健康。

最后，环境污染与生态破坏最严重的危害后果，就是贝克所说的未来风险或高风险，是它使得人为与自然的界线不再清晰，使得风险产生多米诺骨牌效应，风险不仅是叠加这么简单，甚至是以平方数地扩散。比如，环境污染直接导致动植物的生长与灭绝，影响生物链，从而直接影响人类生存的自然环境的恶化；又比如，森林面积的减少使臭氧层受到破坏，土地退化更加严重，臭氧层受到破坏导致地球气候返暖，再使得南极冰层融化，海洋水位升高，从而导致气候状况更加恶劣和发生旱灾、洪涝、台风、冻害、雹灾、海啸、地震等自然灾难的可能性增加，而土地退化则会导致沙尘暴频发、动植物灭绝或其他更多的目前尚无可知的危害，这种人为与自然、自然与自然相互作用后的连锁风险更加难以预测、难以估计，离开风险源头越远，它的骨牌效应就越明显，风险也越难以掌控。尤其是核污染。所以，这种人为施加于自然的风险有着难以预测性、潜在性与叠加再生性等特征。

---

① 参见徐肇翊，刘允清，俞大乾，等. 沈阳市大气污染对死亡率的影响［J］. 中国公共卫生学报，1996，15（1）：61-64. 参见常桂秋，潘小川，谢学琴，等. 北京市大气污染与城区居民死亡率关系的时间序列分析［J］. 卫生研究，2003，32（6）：565-568. 参见孙惠乐，刘燕，梁晓梅. 空气污染对日门诊量的影响［J］. 环境与健康杂志，2003，20（5）：289-291. 参见王慧文，林刚，潘秀丹. 沈阳市大气悬浮颗粒物与心血管疾病死亡率［J］. 环境与健康杂志，2003，20（1）：13-15.

② Smil, V. Environmental Problems in China: Estimates of Economic Costs［J］. East-West Center Special Report, 1996（5）. China and Mongolia Department, WB. China's Environment in the 21st Century. World Bank Report No. 16481-CHA, 1997.

第二节 北京市雾霾状况及治理困境的个案研究

一、北京市雾霾与空气污染状况

北京市气象局气候中心高级工程师陈大刚曾指出，2011 年 10 月，北京市的雾天有 8 天，有霾的天数为 20 天，共 28 天，远多于前两年的同期；2010 年同期雾天为 5 天，霾天 17 天；2009 年同期雾天 7 天，霾天 15 天；2008 年同期雾天仅有 1 天，但出现霾的天数为 19 天。①

下面来看一组北京市的雾霾数据②（见表 3-5）。

表 3-5 北京市 2013 年 11 月至 2014 年 2 月出现雾霾数据

时间	持续性污染次数③	具体日期分布（当月时间段）					备注
2013 年 11 月	5	1-2 日	5-6 日	8-9 日	13-14 日	22-24 日	
2013 年 12 月	3	2-3 日	7-8 日	22-25 日			
2014 年 1 月	3	4-7 日	13-19 日	22-24 日			
2014 年 2 月	4	1. 31-2. 2 日	5-8 日	11-17 日	20-26 日		北京市第一次发布黄色预警，中东部多省份受影响
2014 年 3 月	4	2-3 日	8-11 日	15-17 日	23-28 日		
2014 年 4 月	5	3. 31-4. 2 日	7-10 日	12-15 日	23-25 日	4. 29-5. 1 日	

① 参见北京雾霾天气均超往年 相机无法对焦. 凤凰网，2011-11-8.

② 对中央气象台空气质量监测数据每日发布数据的记录分析，这里所说的重雾霾统计范围为空气质量指数（AQI）高于 100 时的日期。

③ 按照环保部最新的 AQI 规范，AQI 高于 100 即为轻度污染。持续污染指连续超过 1 天的污染天气。

《北京市2013年环境状况公报》（以下简称《公报》）表明，刚刚过去的2013年，全市二氧化硫、二氧化氮和可吸入颗粒物浓度值多年变化均呈现显著下降趋势。五年以来，二氧化硫和可吸入颗粒物仍为显著下降趋势，二氧化氮持平。北京市空气中6项污染物仅有2项达到国家标准。(见表3-6)

污染物类型	二氧化硫(SO_2)	一氧化碳(CO)24小时平均第95百分位浓度	细颗粒物(PM2.5)	二氧化氮(NO_2)	可吸入颗粒物（PM10)	臭氧（O3）日最大8小时滑动平均第90百分位浓度
浓度均值(μg/m3)	26.5	3.4	89.5	56.0	108.1	183.4
达标状态	达标	达标	超标156%	超标40%	超标54%	超标14.6%

但是，以往可吸入颗粒物的统计标准却没有完全反映现实天气状况。有专家根据多年监测结果分析称①，从1998年到2010年，PM10的数据是下降的，每年下降2%到3%，但是灰霾天数是增加的，因为PM2.5是增加的，每年大概增加3到4倍。

《公报》还表明，PM2.5成为超标最为严重的污染物，占超标日首要污染物天数比例的77.8%。（见图3-1）全市大气降水年平均pH值为5.38，酸雨频率为16.0%。

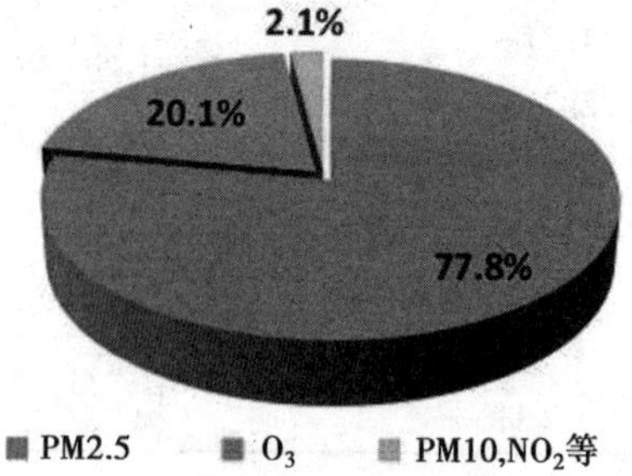

图3-1　2013年超标日首要污染物天数比例

① 2011年12月7日中央电视台《经济半小时》栏目组特邀中科院大气物理研究所王跃思研究员评论京津冀地区雾霾成因与危害。参见王跃思教授在《经济半小时》中接受记者采访时的谈话。

全年空气质量优良天数共 176 天，不足半数，平均每 6 至 7 天就有一次重污染过程。①（见图 3-2、图 3-3）

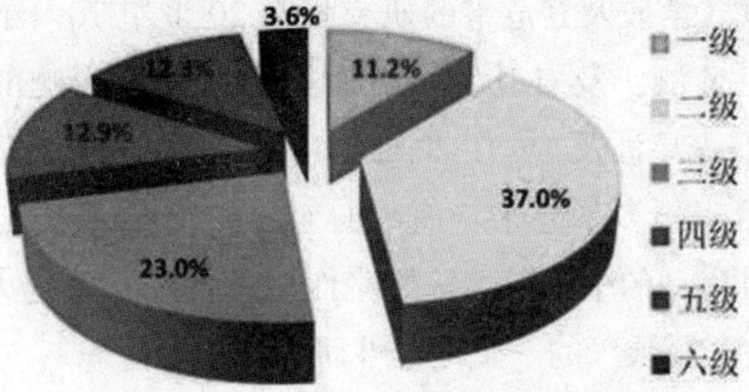

图 3-2 2013 年空气质量级别分布情况

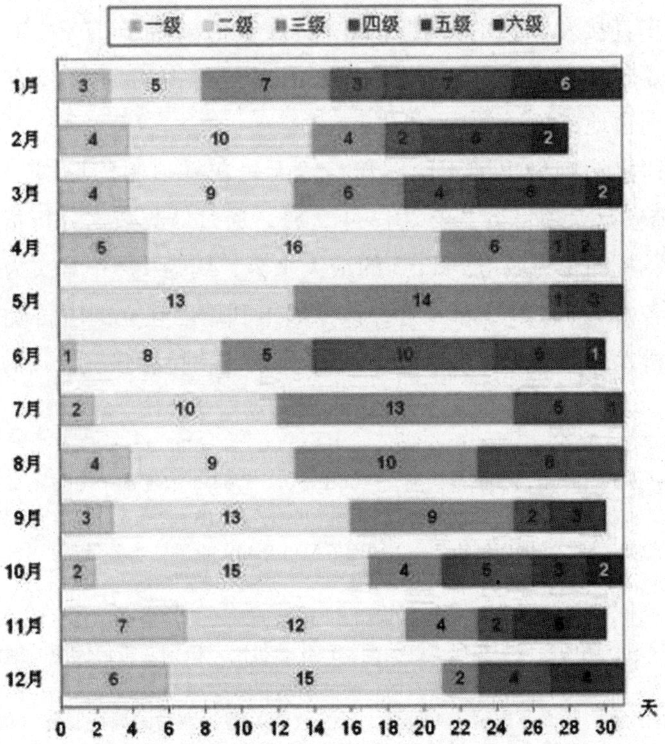

图 3-3 2013 年各月空气质量各级别天数

① 参见北京市发布的《2013 年北京市环境状况公报》，2014 年 4 月 13 日。

二、北京市雾霾污染物质的来源分析

国内对大气气溶胶及其危害的研究早在20世纪70年代就有了。而对PM2.5的局部性监测，及对其特征、污染水平及其影响的研究，则是在1999年才开始有零星涉及，① 在2002年前后，第三方机构开展的局部持续监测和研究开始明显多了起来。而政府对pm2.5的系统监测则始于2012年初，当年9月启动的中国科学院战略性先导科技专项“大气灰霾追因与控制”② 则是对雾霾天气的一个综合性研究机构。

对于北京市大气中pm2.5的成分分析，最早的官方解释是2012年4月北京市环保局的于建华给出的，他指出北京地区PM2.5污染物的构成中，机动车直接和间接的排放占22%，煤炭污染占16.7%，工业喷涂占16.3%，城市扬尘污染占16%，农村秸秆焚烧等占4.5%，还有24.5%来自北京市周边地区。③

而科研机构则做出了不同解释，“大气灰霾追因与控制”专项组之“大气灰霾溯源”项目组，于2013年2月，通过监测数据分析指出，就北京市而言，机动车为城市PM2.5的最大来源，约为1/4；其次为燃煤和外来输送，各占1/5。2013年4月，该专项组利用已建立的中科院监测网络进一步分析发现，造成北京市2013年1月的5次持续强霾天气的主要原因

---

① 参见徐放，徐渝，廖正军，等．空气中SO_2、PM2.5浓度水平与居民每日门诊就诊人次的动态研究［J］．重庆环境科学，1999，21（3）：55-57，60. 吴国平，胡伟，滕恩江，等．我国四城市空气中PM2.5和PM10的污染水平［J］．中国环境科学，1999，19（2）：133-137.

② 该专项于2012年9月启动，计划用5~10年时间，以环渤海、长三角、珠三角为研究区域，阐明区域灰霾形成的关键物理化学机制，识别灰霾形成的关键污染物和污染源，确定区域大气污染物跨区、跨界输送量，发展具有我国自主知识产权的大气污染预测、诊断及控制决策模型，研发致霾关键污染物的源控制和过程控制技术，进行区域应用示范，为控制灰霾污染提供科学可行的技术和政策解决方案。参见贺泓，王新明，王跃思，等．大气灰霾追因与控制［J］．中国科学院院刊，2013，28（3）：344-352.

③ 参见张承磊．央视《媒体回顾PM2.5事件始末：未公布数据因治理难》［N］．新闻调查，2012-04-22.

包括罕见的北半球高纬平流层爆发性增温天气条件、大气氧化性及非均相化学过程的复合作用、浮尘与人为排放污染物混合、区域输送和局地污染叠加等因素，它们共同促发了灰霾的形成。

当然，方法不同，得出的研究结论也会有差异。2013 年 12 月，中科院大气物理研究所张仁健课题组采用不同于监测的方法，针对 2009—2010 年不同季节在北京城区采集的 121 对特氟龙和石英膜 PM2. 5 样品进行全组分析，解析出北京地区 PM2. 5 的 6 个重要来源，分别是土壤尘（16%）、燃煤（14%）、生物质燃烧（13%）、汽车尾气与垃圾焚烧（共 3%）、工业污染（28%）和二次无机气溶胶（26%）。并探讨了不同季节影响北京城市 PM2. 5 的主要贡献源，沙尘天气常对春季气溶胶有重要影响，而在秋冬季节，来自建设工地的浮尘和街道的再悬浮尘是土壤尘的主要来源；燃煤源冬季贡献最大；生物质燃烧源贡献春、秋较高；工业污染源贡献在夏、秋季节较高；二次无机气溶胶在夏季和春季的贡献最高。报告还指出，如果将燃煤、工业污染和二次无机气溶胶三个来源合并起来，化石燃料燃烧排放就成为北京市 PM2. 5 污染的主要来源。北京市周边省份快速发展的工业生产活动，会带来跨境传输的污染。

然而，针对张仁健课题组"pm2. 5 成分来源中汽车尾气仅占 4%"① 的结论，北京市环保局认为只是一家之言。而且，"大气灰霾追因与控制"专项组首席科学家贺泓指出，大气细粒子 pm2. 5 可分为一次源（直接排放）和二次源（二次生成）。中外研究数据表明，二次源经常在 PM2. 5 中占有更大的比重，超过 50%。"机动车对 PM2. 5 贡献不足 4%"的研究结果未包含机动车排放的气体污染物形成二次颗粒物对 PM2. 5 的贡献。②

根据上述北京市雾霾污染物质的来源分析，结果显示主要由机动车、工业污染（燃油燃煤）、扬尘、垃圾焚烧、生活排放、外来输送和二次无机气溶胶等组成。下面我们来看一组历年各项污染物排放情况与数据。（见表 3-7）

---

① 是因为张仁健课题组在国内发布结果时，汽车尾气单独占比 4%。

② 2014 年 1 月 2 日，中国科学院"大气灰霾追因与控制"专项组对媒体的讲话。详情参见孙自法．中科院专项组：北京机动车排放贡献 pm2. 5 或逾两三成［N］．中国新闻网，2014-01-02.

表 3-7　历年各项污染物排放情况与数据

年份	工业废气排放总量（亿标立方米）		可吸入颗粒物年日均值（mg/m^3）	二氧化硫年日均值（mg/m^3）	二氧化氮年日均值（mg/m^3）	二氧化硫（SO_2）排放量（万吨）			氮氧化物排放量（万吨）			工业粉尘排放总量（万吨）	烟（粉）尘排放量（万吨）		空气达到和好于二级（天）
	总量	燃料燃烧（另项为生产工艺）				总量	工业	生活	总量	工业	机动车		总量	生活（含机动车）	
1998	3342	1966				21						6. 9	工业 9. 5		
1999															
2000			0. 162	0. 071	0. 071	22. 4									177
2001			0. 165	0. 064	0. 071	20. 1									185
2002	3083	1777	0. 166	0. 067	0. 076	19. 2	16. 2	3. 0				10. 0	7. 9	2. 3	203
2003	3005	1825	0. 141	0. 061	0. 072	18. 3	11. 4	6. 9				3. 2	7. 1	4. 2	224
2004	3198	1927	0. 149	0. 055	0. 071	19. 1	12. 5	6. 6				3. 6	7. 0	4. 1	229
2005	3532	2015	0. 142	0. 050	0. 066	19. 1	10. 6	8. 5				3. 3	5. 76	3. 9	234
2006	4641	2772	0. 161	0. 053	0. 066	17. 6	9. 4	8. 2				3. 0	5. 0	3. 5	241
2007	5146	2205	0. 148	0. 047	0. 066	15. 2	8. 3	6. 9				1. 9	4. 85	2. 8	246
2008	4316	2737	0. 122	0. 036	0. 049	12. 3	5. 8	6. 5				1. 53	4. 83	2. 8	274

续表

年份	工业废气排放总量（亿标立方米）		可吸入颗粒物年日均值（mg/m^3）	二氧化硫年日均值（mg/m^3）	二氧化氮年日均值（mg/m^3）	二氧化硫（SO_2）排放量（万吨）			氮氧化物排放量（万吨）			工业粉尘排放总量（万吨）	烟（粉）尘排放量（万吨）		空气达到和好于二级（天）
	总量	燃料燃烧（另项为生产工艺）				总量	工业	生活	总量	工业	机动车		总量	生活（含机动车）	
2009	4408	1777	0. 121	0. 034	0. 053	11. 9	6. 0	5. 9				1. 7	4. 44	2. 5	285
2010	4750	1857	0. 121	0. 032	0. 057	11. 5	5. 7	5. 8				1. 7	4. 88	2. 7	286
2011	4896. 5	-	0. 114	0. 028	0. 055	9. 8	6. 1	3. 7	18. 83	9. 0	8. 6		6. 58	3. 6	286
2012	3263. 7		0. 109	0. 028	0. 052	9. 4	5. 9	3. 5	17. 75	8. 5	8. 0		6. 68	3. 59	289
2013															176

从上表数据可以看出，除了烟粉尘排放量在近两年不断增加外，其他诸如可吸入颗粒物、二氧化硫、二氧化氮的排放量一直是在减少的。北京市统计局公开的数据也表明，空气好于二级的天数在2013年前也是逐渐增加的。但是这并未考虑空气污染物区域传递的影响。而且可以从表中看出，在2006年之后，在对二氧化硫和烟尘排放的贡献上，生活源所占比例与工业源所占比例的差距越来越小，甚至在烟尘一项上反超过工业源，值得我们深思。

三、北京市雾霾与空气污染治理措施与困境分析

通过上述雾霾与空气污染的现状与污染物质的来源分析，我们初步掌握了北京市污染形成的主要渠道，那么，如何采取对应的措施来治理呢？“大气灰霾追因与控制”专项组之“大气灰霾溯源”项目组，通过监测数据分析后，于2013年2月，提出了初步的政策建议：油气挥发和餐饮近年来有快速上升趋势，应加紧控制，工业和地面扬尘应进一步改善；京津冀区域应重点控制工业和燃煤过程，重点在于燃烧过程的脱硫、脱硝和除尘；同时要高度关注柴油车排放和油品质量。北京市要重点解决机动车道路拥堵问题，北京市周边区域要重点解决燃煤的脱硫、脱硝和除尘及其挥发性有机物排放的控制。① 同年4月，该专项组利用已建立的中科院监测网络进一步分析后，对雾霾治理提出了更具体的四点建议：优先控制油品质量和机动车尾气污染；做好燃煤烟气脱硫脱硝工作；对工业废气污染控制，加快立法新技术研发；农业区应控制减少生物质的无组织燃烧。② 2013年12月，中科院大气物理研究所张仁健课题组用不同于监测的方法进行分析后建议：治理北京市本地空气污染，不仅需要改善能源结构，还需要区域联合防治。③

---

① 参见孙自法．中科院：京津冀1月共5次强霾污染仅4个晴天［N］．中国新闻网，2013-02-03.

② 参见贺泓，王新明，王跃思，等．大气灰霾追因与控制［J］．中国科学院院刊，2013，28（3）：344-352.

③ Zhang R，Jing J，Tao J，et al. Chemical characterization and source apportionment of PM2.5 in Beijing：seasonal perspective［J］. Atmospheric Chemistry and Physics，2014，13（14）：7053-7074.

国内自然科学领域对北京市近两年雾霾天气及pm2.5物质的研究主要是上述提到的两大研究项目。① 其提出的应对雾霾的相关政策建议，也主要分为两大类型：宏观上，把防治大气污染作为一种国民规划的战略，转变城市功能规划，控制区域人口总量，转变经济发展方式，调整产业布局，开发使用新能源，控制污染源排放总量，区域联防联控等；微观上，则有具体到各方面的措施建议，如控制机动车保有量，限号限行等道路管制措施，提升油品标准，禁止露天烧烤，革新垃圾燃烧的处理方式，工业脱硫脱硝，严控甚至禁止建筑施工、工厂停工制度、学校停课等。除此之外，有些环境专家、法学家以及环保人士呼吁更严格和可操作性的立法，征收资源税，对污染企业按日计罚；号召公众实践一种绿色的消费方式；扩大公众的参与与监督等。最近几年，北京市更是结合自身的特点加大治理力度，出台了相关的措施：制定相应法规对有关部门的职责做出规定；采取一系列的相应措施积极改善能源结构，控制煤烟型污染；加大机动车污染控制力度；加快经济结构调整和增长方式转变，加大工业污染治理力度；严格工地治理，控制扬尘污染；定期出公报，将环境污染状况与治理情况定期向社会公布等。同时，还推出京津冀一体化及北京非核心功能驱散工程，加大对空气污染的治理力度，近几年的治理效果逐渐有所好转。

从北京市雾霾与空气污染治理的上述措施来看，无论是宏观上的综合治理还是微观的治理手段，都是要落到各种污染的源头，去分析监测污染源及其主要污染物质成分，然后构建治理结构，采取相应的对策与措施。污染物质借助于现代科技不难分析出来，难的是污染源的掌握，须熟悉北京市整个社会的经济、社会、市民生活状况。还要搞清楚制造污染的途径有哪些，污染源来自哪些领域、哪些行业、哪些企业与家庭，空气污染的室内室外比例各占多少？治理的困境有哪些？捋清这些问题需投入大量的人力、财力，还需要多部门的配合与协调，所以，它需要治理机构与全社会对它主观方面的足够重视与客观方面的大量投入，而我们政府对它仍重

① 还有一些其他的研究项目及报告，但这个争议反映一个问题，即治理所需的源解析基础工作直接影响政策制定。

视不够和投入不足。

第三节 B 市 C 区垃圾填埋场的个案研究①

国内对城市垃圾的统计分类主要是一般工业固体废物、工业危险废物、医疗废物、城市生活垃圾和建筑垃圾。2013 年，全国 261 个大、中城市的城市生活垃圾产生量为 16148 万吨，处置量 15730 万吨，处置率达 97%。② B 市对垃圾的统计分类增加了一项废弃电器电子产品类。在城市生活垃圾产生量方面，B 市作为省级单位产生量排名全国第九位，作为单列市排名全国第二，产生量为 672 万吨，位于上海之后。当年，B 市城市生活垃圾处理量为 667 万吨，存在少量缺口，其无害化处理率为 99%，其中城区的垃圾无害化处理率为 100%，郊区约为 98%。③ 在垃圾处理设施建设方面，截至 2013 年，B 市总共建有生活垃圾处理设施 30 座，总设计处理能力 1.75 万吨/日。其中，垃圾转运站 9 座，垃圾综合处理厂 6 座，垃圾填埋场 18 座（其中 4 座设在综合处理厂内），垃圾焚烧厂 3 座（其中 2 座设在综合处理厂内）。④ 1989 年以前，B 市的垃圾一般是运到郊区简单存放。亚运会、奥运会等国际活动的申办对城市环境的要求越来越高，而且垃圾种类也越来越复杂，B 市加快了垃圾无害化处理的工作。一批垃圾填埋场、焚烧厂被建立起来。⑤ C 区的垃圾填埋场就是在这种背景下建成的。

① 该区域的田野调查由笔者所指导的研究生袁祥祥同学负责完成。

② 数据参见中华人民共和国生态环境部发布的《2014 年全国大、中城市固体废物污染环境防治年报》。

③ 数据参见 B 市环境保护局《B 市 2013 年固体废物污染环境防治信息的公告》，2014-06-06.

④ 数据参见 B 市环境保护局《B 市 2013 年固体废物污染环境防治信息的公告》，2014-06-06.

⑤ 参见杨辉. 北京 15 座垃圾填埋场 7 座将关闭将全面转向焚烧 [EB/OL]. 环卫科技网，2013-10-15.

一、C区垃圾填埋场概况介绍

C区垃圾填埋场，位于B市C区大谷乡安氏村，南邻该区主要河流，东侧有大量别墅区，西侧为教育园区。C区垃圾填埋场建成并运行于20世纪90年代中期，设计处理能力2000吨/天，设计使用寿命18年。其建设单位是当时B市环卫局直属国有企业。目前，C区垃圾填埋场的治理和运营是由B市环卫集团下属的一家国企负责的。另外，在地理空间意义上的同一个作业园区内，还存在一个上市集团的下属私营企业，该私营企业主要负责垃圾的筛分、分拣和发酵处理等初期工作。但是二者紧密相连，园区内很多员工认为二者就是一个单位。C区垃圾填埋场起初负责B市2个城区的生活垃圾处理工作，大约每天1200吨，后来由于城市发展和人口增加，目前负责近4个城区的生活垃圾处理，每天垃圾处理量超过了其设计处理能力。C区垃圾填埋场还对填埋气进行综合利用，供暖和发电。由于常年超负荷填埋，该填埋场在两年内将提前封场。

C区垃圾填埋场总占地面积60多公顷，土地是在20世纪80年代有偿征收安氏村部分集体土地而来。填埋场周边2千米内有4个村庄，即安氏村、耳朵村、壁上村和刘庄。据笔者实地调查，前三个村庄的人口大约分别为2000人、450人和4000人。目前由于拆迁，4个村庄皆出现“返迁户”现象，有些因为去外地买房、结婚等原因早已离开村庄的人口近五年来陆续返迁到村里。而在其周边3千米内，则分布有16个村庄或居民小区，还有诸多工业区、企业、酒店设施等；在其周边4千米内，则分布有两个乡镇、30多个村庄和居民小区、别墅群，还有大量水域；在其周边5.5千米内，除了上述区域外，还有大量高校分布。

二、C厂周边村民污染治理参与的行动困境叙述与分析

2009年7月28日，C区垃圾填埋场所在的镇政府发布了C区垃圾焚烧厂建设的环境评价公告，并且在镇政府公告栏里和C区某报纸上刊登，贴在公告栏里的公告引起了居民的注意。随后在7月底，与壁上村仅一路之隔的上缘园小区开始了在网上的抗议活动，从健康、世界范围内的焚烧

厂建设案例等诸多方面提出了反建的理由，但是并未起到实质效果，也未得到任何经济补偿。

而在周边村庄方面，村民们也采取了措施予以抵制，但是措施却大大不同。2009 年 6 月，C 区相关政府部门制订了 C 区循环经济园村庄搬迁方案，将整体搬迁至耳朵村、刘庄和安氏村等村庄。7 月底，安氏村、耳朵村、刘庄这 3 个周边村子不断去厂区门口截车，最终达成妥协，政府给这 3 个村子的村民每人每月发放一千块钱，其中包括 300 元的“闻味钱”和搬迁以前每月 700 元的租房补贴。① 而到了 2013 年 6 月，壁上村村民由于对越来越大的臭味和没有补偿费的不满，300 多村民集体上访，经过谈判，最终该村村民获得每人 300 元的经济补偿。② 总体来说他们所采取的形式主要是破坏生产工具和群体施压行动。

两年前甚至 15 年以前 4 个村庄的村民采取了破坏生产工具和群体施压行动的措施以迫使环卫企业和政府部门让步，以维护自己的合法权益。但是在最近的两年中，村民并不是静静地等待搬迁，而是陷入一系列的困惑与担忧之中，他们担心臭味可能或已经引发疾病，担心突然得癌症撑不到房屋评估和补偿的那一天，担心房屋补贴额度的大小，担心新的焚烧厂的建设会不会产生更大的危害，不清楚政府下一步棋将会怎么下，担心如果采取行动会不会引来相关部门的不满。

（一）日常感受：“那味儿特大，那六月份，夏天都开不了窗户啊”

“没用。没用！不怕他，闻这气味不行了，闻不下去了都。怎么不敢去啊，我也去了，在这路口，参加了不是。总共仨村三百多人吧，那味儿特大，那六月份，夏天都开不了窗户啊。多热的天，你窗户开不开。”[安氏村马司机访谈记录]

---

① “（费阿姨：不是那刘庄还给一千块钱是怎么回事呢？）人家那第一期搬上去，连闻味钱带上给你租房钱。”[壁上村王阿姨访谈记录]

② “我们是在村里这儿闹的，找村支书去，乡政府下来了，不下不成啊，围攻啊，是前年的六月，从七月开始给了每个人三百。我说当初乡政府有本事，那就去乡政府嘛，有三十多人去乡政府吧，这边大队的人多，有两百多人吧。两拨人吧，大队的人多。这钱是抗议了才给的。”[壁上村郝班德访谈记录]

“看法那是大哩很呐，熏得不行啊，刮风、阴天、搁哪儿下雨天的时候，那好家伙，那闻都不能闻啊。(为啥是刮风下雨的时候啊?) 那刮风了不就刮过来了嘛。夏天的时候那更是一天都不敢开窗。那都有毒啊。(什么毒?) 反正是啥乱七八糟的毒，二嗯英啥玩意的。反正这厂就没好事。(你做环境评价的问卷了吗?) 没有，不知道，没听说过。那还评价啥哎，建都建好了哎。给你说，啥都没用。”[张司机访谈记录]

“你要等会啊，这晚上啊……这夜了啊，夜里一点……夜里一点半至三点……都夜里放。”

“都夜里……晚上你们来……你收点空气回去验去你，你……都夜里放。”

“今天好得多，只要有风，它就有刮。尤其是早上起来，特别是下午啊，告诉你啊，早上起来四点多钟，嘿，晚上九点多钟放，这家伙臭的。”[壁上村6人群访记录]

“你说那个清洁工业园是吧? 我们当然有看法啊，意见大了去了。你坐下，我六点下班，想问什么尽管问。这味飘过来太大了，人那可是受不了啊，熏得人受不了啊，尤其是有风或者阴天的时候，夏天里那下午晚上都不敢开窗啊。(那你们不去找他们说理去啊?) 找谁说去啊? 说了那能管用啊? 这几十年了不是该咋样咋样嘛。(现在国家有公众参与环境保护的法律了，它们要改建，就需要环境评价啊。有人来你们这里做环境评价吗?) 不知道。不知道有这事。哪有什么评价，就镇政府过来在大队开了次会。”[孙婆婆访谈记录]

“那回我爸，走个来回，晚上十点多十一点了，妈呦，把我爸怕死了，血压越高，出不来气，吭咔吭咔出不来气。”[耳朵村杜安纯访谈记录]

“我告诉你。就在这吧，像我可能，现在是我也不敢说我能承受，那会在市场里头上班（在垃圾场开车)，真没觉得味有多大，真的，从那儿一出来你真的受不了（林晓丽：你不觉得? 他啊，从那里下了班换了衣服再回家，都味大。) 我告诉你，我到家，里外都换，洗澡，洗完澡换衣服，全换，换完了，到时候到哪去，跟谁站边上，谁都说身上臭着呢。你自己闻不出来了，但你闻习惯了……（耳朵村林晓丽：出不来气，那天你忘了

从大明他家回来，就从这村串一个门。晚上回来放味，这家伙，到不了那儿我就吐。）”［耳朵村杜安纯访谈记录］

从这些村民的无奈的叙述中，我们可以真切地感受到他们在日常生活中经受着多么大的不便和苦难。他们生活在周围两千米内就有一个巨大的臭气源的垃圾填埋场，每天忍受着刺鼻的臭味，还有对那种气体毒性的时刻担忧。夏天不敢开窗户，进了屋就不敢出门。身体上的苦痛不是一种利益损失计算就可以弥补的，在面临着生命的威胁时，他们更容易采取激烈的反抗手段。这种纯粹系人为造成的空气与环境污染，不仅对周边村民与动植物来说是一种巨大的风险，对政府又何尝不是一种潜在的风险。

（二）疾病——“得癌的这一年就好几个”

“现在，你看年轻人得病的太多了。真的，无形中的就。闻这个对人的身体那什么，致癌物最那什么的不是。（你们都知道致癌物？你们知道什么呢？有什么东西?）① ……反正闻这个就得死。”［壁上村王阿姨访谈记录］②

“我就说啊，就这么一小村，得癌的这一年就好几个。一年都死了十几个人。还合格呢？你说可能会同意的吗？（是得癌吗？知道是哪方面的吗?）肺癌什么癌的，胃癌……前两天刚死一个，49，男的，肺癌。去年是死八个吧，今年死仨了。”［耳朵村林晓丽访谈记录］

西方发达国家在20世纪八九十年代逐渐兴起了实现所谓的环境正义的“邻避运动”，近年来在我国大中城市中也出现了诸多邻避运动，包括反对核电站、垃圾焚烧厂、机场、输电线路、对二甲苯（PX）化工、发电厂等诸多含有潜在风险的项目建设。举个形象的例子，人们都希望体育场、公园等美好的事物建设在自己身边，但是对于污水池、公共厕所等不雅观的事物则避之不及。原因无他，主要是周围的公众担心这些项目建设会造成居住环境、健康、财产等方面的损失，尤其是健康损害，或者担心其潜在

---

① 所有访谈记录中，括号内部分多为提问，少部分是另外受访者的插话，或者是情景补充。

② 文中地名、人名都已做了化名处理。

的风险。

C 区垃圾焚烧厂的建设也不例外，即便目前科学上还未能证明垃圾焚烧厂与周边居民健康损害之间的确切关系，但是对于目前的垃圾填埋场，村民们凭常识和身体反应做出了符合常识的判断，这些判断使他们终日惶惶，担忧重疾会不会降临在自己身上。尤其是在夜晚和夏天承受着怪异气体所带来的困扰。此外，由于周边村庄的村民的非正常死亡人数和患癌人数的上升，让这些村民更是处于一种恐惧和苦难的旋涡中。

（三）不够补偿生命——“人就值那俩钱啊?”

“（你们就没有人想过找他们去问问这事儿?）去问问……问问，不是一个月给你这三百块的闻味钱嘛。哪有用，那个都是国家的事，大队能管得了什么啊？国家的事谁也管不了。大队做不了主，你支书要是带着村民去闹去，明天村支书就不用当了啊，一句话的事啊不是。”［壁上村张百利访谈记录］

“不是给我们污染费钱了嘛，就闻味钱，一个人给一千一个月，一个月一千呀。（那为什么给你们啊，是你们去闹了吧?）对，俺们去闹了的啊，那还是那味的污染啊……一开始，俺村是一块，耳朵村是一块五，多五毛钱。① 他们离得近啊，我都记不得从哪几年开始的，很早了。现在说每人一千一个月。俺们开始给他要一千五一个人不是。”［安氏村马司机访谈记录］

“（现在焚烧不是说给加二百块钱了吗?）二百块钱够干吗的啊，差这二百块钱?”［壁上村 6 人群访记录］

“（五百你们觉得够了吗?）一起：不够！王阿姨：够可不够。书记那天开会就说了，到八月份的时候他们领。（费阿姨：我说我们不要钱……再说了，你给多少钱，我们也不是说那什么。）生命是最宝贵的，多少钱是……人的生命是无价之宝。您要说这俩钱，它按钱就，人就值那俩钱啊?”［壁上村王阿姨、费阿姨访谈记录］

---

① 实际上应该是刘庄 1.5 元，耳朵村开始是 0.5 元，后来和安氏村一样是 1 元。

“（那发得还不少啊？一千块钱呢？觉得够吗?）不够！够是不够，现在不是说让俺们搬走嘛，给俺们建楼房不是。”［安氏村马司机访谈记录］

“闻味钱”一词，听起来就像一种对生命的戏谑，就好像是给你一笔安家费让你去尝试新研制的毒气弹的威力似的。它是作为一种对周边居民生活造成影响后给予居民的经济补偿，从C区垃圾填埋场开工起就有，只不过当时是1元钱，而当前的每人每月几百至一千元的经济补偿则是在周边居民的抗议和闹事行为后才做出的调整。

在居民们眼里，生命是无价的、是宝贵的，这点钱根本就算不了什么，或者说本身就不能这样来理性地计算生命的价值。这种闻味钱就像是一种象征一样，似乎那样就可以将你的健康损害或寿命的影响补偿回来。而且，正如有多位受访者提到的那样，因为签过协议所以不能再去告了，告就没有了理由。这些微薄的钱一方面成为污染制造者名正言顺地制造污染的理由，另一方面，也成为政府购买受害者维权权利与社会稳定的工具。而环境污染的风险，除了周边村民，还扔给了更广泛的民众与将来的社会治理者。

（四）对填埋场排污的解释——“怕爆炸”

“阴天的时候气压低啊，下雨的时候那垃圾池子满了得放气啊，怕爆炸呀，爆炸那还了得。”［壁上村张司机访谈记录］

“嗯，早上四点多钟，从晚上开始放。从晚上九点十点多钟开始放，到明儿个四点多钟。它不放味他那里面那什么怕……它那蒸发怕爆炸。”［壁上村6人群访记录］

“（耳朵村林晓丽：不放出来它有压力沼气。）它那底下是沼气，能燃烧，沼气，你想这个天然气放出来不就是臭的吗，就那味差不多。它那个必须定时，它那个不是说他有开关，它是自动的，压力一够了，自己就顶出来了，知道吧，要不然会爆炸了。”［耳朵村杜安纯访谈记录］

我们经常能够听到环境专家和新闻媒体对垃圾填埋场、垃圾焚烧厂的安全性观点。一般垃圾处理企业都宣称，通过实时监测系统可以实现对垃圾填埋场运营的控制和监督。不过，这些村民的说法也确实属实，实地调研发现垃圾填埋场在阴雨天和晚间确实会释放发臭的怪异气体，而且逃避了监管。上述他们对现有垃圾填埋场怪异气体来由的解释，说明他们对垃圾焚烧厂建造的担心和异议是有原因的。在他们眼中，为防止爆炸，不排放污染气体是不正常的，但排放气体就必然对附近村民的身体造成伤害，鉴于这种顾虑，他们反对居住地附近建造垃圾焚烧厂或让他们居住在垃圾焚烧厂一定距离以内。这也是公民个人对不确定风险的担忧与处理方法。

(五) 无助感和对自身社会处境的看法——“老百姓谁管你啊”

“我这年纪了，年纪大了，我不操这心，我又不是我自己，管他去不去，咱就不操那心了。(为啥啊?) 你操那心能起什么作用啊? 能起什么作用啊? 大把年纪了，多大岁数了。(怎么能让他们不建了呢? 有法律规定啊。) 不建? 国家有法律规定? 区里镇里他都不管，你老百姓能管什么啊? (国家真有法律啊，环评参与法嘛。) 谁也不听老百姓的。”［壁上村张百利访谈记录］

“(刚才问了好几个人，都是觉得无所谓了?) 不是无所谓啊，这东西啊，你，你，你有所谓，好多不知道怎么回事啊，往上反映，打驴年就网上反映，没人管这事，但是没人管这事，有人管这事它（厂）早就关喽。(脏话) ……咱们老农民啥也没用，定了，你就改不了。”［壁上村张朝德访谈记录］

“你说，人家从上头，怎么说来着，从B市都已经同意了，你说你这儿。一个老百姓，你更不用说那什么了? ……就说那，你就说那，说层层节制，怎么改变这个环境，那就是全凭上头啦，老百姓你怎么说，［王阿姨：老百姓，不管事儿（没用）。］做也不是你做，上头做是不是?”［壁上村费阿姨访谈记录］

“哎，对，(到下边了法律) 肯定用不起来。这是其一。其二，你老百姓你有事，政府没人管你，谁管你啊，死是死活是活。老百姓谁管你啊?”［耳朵村徐东升访谈记录］

村民不仅仅在一次次拆迁的谎言中感受到他们被愚弄了，而且他们对自己在社会阶层中的位置有了大概的定位，并进而把他们所处的一个社会角色结构看成是不合理的。三个村子已经确定搬迁方案，但因为搬迁也只是搬迁到3千米外，部分村民认为依然处于风险半径之内，而有的村子的搬迁则依然是遥遥无期。在很多村民的眼中，受骗感和身体受损带来的委屈的累计，在某些村民那里已经形成了对政府的不信任感。

（六）对新建焚烧厂的看法——“这瞅不见味了，可是这更要命”

“烧的就没味了？（反问）烧的更能熏死人啦。多少都有味飘出来。它要不放味啊，就是它自然跑气。”[壁上村张朝德访谈记录]

“（那你们是觉得建个焚烧味更大？）那肯定得大啊？那味儿大不大，它没味儿，它将来这毒气它没味儿。”“你说说，现在就是这样，这污染，这污染完了就是焚烧，说是焚烧没味了，这瞅不见味了，可是这更要命。”“这村的年轻人多着呢，明年你再弄这焚烧这个，这二噁英一上来，你瞅这人怎么住啊？就这点钱管什么啊？”[壁上村6人群访记录]

从这些人对焚烧厂的看法中，我们可以感受到周边村民对垃圾填埋场改建垃圾焚烧厂的种种担忧，这一点突出表现在人们对垃圾焚烧产生的无色无味的致癌气体——二噁英的惧怕上，他们对自身的生命健康处于一种更加恐惧的忧虑之中。

（七）对环评工作的不信任——“什么都有假”

“（环境评价的一项重要内容就是公众参与，包括开座谈会、发问卷，向你们了解。）也没有给俺过问卷。也没听说过，可是人家现在都已经开始建了。（王阿姨：也没开过村民代表大会。）”[壁上村姚阿姨访谈记录]

“现在这社会。你要有事，可以在公告栏里贴个条。现在全部都藏着掖着。哪有什么条啊？没辙。全部胡说八道……应该贴村里，让大家知道，这个法律在村里贴出来。”[壁上村张昂山访谈记录]

“他没有啊，他没有问啊。他没给俺们问卷啊，他也没给俺们签协议过。给什么啊？给村民代表啊。什么代表啊？就这一伙，你代表了，你来一看给点油费钱。你不签，那相关的就没你的份了呗。屁股后头有的是人。不是嘚吧嘚吧的那20块钱嘛。（签个字给点钱？）对呀！嘚吧嘚吧就

20块钱不就完了嘛!”［壁上村6人群访记录］

“你像说政府要弄测空气的那个，他知道他就把那节门关了，让他憋着，等他这一撤……（一直安一个，安到厂里不让关呢?）没人给你安，再一个，他那个，在那哪，我拉过一个就是环境，就是检测环境的那个，问他，他说跟你们检测的根本就不是这个对身体有害没害的，污染不污染的，检测别的，为什么告诉你合格呢，检测的项目就不对，知道吧?（他说的?）哎，人家就跟我那什么，说给你检测的项目就不对。”［耳朵村杜安纯访谈记录］

“上回让咱签字那个，说这个拆迁同意不（同意）。就是你同意拆迁、同意焚烧，是这个吧，我记得有一回。但是他跟我们说的可不是这么说的。”［耳朵村杜安纯访谈记录］

“都调查什么了，把门那会儿，调查签那个什么愿意不愿意搬迁……上回来签字的那个，就是你同意拆迁就拆迁，哦，同意焚烧，同意建焚烧，是这个啊，大伙都签了嘛，同意建焚烧，你给拆迁，你建就建呗。问题是，关键是我们在同意拆迁的情况下同意你焚烧啊!（大笑）”［耳朵村刘卫敏访谈记录］

“（做问卷，那问卷是环境评价的，就是现在有法律规定，现在有法律吗，项目建设要通过环评）（不屑），唉哟，我告诉你，什么都有假，都作假，你觉得能有真的吗?（林晓丽：听都没听说过。净是胡说八道。根本就没听过你这词儿。）”［耳朵村杜安纯、林晓丽访谈记录］

“（耳朵村杜安纯:）为什么呀，不我们这一派人去，不是说我们想派谁就派谁的?知道吧，都是上边派，上边往下派，上边往下派的人去呢，就明告诉你，你去上哪去，检测，测什么什么，给你规定，不让你瞎测。（林晓丽：什么时候来，来多少人，那市场都知道呢。）人家来了以后到这边，领导过来接人家，请人家吃饭，给人家开房干什么的，他哪检测去?（耳朵村林晓丽：来测好几天也没测出来什么啊。）（没有村民过去?）村民?你根本接触不到人家（检测人员）。”［耳朵村杜安纯、林晓丽访谈记录］

不论是对有关部门来监测垃圾填埋场环境质量的行为，还是对2014年的项目建设环境影响评价工作，这些村民的叙述都给人留下一种深刻的印象——环境影响评价工作并未体现真正的公众参与。

作为垃圾场1~3千米范围内的3个村子，竟然有那么多人不知道有环境影响评价这件事，也没有在居民区进行公示，而且有人直言是某些人士或部门故意要了一个个小伎俩让环境评价工作蒙混过关。权力会通过各种法律的缝隙，利用种种策略和权力技术，以实现自己的目标。

而且在不少村民的眼中，对于“上面”制定的法律或决策，基层是不可能有机会改变的，村民对此更是无能为力，但他们会采取行动去表达自己的不满。霍姆斯曾指出，“法的生命不在于逻辑而在于经验”①。对于法律规定的环境评价影响，在实际生活中若只是走走过场，那么法律就不会有实效，法律所保证的公众参与也不可能起到应有的作用，对环卫企业的监督以及群体之间进行协商也就成了空谈。就像费孝通所讲：“法治秩序的建立不能单靠制定若干法律条文和设立若干法庭，重要的还得看人民怎样去应用这些设备。”②

（八）对政府与法律的消极否定——“法律……法律，反正它是政府行为”

“（按照项目建设环评公众参与法，如果他们要建，是要征求你们的同意的。）这事啊，怎么说呢，你签字，反正是给村支书了。你同意不同意，也是建，你同意不同意，也建了，你作为草民，你拧不过人家。这老农民他不懂法规。（不懂？还是不知道？）不知道有这法规。（知道了会用吗？）知道法规了，你怎么用啊，你告谁啊。民告官告得过吗？（找律师啊。）找律师，谁请律师啊？你请律师请得起吗？比如，俺这仨人，有俩人这去，花钱呢，还是我花。写稿子都要钱。真不知道这法律。”［壁上村郝班德访谈记录］

“国家定什么（法），到地方了也不好使。知道不?”［耳朵村徐东升

① 参见霍姆斯．普通法［M］．冉昊，姚中秋，译．北京：中国政法大学出版社，2006：2.

② 参见费孝通．乡土中国［M］．北京：北京出版社，2011：89.

访谈记录]

“(你们可以打 12369 电话举报垃圾厂啊。B 市环保局会来查他们，要罚他们钱的。) 罚他们钱管什么用啊。罚钱交国库给俺们没关系。这……这……你别这么搞。他罚他，他弄不走他，还这样，市领导他弄不下去，再补他。来回折腾，老百姓一点……老百姓弄不着。”[壁上村 6 人群访记录]

“你再有这法律，人也说实在，人家第一期工程都施工了，你说你小小老百姓还能给人推翻了？你再不同意……”[壁上村王阿姨访谈记录]

“用法律有什么用啊？现在问题是你弄不了他不是。贪污，贪污太多不是，官官相护不是，你弄得了谁啊？”[安氏村马司机访谈记录]

很难想象，当自己的环境权益受到损害时，人们并不是“为权利而斗争”①，人们很无奈地诉说，不可能用法律去解决问题的。总结起来，原因：一、该建设项目是政府行为，已经确定的事，谁也拧不过，政府高于法律；二、代价高，请不起律师；三、举报与否，用不用法律，都不能从对污染企业的罚款中获得真正问题的解决；四、基层存在腐败行为，法律也没有用，对法律不信任。

(九) 寄托于将来的行动——“别着急啊，没到那个时候呢”

“(我的意思是去找他们理论去。) 诶，你别着急啊，没到那个时候呢，这个十月份，这个耳朵村，他这不弄（满意）你瞅着，还继续喽。(为什么啊?) 二年了，到时候了。”“(现在) 不是不敢吭声，吭声现在没有用。现在，你这，协议二年，到那时候，诶……”“(你说，耳朵村准备十月份不搬迁的话，他们准备告他们?) 对，他们告去。”[壁上村 6 人群访记录]

“那回咱那书记不是还开会嘛。它只要搬上去，咱们就还找去。他给这俩钱又不好用。(你们准备八月份去找他们?) 书记去年开会去，跟村民代表，跟这党员会，都是这么说的，说到七月份。现在，不能轻举妄动。你不能说想怎么办就怎么办这个。”[壁上村王阿姨访谈记录]

① 参见耶林．为权利而斗争［M］．郑永流，译．北京：法律出版社，2007.

"这两年我们还算遵守约定，没有闹，也就是开会的时候会提议，想着他们政府也不想消耗太大吧。"［刘庄袁志当代表访谈记录］

"（那要是到八月份安置房没盖好呢?）最后可能只能延期补偿，没盖好就是没盖好。但必须施压，才会有回馈，不然办不了事儿啊。"［刘庄袁志当代表访谈记录］

"你说我们前院那家的钢构房，拆了，只补了30元一平，这哪儿够成本啊。搬迁是一，到时候房屋评估，还有补偿也是个头疼的事儿。"［刘庄康爷爷访谈记录］

在4个村庄诸多村民的叙述中，他们对未来的希冀并不是那么统一。就拿刘庄来讲，有些村民希望早点搬迁，自己的生命要紧，最怕还没等到房屋评估就一命呜呼。而有些村民却怕搬迁了房屋补贴太少了，之后的一千元补偿也没有了，生活造成困难。所以内心比较犹豫。这也就是为什么袁志当提到的"俺们村百分之八九十都同意，只有那一二十的不同意，俺村人矛盾着呢"。

此外，村民们在两年的协约期内不再闹事，不再制造事端给政府添麻烦。他们只是通过村民代表在人民代表大会会议上提出符合自己诉求的议案，或者在村委会的会议上，在B市或C区就该项目建设举行的听证会、座谈会上表达自己的诉求。这一点说明，现在的村民行动还是理性的，他们愿意遵循程序，在合法的框架内行动。不过，任何进一步损害其身体健康与生命的事情都可能导致村民们的再次行动。他们有自己的诉求，已经通过人大代表议案以及座谈会上的发言表达出来，这些诉求代表的是他们下一步行动的筹码，他们目前没有集体行动，只是等待下一步政府怎么出牌。生命健康是他们的底线，触动了底线，他们是一定会行动起来的。

（十）大自然非政府组织的无能为力——对大自然的观察与访谈资料

2014年年末的这一次环评，有NGO组织大自然也采取了行动，多次呼吁政府举行听证会，延迟C区垃圾焚烧厂的建设。2014年12月15日环评报告公布当天，志愿者赴安氏村和耳朵村调研，接着到填埋场区请求阅读环评文本，但中间遭到了一系列的阻挠，最后获得许可后发下环评检测有部分排放物超标50%以上，而且对环评简本最后只能阅读不许拍照。

接着，大自然NGO于2014年12月23日和2015年2月6日，联署呼吁召开项目建设听证会和请求环保部暂停C区焚烧厂项目，未果。随后，再次于2015年3月9日和2015年3月17日，联署请求召开项目环保行政许可听证会，呼吁申请B市环保局驳回环评报告，仍未果。

在历次呼吁中，大自然NGO志愿者不仅仅从技术标准的角度，而且还从项目环评程序与公众参与的要求不符合的角度进行申诉，并指出：公众参与中的个人和团体问卷调查存在问题，公众参与环节提到的专家论证会纪要和名单并不存在，总之在深入调研之后，质疑公众参与的客观性和真实性。

2015年3月28日，大自然NGO邀请法学学者、环保人士以及媒体召开了《H省环境保护公众参与条例》沙龙会议，讨论了H省公众参与法律制定的经验。2015年4月23日，大自然NGO的成员申请参加C区循环经济园项目建设环评听证会，但是会议组织方以人员有限为由拒绝了其参加会议的申请。① 大自然NGO的成员很无奈的是，无论怎么发声，都在政府和环评单位那里得不到任何回应。而且，一般民众尤其是村民不太热心环境保护和环境维权事宜，NGO组织也很难和当地居民联系起来对项目建设形成有力的牵制力量。

总之，在4个村庄诸多村民的叙述中，他们对未来仍然有采取行动的可能性。这些村民代表们，他们也知道政府不想一直被群众闹事的泥淖拖着，那样对双方消耗都很大，所以，希望通过他们的回旋能够得到解决。不过，村民们都是很警觉的，积压在心里的埋怨和无奈，是村民们身体上的烙印，他们在等待下一步政府怎么出牌，然后再做出相应的对策，也就是说问题并没有最终得以解决。

三、环境污染中的治理困境与法律缺席

通过上述对C区垃圾填埋场周围4个村子的村民的访谈以及大自然

① 当然这不一定是有意为之，但是足可体现出其作为一个准专业人士参与环评工作的困难。

NGO的参与观察获取的实证资料，用叙事的方式把村民的困境与环境治理过程中公众参与的困境给讲述出来，反映出环境治理之重要环节——环境影响评价中，公众参与制度与法律在其实施过程中所遭遇的扭曲和变异。该个案运用微观视角和底层视角，反映与揭示出环境污染治理中公众参与的困境与法律缺席。遗憾的是该个案因种种原因，未能对垃圾填埋场企业、管理部门进行访谈或观察，无法完整呈现出环境污染治理中所有主体的困境全貌。下面我们对上述实证研究做一个归纳总结。

（一）制度执行的扭曲

通过调研分析，我们发现，不论是有关部门的环境质量监测工作，还是项目建设环境影响评价工作，都可能存在真实性和合理性的问题。环境影响评价中的公众参与被打了折扣，阻碍它的力量至少包括村委会、垃圾填埋场的所属企业、环评单位，甚至还有其他政府部门。比如，随机选择偶遇的少量人群进行问卷填写，而且有些人可能不识字，参与的公众绝对数量过小；在征求是否同意建设焚烧厂时，以是否同意村庄搬迁的含糊名义获得村民的签字。因此，权力会通过各种法律的缝隙，利用种种策略和权力技术以实现自己的目标。与本本上的法不同，若要研究法律在实际运行中的面貌，其“重心在于研究规则体系背后更深层次的潜规则——社会事实”①。这个事实就是中国特有的政治、社会环境，还有民情因素。

如果我们再退一步反思这个案例，会发现政府以搬迁部分周围村庄为条件，使得这些村庄的大部分民众同意建设垃圾焚烧厂的做法其实很可能不利于树立法律在民众心中的权威形象。民众会误以为环境议题是可以不通过法律的正常程序来协商处理的，而是可以通过“闹”的形式来解决，法律通常没有什么作用。这对环境影响评价法律和公众参与原则是一个很不利的结果。而且，基于我们对邻避运动的反思，仅仅反对建立在自家后院或者以搬迁为谈判筹码同意建设垃圾焚烧项目，都可能是对其他民众的

① 参见何珊君．法社会学［M］．北京：北京大学出版社，2013：151.

一种不公平,[①] 比如，焚烧项目会建设在没有资源动员能力的更加弱势的群体居住区域，或者政府选择性地赔偿搬迁一部分村庄及居民，而对另外一些处于同样污染半径范围内的社区及居民不予搬迁，就是一种制度上的不公平。更不用说，政府行为在项目建设环境影响评价工作中的不当行为给环评制度与法律造成的制度性伤害。

（二）受害方苦难的掩埋与无处表达

上述访谈中我们可以发现，村民处于他们自己建构的社会框架的最底层，忍受着苦难和疾病。这些造就了这些村民们的日常态度和独特的身体记忆。他们就像诉苦一样，诉说着他们最普通不过的日常生活。这种诉苦更是一种无奈之下的埋怨。布迪厄曾经在其《世界的苦难》一书中指出，社会学要去关注底层弱势群体的社会疾苦，那些在微观的日常生活世界中的苦难有其社会根源和政治根源，社会学要做的就是去倾听他们的苦难，揭示其背后的深层根源。[②] 而政府精英们被技术官僚左右，后者习惯用一些民意调查一类的“社会巫术”，通过集体话语和似乎科学的手段制造出掩盖社会疾苦的幻象。不仅无益于揭示社会问题，反而对现实具有一种压制性的政治效果。[③] 本研究中，村委会、环卫企业、环评单位通过一些手段、策略钻了法律的罅隙，使得环境影响评价过程中的公众参与实际效果降低。这既不利于反映公众的真实想法，也为冲突埋下了隐患。

（三）对法律作用与法律地位认同的偏差

访谈中发现，无论村民们知不知道有相关的环保法律，村民们都不愿用法律去维护自己的合法权益。这和费孝通提出的乡村中的“无讼”不是

---

① 参见王奎明，钟杨．“中国式”邻避运动核心议题探析：基于民意视角［J］．上海交通大学学报（哲学社会科学版），2014，22（1）：23-33.

② 参见毕向阳．转型时代社会学的责任与使命：布迪厄《世界的苦难》及其启示［J］．社会，2005（4）：183-194.

③ 参见毕向阳．转型时代社会学的责任与使命：布迪厄《世界的苦难》及其启示［J］．社会，2005（4）：183-194.

一个含义。[①] 在前面的访谈与叙事分析中，我们发现了他们不诉诸法律的原因有四点。[②]

还有些村民，认为项目是政府行为，运作的政治空间没有那么大，胜算几乎不可能，所以对法律维权置之一旁。他们对法律与党、高层政府和基层政府之间关系的看法存在一种微妙的心理，民众对于政府行为和法律之间的关系似乎是一种模糊的认识，或者是一种无奈的认识，要么认为政府行为就是法律规定，要么认为政府大于法律，无可奈何。所以，对法律与政府之间的混同与认知偏差，也是造成民众放弃用法律手段参与环评与维权的原因之一。

其实，从垃圾填埋场的选址、建设、运行中的每一环节，作为直接受影响的村民，法律都有赋予他们的权利和规定，而他们或因不知或因放弃，致使他们自身利益无法通过合法渠道得到保护。同时，法律也因他们的放弃而成为一纸空文，无法得到有效实施。

（四）环保 NGO 的弱小与无奈

在国家治理越来越复杂的背景下，加强政府和社会之间的沟通和协商，有助于双方的谅解和矛盾的提前化解。对环境的治理也是如此，最好能构建一种沟通协商的民主，[③] 在多元主体之间展开对话，实现利益表达的制度化，[④] 然后在讨论的基础上相互妥协并达成一致，以避免强烈的冲突。NGO 本是环境治理中一支重要的力量，也是多元主体的主要角色之一。但研究中发现，NGO 也面临着很大困境，无论怎么发声，在政府和环评单位那里都很难得到回应。而且，NGO 在有些政府官员眼中被视作危险

---

① 费老强调的是，和主要运用法律实现社会秩序的城市不同，具有教化功能的礼治秩序在乡村是更可取的，人们很少诉诸折狱或者诉讼。参见费孝通．乡土中国·生育制度·乡土重建［M］．北京：商务印书馆，2011：57.

② 参见本节第二部分第八点，第 86 页。

③ 参见哈贝马斯．在事实与规范之间：关于法律和民主法治国的商谈理论［M］．童世骏，译．北京：生活·读书·新知三联书店，2003.

④ 参见孙立平，沈原，郭于华，等．“维稳”新思路：利益表达制度化，实现长治久安［N］．南方周末，2010-04-15.

的力量，行动上受到阻碍，不利于民间组织对于环境治理、环保部门的监督、污染企业的监督等工作的展开。而一般民众尤其是乡村村民不太热心环境保护和环境维权事宜，很多村民由于上网能力、受教育程度等因素的影响，根本不知道环保 NGO 的力量存在；另一方面，NGO 也很难和当地居民联系起来对项目建设形成有力的牵制力量。NGO 和政府以及普通民众之间的上述关系，对于在环保领域形成政府和公众之间良性的互动以及实现对环保工作的监督等方面是很不利的。

在中国，环保领域的 NGO 的力量本来就很薄弱，而政府与公众对其的态度使得它能否担当起公众和政府之间的缓冲地带和中间桥梁值得商榷。在每一项具体的环境项目和环保运动中，NGO 由于其自身的地位，很难得到政府、环评企业与受害者民众的真实信息和深度参与，所以，它的作用就深受限制，效果很微弱。

（五）政府的认知与态度

上述访谈资料表明了政府和公众沟通不畅，尤其是在项目建设环境评价上的工作做得不到位。公众觉得自己并未参与到对新建垃圾焚烧厂的决策议程，而且自己的身体健康、财产将受到损害。而政府更多的是垃圾必须要得到处理的担忧和困境。反正建在哪里都会引起一系列问题，除了经济补偿的议题，还会夹杂着一些回迁户、突击建房、死缠烂打的难题。国外和中国台湾地区的经验向我们表明，“邻避”不是解决问题的办法，所以，就不顾居民的反对强行建设。这就需要政府改变认识与意识，意识到垃圾处理是环境保护的一个内容，环境保护的目的是还所有居民一个清洁健康的环境。不能为了保护一部分市民的生活环境而以牺牲另一部分市民为代价。认识到这种环评中公众参与的价值，让公众参与环评，不仅能体现环境保护的民主价值，倾听到民众与弱势群体的内心声音，因为，最终的环境后果是要他们来承受的，他们是最有发言权的主体，能真正体现保护民生。另一方面，还可以通过扩大合法、理性的公众参与，实现良性互动，达到合作共赢和治理的高效、有序。我们需要做的是如何在一种制度框架内实现政府、公众、企业之间的合作共赢，而不是将居民与 NGO 看成是一个只会要钱要利益的对手。

第四节 环境污染与生态破坏的治理困境启示

环境污染与生态破坏的现状及其治理困境包括北京市的雾霾治理的困境分析与B市C区垃圾填埋场的个案研究告诉我们，环境污染与生态破坏所带来的危害如此严重，但治理与保护却远远落在后面。由于人为因素施加于自然世界所致的环境污染与生态失衡而形成的高风险，我们可以将之分为原生风险与再生风险或次生风险，针对这两种不同类型的风险采取不同的治理方法。所有的原生风险是指由初次、相对单一的污染与破坏所致。这类风险本可以回到污染源头处加以整治，犹如北京市雾霾和空气污染的治理。全国如此严重的土壤、水资源、空气污染，若是回到它们的原生处，其实，每一块土地、草原、森林，每一条江河、湖泊（水库），及每一区域的空气污染，利用现有的科学知识与技术手段，基本上可以被分析和计算出来，从而得到有效整治。而这种风险正是对我们人类生存造成直接危险后果的风险。虽然再生风险或次生风险难以精确分析、计算，但它们之间的关联性还是可以得到证明的。比如，土地的沙漠化，盐碱化、牧场退化，水土剥蚀、矿山土地退化，江河、湖泊面积减少与矿产、水等自然资源的过度开采，各种污染与生物链的破坏之间的关系，土地退化、江河湖泊海洋面积变化、空气污染与臭氧层破坏、气候异常、地震与地质灾害的关系等。假如原生风险能够得到很好的控制与治理，那么，再生风险或次生风险则势必会向良性的方向转变。两类风险之间的关系精算，随着自然科学与社会科学的发展，必将能够不断得到加强。

而C区垃圾填埋场的实证研究告诉我们，难度最大的治理困境并不来自原生风险或风险源的数据掌握与分析，而是来自治理过程。

第一，源自这类风险的难以预测性与叠加再生性特征，要实现有效治理需要追踪到风险源头，而风险源的追踪存在多方面的困难。首先是技术难度。因为种种叠加与次生的缘故，要完成真正的归因，找到风险的源头，需要各种科学的剥离，掠去覆盖在真正因果关系之上的各种浮云与表象，追踪到风险产生之源。另外，还要区分污染物质源与社会源。北京市的空气污染与雾霾治理困境告诉我们，物质源通过各类科技手段还能做出比较好的分离，而社会源因涉及广泛复杂，反而不易确定与分离。比如，多少是来自工厂排污，多少是汽车尾气，多少是生活排污，多少是沙尘暴，多少是北京本市，多少是来自周边地区等。处理这些数据，除了发达的科学技术水平，还需要一颗明察秋毫、理性科学、深厚理论知识与社会经验积累的脑袋。

第二，需要大量的人力与财力的投入。这首先需要各个部门与地方政府的足够重视。因为这类治理收益的长远性与投入的巨大，许多地方政府与相关部门因为绩效的考虑与权衡，往往将它置于一旁。所以，这需要设置全面科学的考核标准，将环境与生态保护纳入考核的重要业绩之中，尤其是对一些关系到国计民生的长远利益问题。比如，上面提到的空气与大气、土壤与水质、生物链等。

第三，B 市 C 区垃圾填埋场的个案研究告诉我们，除了上述困难，更多的还有各种具体的治理场景中的困境。各类主体对环境污染及其治理的意识、认知与态度，受害者、公众、非政治公共领域包括 NGO 的地位与行动力，制度与法律的完善度及执行情况等。因此，要真正改变这些困境，就需要政府、企业、个人等全社会的共同努力，将类似于刚才个案研究中所得出的五点具体的治理困境落到实处，逐一解决。

第四，治理对策与措施的科学性与有效性。这方面的问题涉及政府的足够重视，治理策略的科学、全面、有效，巨额的人力、财力的投入。前提是对环境保护与治理的研究的发展。而我国目前的状况，正如洪大用教授在一次专访中谈道："2009 年 4 月，中国人民大学建立了中国大陆第一家环境社会学研究所，这个研究所的重要特色是开展环境社会学的理论与方法研究，推动中国环境社会学学科建设。河海大学社会学系将环境社会学确立为重要研究方向，集中开展了水污染与环境移民方面的大量研究。中央民族大学社会学系也将环境社会学确立为重要发展方向，围绕农村环境、草原生态保护等议题开展了大量研究。中国海洋大学社会学系则关注海洋环境与社会，正在凝聚一些重要的研究力量。"①

首先，环境污染与生态破坏问题及其治理等相关研究是环境社会学的重要内容，而环境社会学发展的滞后自然阻碍了对环境污染与生态破坏的治理。除了环境社会学研究力量的不足与学科发展的滞后，它还需要与生态环境相关的其他自然科学如环境科学、环境工程、生态学等的长足进展和环境法学、环境经济学等相应学科的发展。因此，促进这些领域的学科发展与研究进展是治理的基础条件。

其次，因为这种风险的难以预测性与叠加再生性等特征，对它的治理涉及国家从整体到局部、从宏观到微观、从短期到长期的方方面面，需要国家从组织到制度的重组与重新设置。需要成立以风险治理为核心的最高层级的组织机构如风险治理委员会，以统筹安排与协调各部门、各机构、各社会组织的行动。这种牵一发而动全身的行动则需要国家做最高层级的安排与规划。

再次，环境污染与生态破坏的治理要充分利用后发优势，借鉴国际社会的成功经验与技术，尤其是风险源的追踪与剖析，我们既要尽可能地减少探索成本与代价，避免不必要的弯路与浪费，又要精熟中国的特殊国情，用最少的代价取得尽可能好的成效。比如，张子凡、任建武、郝元等人提出的通过地理信息系统（GIS）技术综合分析环境污染事故中风险源要素，② 国内有众多学者提出的建立重大环境污染事故危源数据库系统与环境污染和生态破坏经济损失的估算模型等，③ 都不失为一些借鉴国际经验与技术的好的尝试。

最后，由于这种风险后果的严重性，所以，对它的治理关键是防。与药品安全的治理一样，要将事后的罚提到事先的防。

综上所述，我国的环境整治工作还远远不足，治理任务任重而道远。但既然我们已经意识和触摸到治理的困境与症结所在，那么，采取相应的治理对策也就有了方向与基础。

① 参见洪大用．理论自觉与中国环境社会学的发展［J］．吉林大学社会科学学报，2010，50（3）：109-116.

② 张子凡，任建武，郝元．基于GIS组件的南京环境污染事故应急监测地理信息系统［J］．环境监测管理与技术，2002，14（4）：18-20.

③ 朱德明，赵海霞，黄益斌．环境污染和生态破坏经济损失的估算模型［J］．城市环境与城市生态，2005，18（4）：21-23.

第四章　中国当下产品与服务风险现状及其治理困境研究

马斯洛理论告诉我们，衣食住行等动物的本能性需求为人类生存之第一需求。现代社会，各种农副产品、工业产品与各种服务构成了人们最重要的生存必需品与生活、工作环境。假如这些方面都危机四伏，人们的生存就无所谓安全与幸福。那么，中国当下的生存必需品与生活环境究竟如何呢？下面让我们来看一些事例与数据。

第一节　食品、药品与其他工业产品风险现状

一、核与其他生化武器的风险现状

现代工业与科技发展所带来的具有最重大危险的产品，自然是核。与核相关的产品主要有核原料、核燃料、核武器（包括原子弹、氢弹和中子弹）及核应用相关的一些技术如核动力装置、核电力、核技术应用等。核在一个国家的国防、工业领域具有十分重要的作用，但它也具有极大的危险——造成核污染。核污染通常指由核泄漏或核爆炸所引发的放射性污染，其危害范围大，持续时间长，后果极为严重。如 1986 年切尔诺贝利核电站发生的核泄漏事故，就涉及 13 万人被疏散，经济损失达 150 亿美元。而日本东京电力公司福岛第一核电站高浓度放射性污水泄漏事故，引发了

周边国家海洋污染的恐慌。现在世界各国许多国家拥有核武器，只要现有全世界公开的核储存量的五分之一爆炸，就可以导致整个地球的核冬。至于上述拥有核武器的国家会否使用、何时使用其拥有的核武器，谁都无法肯定。这对世界来说，就是一个最大的潜在高风险。而其他的核工业由于技术难度、操作失误或故意破坏所可能带来的核泄漏或核爆炸，更是难以预料。这种人造物一旦动用或泄漏，它的风险难以估量，有可能地球都被摧毁，又何谈人的生存环境。所以，核武器与核工业的发展与存在，使我们人类再次面临着严重的自身文明带来的威胁。

核武器与生化武器的最大危险主要来自拥有者或使用者的不确定性。若这些武器掌握在一个国家手中，还可以通过国际公约或其他磋商达成控制。当然，也有一些无视国际条约与国际惯例、无视国际人权与人道的独断专行的独裁者，当他们拥有这类武器时，危险极大。还有就是当这类武器被恐怖分子拥有时，也会带来极大的隐患。核与生化武器这类灭绝性产品是我们现代人生存中最大的危险源与隐患之一。

二、高科技产品带来的风险现状

除了核与生化武器，具有高风险的产品主要包括各类交通工具、各项工业设备与基础性设施。这方面的问题在我国主要指由于工业原材料与成品质量的低劣或安装等技术问题与不负责的工作态度所造成的安全隐患。飞机、地铁、火车、轮船等大型的交通工具主要由国企承担，质量方面还可控一些，而一些普通工业设备与基础性设施如各类生产设备、管道、仪器及电讯、动力、运输等设备或建筑物设施等，在当下中国大都由一些民企、股份制企业承担，由于这些设备与设施质量问题所带来的各类生产安全方面的事故近十几年来在中国有增无减。① 几乎所有的领域、最普通的设备如煤气管道、排污管道、电梯、电缆管道等都出现了此起彼落的重特大事故。造成这类事故的主要原因之一，是产品质量问题。除了钢材、合金钢等原料问题，制造与加工技术也存在很大的问题，而相当一部分原因却是企业及其员工的工作态度与敬业精神问题。这已使得国人和国际社会

① 参见本书第六章第一节中的“五、突发性事件的风险现状”。

形成一个对中国工业产品质量不认同的共识，也就是说，这在中国已成为一个普遍性的问题。

汽车也是当下危及人们生命健康安全的一大杀手。因汽车质量问题导致人员伤亡事故频发，导致了每年大量的汽车召回事件。就 2014 年一年，我国共计召回国产品牌汽车 4073082 辆，一汽大众居首位，共计召回 892609 辆，占召回总数的 21.91%。召回事件中涉及的汽车质量问题主要是汽车的零部件瑕疵，有高田气囊气体发生器破裂问题召回汽车 757376 辆，联合电子燃油泵回油管支架开裂问题召回汽车 923294 辆，后轴纵臂断裂问题召回汽车 581090 辆，通用点火锁芯问题召回汽车 16835 辆。① 而 2015 年，国家市场监督管理总局发布的消息表明，仅 2015 年上半年，共召回缺陷汽车 293.14 万辆，召回数量较去年同期增长 155%。②

另外，值得一提的是转基因产品在中国当下已成为一项严重的隐患。所谓转基因食品，就是通过基因工程技术将一种或几种外源性基因转移到某种特定的生物体中，并使其有效地表达出相应的产物（多肽或蛋白质），此过程叫转基因。这种外源基因包括病毒、细菌和非食物品种的外源基因，以及标记基因中的抗生素抗性基因等，以这种转基因方式获得的食品称转基因食品。2015 年 1 月 28 日，国际农业生物技术应用服务组织发布的统计数据称，2014 年全球转基因作物种植面积为创纪录的 1.815 亿公顷，比 2013 年增加了 600 万公顷。中国 390 万公顷，为前五个种植转基因作物的发展中国家之首。中国还是世界第一的大米进口国，仅 2013 年就进口了 340 万吨大米，占亚洲总进口量的 30%。③ 所以，为了满足粮食需求，中国转基因粮食的种植还将扩大。转基因产品有可能占领中国餐桌的主要领地。而转基因食品这一典型的高科技产品对人类带来的危害还远远没有被全部识别，因为现代遗传工程学还不是十分发达成熟，它的隐患后果尚不十分明确，目前对它的安全检验要求采用的原则仅是实质等同性原则，

① 参见钟源. 中国汽车召回网发布 2014 年我国汽车召回统计数据 [EB/OL]. 中国汽车召回网，2015-01-05.

② 参见上半年我国召回汽车近 300 万辆 [N]. 经济参考报，2015-07-29.

③ 数据来源参见中国转基因食品行业市场调研与发展定位分析报告（2014—2018）[EB/OL]. 中国报告网，2014-06-15.

这远远无法满足对人类遗传后果的全面测量与确定之需求。所以，为我们民族的未来和后代的生命质量考虑，我们要慎重研究与种植这类转基因食品，尤其是作为粮食类作物。我们不能等有了危害后果再来防治，应该事先加大力度研究，将一些可基本确定无危害的作物再大面积种植。

三、食品、药品风险现状

自从十年前暴发的毒大米、毒牛奶、毒胶囊等食品、药品的公共事件以来，有毒和问题食品、药品事件频频曝光，层出不穷。政府、社会、公众也给予高度重视，国家为此制定了一系列的法律，成立了专门监管机构，媒体、学者用各种方法调查、研究、报道，可此类事件的发生率依旧居高不下，严重地威胁着人们的生命健康。现在，我们来看一些事例与数据。

2004年，周勍写成了一篇长达15万字的报告文学《民以何食为天——中国食品安全现状调查》，文中用大量古今中外的实例对中国的食品安全的现状做了陈述，尤其对盐、瘦肉精、酱食品、泡菜干货等做了详尽的阐述与调研，得出中国的“天”（指食品）被撕破了，并提供了国外一些国家对食品监管的先进经验，① 引起了政府与社会的强烈反响与重视。

2011年一位硕士生吴恒组织的一个30多人的志愿者团队利用公开报道的资料，整理出2107篇有明确来源和受害者的报道，做了一个《中国食品安全问题新闻资料库》（2004—2011），将有害食品分为“造假、过期、添加剂、混有异物、包装材料有问题、无证经营、产品不合格、检疫不合格、卫生不达标、其他”10种，按年限做了一个中国食品安全问题形势图②并提供地区、食品名、关键词等查询。这份资料从一定程度上反映

① 参见周勍．民以何食为天——中国食品安全现状调查［J］．报告文学，2004（9）：4-45.

② 2011年5月13日开始，这个团队在17天内，共查阅相关报道17268篇，约1000万字，从中筛选出有明确来源、有受害者的2107篇报道，制作了2849条记录，并为每篇报道提取了包括事发地、涉及食品的种类、对人体有害的原因等在内的关键词，采用MapInfo软件制作出了2004—2011年各年份的“中国食品安全问题形势图”以及时间、来源分布图，用Excel数据透视表制作了总曝光率、各地曝光率的图表统计。

了中国食品安全的分布与严重性。

2014年9月5日，国家市场监督管理总局公布了2014年第一阶段20类食品及食品添加剂的监督抽检信息。这次监督共抽检食品生产企业4996家，抽检样品8429批次。抽检结果显示：1379批次粮食及其制品的合格率为99.6%；774批次食用油和油脂及其制品的合格率为98.1%；1255批次肉及肉制品的合格率为95.6%；185批次蛋及蛋制品的合格率为98.9%；444批次乳制品的合格率为99.1%。[①] 结果表明，多类食品存在着一些安全风险问题。2015年2月16日，国家食品药品监管总局公布了粮食及其制品等食品的监督抽检信息。这次共抽检了24类食品，抽检样品共计46140批次。从抽检产品看，肉及肉制品、蛋及蛋制品、酒类等18类产品的抽检合格率超过95%，其中粮食和粮食制品、乳制品、食用油和油脂及其产品等7类食品的抽检合格率超过98%。[②] 而国家食品药品安全监督管理总局2015年6月公布的一期情况是，抽检粮食及其制品、食用油、肉蛋及其制品、蔬菜水果及其制品、酒类、饮料、调味剂和食品添加剂等23类：合格产品为83663批次，占抽检总样的97.1%，不合格产品2487批次，占2.9%；保健食品合格为1921，不合格为91，分别占抽检总样的95.48%和4.52%。[③]

药品安全问题国家一向比较重视，在企业成立批准时，就规定了诸多要求与设立了一系列的指标加以控制，但21世纪以来十年频发的广东著名的“齐二药”事件、震惊全国的“山西疫苗”事件、“鱼腥草”事件、“清开灵”事件、“双黄连”事件、“毒胶囊”事件等，使得药品安全也成为中国人的一大安全隐患。据中新社报道称：我国因药害致死的人数每年约有19.2万人，平均每天526人，比传染病致死的人数还要高出数倍。[④]

① 参见国家市场监督管理总局发布的《2014年第一阶段食品安全监督抽检报告》，2014-09-05.

② 参见国家市场监督管理总局公布的《2015年第一期食品安全监督抽检情况报告》，2015-02-16.

③ 参见国家市场监督管理总局公布的《2015年第十期食品安全监督抽检情况报告》，2015-06-15.

④ 参见消协警示：药品关系性命用药首问安全［EB/OL］. 中新社，2000-09-27.

中国每年大约有250万人吃错药。[①] 2004年《中国食品药品监督管理年鉴》统计，我国2004年发生药品安全事件24.6万件，医疗器械案件5.9万件，药品不良反应事件7.01万件。[②] 2015年7月22日，食药总局发布了《关于开展药物临床试验数据自查核查工作的公告》，并称临床试验数据存在造假，103家上市药企被要求自查。[③] 此后不久，副局长吴浈在一次电视电话会议上指出，"药物临床试验数据造假现象存在，——要严肃整顿清理此类现象"。中国药品安全现状令人担忧。

总之，上述报道、研究与数据，说明了中国食品、药品安全问题有所改进，但依旧存在。尤其是2016年一次食品安全的高端会议展示，中国人相当一部分的重大疾病是吃出来的。曾经有一个呼吸科专家施焕中教授，根据历年《卫生统计年鉴》，做了一个中国人30年来主要死亡原因的变化趋势分析，结果显示：恶性肿瘤（癌症）、脑血管病、心脏病、呼吸系统疾病、损伤和中毒这5大死亡原因占所有死亡的比例超过85%，其中癌症和呼吸系统疾病的死亡率总体增加了40%以上。而同期欧盟、美国等发达国家的癌症死亡率呈普遍下降的趋势，美国疾控中心的数据显示，从1990年到2011年美国人的癌症死亡率总体下降了22%。[④] 那么，中国人的癌症是吃出来的吗？当然，根据现代医学，所有的重大疾病都是内外部综合原因作用的结果，但根据前面所述的种种食品药品事件与我国官方不断公布的有害食药品的物质与致癌成分可以得出，吃，肯定是其中的重要一项。钟南山院士更是指出，广东地区将来的生育率将受到食品污染的影响而大大降低，将食品污染的风险与一个国家存在的重要标志之一的人口质量联系了起来。

---

① 参见董海云．我国每年大约有250万人吃错药［N］．信息时报，2006-04-04.

② 参见国家食品药品监管总局发布的《中国食品药品监督管理年鉴》，2004年。

③ 参见国家食品药品监管总局发布的《国家市场监督管理总局关于开展药物临床试验数据自查核查工作的公告（2015年第117号）》，2015-08-04.

④ 参见王蕾，马晓青．中国人死因30年变化：癌症死亡率猛增［EB/OL］．网易新闻，2015-04-08. 数据来源于国家食品药品监管总局历年发布的《卫生统计年鉴》。

四、其他生活用品现状

除了食品药品这一最重要的人类必需品以外，我们的日常生活和工作还离不开其他许多的工业产品与农副产品，穿衣服离不开纺织品，住离不开房子，行离不开各类交通工具，现在这种信息时代更离不开各类家电产品。我们现代社会的生活用品可以说全部都是工业产品，那么，工业产品的危害来自从原料到加工制造、运输、销售的各个环节，特别要注意的就是装修材料、化学用品与电器产品，在生活用品方面，这方面的风险尤甚。

首先，在装修材料污染方面，我们先了解一下造成污染的物质，通常有甲醛，苯系物，总挥发 PPP 有机化合物，游离甲苯二异氰酸脂，放射性氡，可溶 PPP 铅、镉、汞、砷等重金属元素。这些物质一般来自胶粘剂、人造板、溶剂型木器涂料等。它们的释放时间据专家估计，长达 3~15 年，但装修完成后的 1 个月到 3 个月最为严重。那么，这些污染后果如何呢？我们来看一些报道与数据：据统计，全球近一半的人处于室内装修污染中，由装修导致的室内环境污染已经引起 35.7%的呼吸道疾病，22%的慢性肺病和 15%的气管炎、支气管炎和肺癌。目前中国每年由室内装修污染引起的超额死亡数已经达到 11.1 万人，平均每天 304 人，超额急诊数达 430 万人次，直接和间接经济损失高达 107 亿美元。① 钟南山院士在一个节目中谈道：以前我们曾经做过一个统计，室内的污染源是室外的 2~100 倍！全球每年因为室内空气污染造成 160 万人死亡，儿童白血病 90%是因为近期家庭装修甲醛超标引起的，女性的肺癌 60%也与空气污染有关。② 类似的统计数据、调研与报道我们还可以列举很多，但都大同小异，共同证明了这种装修污染对人体生命健康的危害，由此可见装修污染后果的严重性。

化学用品是对人体生命健康带来隐患的第二大生活用品杀手。现代社会我们家庭生活中所用无一不是工业制品，而且许多都是化学品，如各类

---

① 参见张舵．全球近一半人遭受室内空气污染［N］．人民日报，2004-12-30（16）．

② 参见中央电视台新闻频道“东方时空视点”，2015-05-05．

清洁剂、地板蜡、蚊香、空气清新剂、包装袋、保鲜膜、餐具、水壶、奶瓶、一次性塑料水杯、塑料手套、玩具，以及各类洗漱用品、化妆品，等等，这些用品中含有塑化剂、双酚A、溴化阻燃剂等有害物质，它们会破坏人体的内分泌、免疫和神经系统，会伤害人类基因和内脏器官，诱发各类严重疾病如癌、心血管与免疫系统疾病等，还可能通过基因遗传给下一代。[①] 这类报道不多的缘由之一，是因为它们对人体的伤害有一个较长的累积期，它们是长年累月的后果，通常情况下除一些强污染用品人们可能会小心使用，其他化学用品因短期内效果不明显，人们常常会忽略。但它们的潜在风险却是难以预料的。

电器用品中危害最大的主要是电脑、电视、手机、电话、日光灯管、电热毯等，它们对人体直接有害的一种物质是溴耐燃剂。它受高热会分解出一种有毒的溴化物气体，经人体的呼吸系统、食道、皮肤侵入人体，人体吸入后不易排出体外。它对眼睛、黏膜与呼吸道有刺激作用，也有可能会引起神经系统功能紊乱。[②] 另外，电磁辐射也会直接或间接地危害着人体健康。当人体接受电磁辐射时，热效应会引起中枢神经和自主神经系统的功能障碍。尤其是家电的超龄使用危害较大。这方面的研究与报道很多，我们可以参见李玉东、胡汉文、宋丽容、王松等人的研究。[③]

总之，我们现在的日常生活用品也危机四伏，因为它们大多都是工业制品，而且相当一部分都是化学品，不再是农耕时代的纯自然与手工产品。这类化学品不仅部分物质本身具有某种毒性，而且都是有条件地使用，一旦条件改变，它就会产生巨大的危害。因此，我们的日常生活稍不注意，也会生活在危机四伏的环境中。

---

① 参见百姓健康：八种日常生活用品尽量别买 污染伤肺或致癌［EB/OL］. 南方网，2014-04-16.

② 参见带您了解生活中可能产生污染的生活用品［EB/OL］. 环保资讯，2015-08-03.

③ 参见李玉东 . 家用电器对人体的影响及防护［J］. 自然杂志，1993（3）：61. 胡汉文 . 家用电器对人体健康的危害［J］. 家庭医学，2002（4）：46-47. 宋丽容 . 家用电器产生的电磁辐射对人体有害［J］. 家庭医学，2001（4）：55. 王松，王昆鹏 . 超期服役的家用电器对人类的潜在危害［J］. 家电科技：维修与培训，2003（1）：26.

第二节　公共服务及日常服务风险现状

在分工剧烈、专业化的现代社会中，我们生活的相当大一部分都依赖于公共服务，包括现代工业产品与服务的专业化、技术化，普通大众的生命、健康也交给了这些专业人士，比如，教育、医疗、交通、物业、旅游、物流、各类投资、金融等中介机构，家政、各种家庭日常维修服务、网络通信、美容整容等。我们的生活安全基本上都依赖于他们的专业精神与诚信态度。若他们不敬业、不诚信甚至各类诈骗、犯罪频发，那么，我们生活的安全与稳定也就被毁灭了。而当下中国社会普通公民的日常生活中，这项风险越来越严重地威胁着人们的心理安全与社会稳定。

一、教育、医疗、交通等公共服务风险现状

当下中国的教育风险除了城乡教育资源的不平等、教育体制的种种弊端、教育者的知识水平与职业素质、国家义务教育阶段的乱收费等传统问题，还增加了高考招生中的乱象尤其是打着各种幌子招生欺骗甚至诈骗钱财的现象，幼儿园、小学教师体罚、性侵学生，民办学校治理上的混乱等现象，这方面的报道屡屡见之于媒体，构成了幼儿园、小学教育阶段的风险忧虑。而当下最严重也最迫切的教育领域的风险存在三个方面。

第一，关系到全民族整体素质提高与民族未来发展的素质教育与职业教育乱象。近二三十年，我国高校的教育体制改革时而纷纷建立新的学院或独立成为学院，时而兼并为高大上的大学；时而强调素质教育，时而强调职业教育；有些地方性专业院校拼命强调素质教育，而有的首批985大学却强调要面向职业教育。缺乏一个有序、科学、合理的整体规划与设置，造成资源的极大浪费，而且，达不到一个国家教育事业设置的根本目标。

第二，就是职业人才培养尤其是高精尖人才的外流，从某种程度上而言，经济竞争、国力竞争就是人才竞争，我国成了世界高端人才的培训基地。就北大、清华这两所大学而言，它们每年都从全国范围内筛选到最优

秀的人才，可他们的相当一部分比例的大学生毕业以后都出国深造，而极少归国。中国青年报报道：出国留学仍是很多北大、清华学生的选择，但北大明显多于清华。2014 年北大本科毕业生中，出国（境）留学比例为 32.65%，而清华则为 25%。留学目的地与学校，美国为首选，常春藤名校所占比例最大。① 法国、德国、日本等居次。这些比例还是以应届出国计，不包括第二、三年出国的人数。而这些留学世界名校，博士毕业尤其是成绩优异者，国际社会不惜以巨额代价留住他们，使得这部分人才极少回国。在全球化背景下，教育变成了一种人才生产的产业链，中国因此成为教育产业链的低端，而其他国家等成为教育产业链的高端。我国从小学、中学、大学花费了巨大资源（无论是国家还是家庭）培养的最优秀人才，却变成了其他国家的高端人才。许多发达国家以优良的自然、制度环境，高额的报酬及其他条件将这些人才留在了他们国家，只让那些普通的没有特别才能的留学人员回国。如此，中国花费巨大的财力、人力、物力培养的优秀人才大都外流，而一些发达国家只花费不多的成本却包揽到国际高端人才，一如既往，中国怎么可能打赢这场世界性的人才竞争。这是我国目前面临的最大的教育风险。

第三，是中、小学教育乱象。许多学校的老师们在校内上课只是为了完成任务，而将精力投向了能为自己挣外快的课外授课，现在若只是通过正常小学、中学学习，学不到什么东西，在升学考试方面将面临淘汰，而课外的学习费用昂贵，使得很多家庭因为承担这项本应在学校完成的正常学习费用而陷入生活困境。这形成了许多中、小学老师们在校内敷衍了事，精力都投向了课外教学的现象，而且这种状况在中国许多大、中、小城市大量存在。这种恶性循环，若不及时加以治理，将会架空我国的中、小学教育与导致严重的社会问题。

人的生老病死是一自然现象，从单个个体来讲，从出生到死亡极少有人不生一次病，一次医院也不进，尤其在当下这种环境污染、生态破坏严重的社会中。所以，医疗问题是人们最常见的问题，这里的医疗风险主要

① 参见雷嘉，董鑫. 2014 毕业生就业质量报告：北大本科生近半出国［N］. 北京青年报，2015-01-07.

指体制性的医保问题、医疗事故或医患纠纷。体制性的医保研究诸多，但我国面临的问题是能否看得起病，有多少人看不起病，尤其是重大疾病，即医保的覆盖面与覆盖率的合理性问题。而医疗事故主要指由于医生的疏忽大意或不负责任所造成的事故，这方面的问题在我国屡见不鲜。医生的职业道德屡屡被纳入公众的讨论视野。我们来看一组数据：中国红十字会统计显示，我国每年医疗损害事件造成约 40 万人非正常死亡，是交通事故致死人数的 4 倍。国家食品药品监督管理总局于 2012 年 4 月 3 日发布的报告显示，2012 年全国医疗事故不良事件报告数量超过 18 万份，涉及 43 类产品，涵盖了《医疗器械分类目录》中的所有医疗事故类别。① 2014 年，国家药品不良反应监测中心共收到死亡不良事件报告 98 份，严重伤害事件报告 40920 份，共计 41018 份。② 而 2015 年央视新闻报道：中国社会科学院发布的《中国医药卫生体制改革报告》显示，2002 年到 2012 年，全国医疗纠纷案件在 10 年间增长了 10 倍，医院级别越高，发生的医疗纠纷就越多。③ 由此可知，医疗风险在中国已成为一个不容小觑的隐患。

关于交通运输安全方面，我国航空与水上交通运输事故相对于其他国家要少，尤其是重大的航空事故控制我国总体不错。但国际社会（主要发生在马航）2014 年民航事故率创史上最高，致 970 人死亡。④ 这种状况须引起我国重视，做到未雨绸缪。我国水上交通事故比起航空事故要严重得多。就 2014 年一年，全国共发生水上交通事故 255 件，死亡失踪 236 人，沉船 139 艘，直接经济损失 24801 万元。⑤ 交通部公布的数据显示，上半年全国共发生运输船舶水上交通事故 113.5 起，死亡失踪 101 人。⑥ 这类

---

① 梁士斌．水上交通运输事故四项指标全面下降［M］．中国法制日报，2014-12-28.

② 参见国家市场监督管理总局发布的《国家医疗器械不良事件监测年度报告（2014 年度）》，2015-07-20.

③ 参见视频《医改新观察：全国医疗纠纷案件 10 年间增长 10 倍》，央视新闻，2015-02-14.

④ 参见李鸣．盘点十项空难数据 2014 年事故率创史上最高［EB/OL］．中国网，2015-03-26.

⑤ 梁士斌．水上交通运输事故四项指标全面下降［M］．中国法制日报，2014-12-28.

⑥ 参见上半年全国发生 113.5 起水上交通事故 101 人死亡失踪［EB/OL］．中国新闻网，2014-09-01.

事故一旦发生，会造成巨大的人员伤亡与财产损失。因为船舶与飞机一样，本身价格昂贵，再加上运输的物资，所以，一旦发生，财产损失往往特别巨大，若是客运船只，则会造成人员的巨大伤亡，而且死亡率极高。而我国道路交通事故方面的现状才真正可称之为高风险。下表是近十年(2003-2012年）我国道路交通事故次数、伤亡人数与经济损失的数据。我们来观察一下。

表 4-1 近十年交通事故统计表

年份	发生事故次数	死亡人数（人）	受伤人数（人）	经济损失（元）	日均死亡人数
2003	66705	104372	494174	33.7亿	285
2004	567753	567753	451810	27.8亿	271
2005	450254	98738	469911	18.8亿	270
2006	378781	89455	431139	14.9亿	245
2007	327209	81649	380442	12亿	223
2008	265204	73484	304919	10.1亿	201
2009	238000	67159	275125	9.1亿	184
2010	219521	65225	254075	9.3亿	179
2011	210812	62387	237421	0.11亿	171
2012	4.6万	1.1万	5万		30

从上表可以看出，我国21世纪初以来的头十年交通事故更严重，但逐年呈下降趋势。2013年，事故次数、受伤与死亡人数分别为43151起、9601人与45860人，直接财产损失1.8亿元，与前十年相比，保持继续下降的趋势。这与我国加大交通治理力度有关。但我国道路交通事故的总体状况仍不容乐观，人均死亡率有数年达世界第一，在我国各类交通事故中高居第一。另外，这方面的风险还表现在城市交通堵塞问题，这已几乎成为中国绝大部分城市的普遍现象。造成这种现象的因素主要有三方面：车辆数量过于庞大，城市道路设置缺乏前瞻性，驾驶员或行人不遵守交通规

则。但它带来的危害却是非常巨大的。它不仅是造成交通事故的原因之一，还带来时间的浪费、人们情绪的败坏、空气的污染，还有更多的连锁反应与次生风险。

二、物业、旅游、物流及中介服务的风险现状

现代中国城镇的居民小区，基本上设立有物业公司，治理一些与住房及一些基本的公共设施相关的维修、停车治理、绿化等事项，它们虽是一些琐事，却是居民生活中不可或缺的，它们构成了居民生活的环境之一。当下物业服务的风险主要存在于物业费的收取与使用、物业相关人员的聘用等方面。物业纠纷此起彼落，时常发生。首先，物业费的收取法律没有强行规定，收多收少由双方协商，但实践中多是物业公司单方坐地起价，因为物业公司是在建房之初尚没有业主委员会时，由建筑公司聘用并达成协议的，而与业主之间没有沟通，所以对于约定中的条款，业主没有参与制定，这就容易引发后来的业主和物业公司在服务事项、服务费用等方面的争议，双方发生纠纷。而多数物业公司费用治理混乱，收取的物业费不低，但当一些小区的公共设施如电梯、各类管道、制冷或供暖设备发生故障，需要维修时，费用却不见了，某些物业甚至连公共维修费用都敢动。其次，就是物业人员的聘用，最初，都是由开发商单方聘请，物业公司人员大多都是开发商的裙带关系，即使业主委员会成立，想换人，由于不熟悉物业治理的人员市场、治理的内部事务，而且物业又不能断时缺人，常常还是被物业公司占了上风难以如愿。最后，有些物业公司为了节省费用，常常聘用一些费用低而没有专业操守甚至来历不明者担任物业服务人员，如保安、卫生清洁人员等，从而多次发生这些人员入室盗窃、偷车等事例。所以，物业方面存在的问题也构成了居民生活不安全的因素之一。

旅游出行，除了上面已述的交通安全以外，当下最严重的问题是旅游过程中的种种欺诈行为。随着人们生活水平的提高，通过出行旅游放松休息、享受愉悦已成为人们的主要选择。但是旅游过程中的处处陷阱，遍地欺诈甚至明抢豪夺，搞得旅游者心情大坏，不仅达不到旅游目的，还心烦意乱。旅游欺诈主要发生在食、宿、景点门票、娱乐项目、购物、机票、时间安排等环节，明明是人均 100 元的标准，实际上人均 20 元都达不到；

明明说住的是四星级宾馆，结果二星都达不到；明明约定是景点门票全包，却重要景点全自己掏腰包，甚至约定的路线、景点全不对，或只到一些免费景点遛遛就交差，带到劣质或无证经营店购物安排占去大块旅游时间，还强行购买，导游因游客不买就骂、动手的事件日见报端。近二十年前，笔者写过一本《拿起法律武器》，其中有一章专门写旅游欺诈种种，二十年过去，这种欺诈不仅没有得到改善，甚至更严重。这给我们的国家与社会敲起了警钟。

物流业的发展使得物流走进了家家户户，现代人几乎没有不与快递打交道的经验，无论是投递东西还是网上购物，尤其是年轻人。但从 2010 年到 2014 年的五年投诉记录显示，物流业已名列前茅，特别是网购。（见图 4-1）近两年的新冠肺炎疫情，使得网购发展迅猛，物流暴露的问题也多。主要有邮件延误、违规收费、邮件丢失短少损毁、收寄服务等问题。而涉及的企业依问题严重程度依次为申通快递、全峰快递、国通、优速、速尔、快捷速递、天天、韵达快运、圆通速递、百世汇通、如风达、宅急送、中通等，顺丰为最低。[1] 这些数据表明，我国物流业的整体状况并不是太好。现代社会的资信专业化、服务专业化使得各种中介机构林立，而它们的诈骗与不诚信构成了人们的生活风险之一。租房、买房、抵押、典当贷款、申办执照等等，这些中介行业诚信与不诚信的比例已经颠倒了过来，不诚信成常态，诚信为鲜有。这种状况让生活在其间的人们哪有安全感可言，即使人们不直接接触它们，也会令人对自己的生存环境感到沮丧。

三、家政、各种装修、维修服务及各类美容、网购服务的风险现状

由于现代社会的专业分工与人们生活水平的提高，装修、家政与各种家电及基本陈设维修都已有专门人员来进行，甚至疏通下水道也找专门人员。但由于这方面工作的脏、累，多数由进城的农民工担任，他们文化与专业素质低，也没有经过多少专业培训，而且，他们居无定所，流动性大，一旦不守诚信，则这方面的隐患就出现了。装修偷工减料，尤其是全

① 参见国家邮政局网站发布的《国家邮政局关于 2014 年 12 月邮政业消费者申诉情况的通告》，2015-01-13.

包的装修，刚住进去就发现这里不对那里坏了，而装修污染更是给住户生命健康带来隐患，虽然有些家庭装修主料自己购买，但一些辅料、配料的污染也是很严重的，装修工人为了多赚钱，很少会用中、高档辅料和配料。所以，这方面的隐患也很多。家政服务方面清洁不尽力，随便动用东西，甚至偷盗物品和诱拐小孩，借机抬价，大凡购买过家政服务的人极少有不碰到的。家庭维修方面主要的问题是让你陷入一个循环陷阱，这个零件修好了那个又坏了，今天修好，过不了几天又坏了；或者乘人之危，乱收上门费、维修费等。

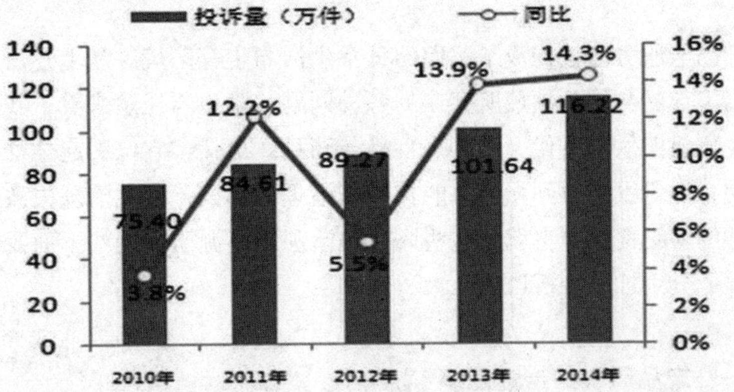

图 4-1　《3·15 年度报告：2014 年网购投诉增长超 3 倍》分析图

美容、理发等行业的问题主要是：资质有问题，经营期间或改变资质，只有美容资格的做整容；巧立名目，一环套一环收取费用，让你无法摆脱；类似传销，欺骗让你购买无合法销售证书的产品；设立其他无经营范围的项目，收取高额费用，甚至从事黄色、淫秽勾当，敲诈勒索。除此以外，由于现代信息网络的发展，网络服务、互联网技术（IT）通信、网络购物等也走进了人们的日常生活，据国家市场监督管理总局和市场监管部门的统计分析，这方面的投诉量近几年逐年增长，2014 年达五年最高。（见图 4-1）投诉的领域主要是：商品特别是保健品、服务特别是网络购物、虚假广告等，主要涉及质量、合同和售后服务、消费争议金额等方面的问题。总之，以上种种，构成了当下人们日常生活的风险隐患之一。

这个领域除了医疗、交通等领域，大多与即时性的生命健康无关，但其间的欺诈、暴力、不负责任却是影响社会生长的慢性疾病，它会侵蚀社会机体的每一部分。对社会文化、道德、民风影响极为深远。尤其是教育这项公共服务领域，它是影响一国的国民素质、竞争力与未来的重大事业，更容不得性侵、暴力、诈骗与沉重的课外补习费用等这类现象的存在。而其他的种种服务构成了现代人生活的重要组成部分与生存环境，若上述各种现象层出不穷，则人们的基本生存安全也就无从谈起。

第三节 产品、服务风险治理困境分析

产品与服务直接构成了我们的日常生活与生存环境。从上述所列举的我国当下产品与服务领域所存在的各种问题、隐患与风险来看，我们生活在一个危机四伏的时代，尤其是食品与药品。虽然，它已引起全社会的高度重视，但仍没有得到强有力的控制与治理。那么，这种治理失败或者效果不佳的症结何在？也就是这些风险的治理困境源于何处？下面我们对产品与服务分别加以分析讨论。

一、产品风险的治理困境

所谓产品无论农产品还是工业产品，它们都是人类生产与制造出来的。所以，产品风险的治理也要追溯到这个源头处。下面我们从源头开始分阶段来讨论期间的治理难度与困境。

第一，生产与制造这个源头是最重要的环节，若这个环节不存在任何毒害物质，那么，产品的安全性能就能大大提高，但这个阶段的防治困难也最大。我们以产品中最重要的食品、药品的安全性为例。首先，农民在农副产品种植时收成与农药、无机化肥使用的考虑。他们不会眼睁睁看着粮食等农作物生长迟缓或被病虫所害，他们会考虑投入与成本之比，而使用农药与化肥等。而农药与化肥的使用却不是他们完全能控制的，他们可以控制的是使用国家允许的毒性弱或毒性易挥发或无毒的农药、有机化肥等，还是使用相关法规禁止的毒性强、不易挥发的农药或无机化肥，若没有法律规制的情况下，这就得仰仗使用者的良知与一系列监督与惩罚机制，考验着我们国人的素质与制度的完善性。这几个环节的治理一直都面

临着诸多难度。其次，农药与化肥的质量与毒性，这部分是农民也不可控的，这就涉及农药与化肥的生产与销售者。这些若无法律明文规定，也涉及与农民同样的素质与制度问题。最后，还有土壤和空气、水资源等污染所致的农作物污染，部分是农民可控的，部分是他们无法控制的，所以，从农作物种植这一个环节我们就可以看出治理的难度之大，而这些又恰恰是需要我们治理的地方。

第二，产品的储存、运输、加工等环节，成本与收益的考虑及有毒、有害性的考虑之间的权衡，同样是一个涉及多方的治理难题。相当一部分食品、药品，是在这个过程中变得有害或有毒的，比如一些不健康、不合格添加剂的使用、过了保质期或产生霉变的原料的使用、储存运输等保管不善而产生黄曲霉素等有害物质等等。而一些工业产品尤其是化学用品，由于专业性、知识性问题，生产者才能真正明白其中的有害性。所以，这环节涉及面更广，监督任务更重，对这些相关企业与人员的责任感与道德素质要求更高。

第三，产品的销售与使用阶段也是很重要的环节，因为它直接面向消费者，直接对人体的生命健康产生影响，尤其是保健品、化妆品类利润奇高的产品。所以，这个环节的监督应该加强。面对着千变万化的销售方式，尤其是一些虚假广告、宣传之类五花八门，监督确实是防不胜防。而医院和药店在使用大量的药品时，不能因为利益考虑而使用过期、效果不佳而延误病人就医治病的药品，他们面对的是千千万万人的健康与生命。但现实中经常发生许多医院或医生使用与生产厂家有关系、利润空间大而疗效不佳的药品，以至于延误病人医治的报道，因此，这一阶段仍然涉及医务人员的职业道德与有关医疗制度的科学规制问题，治理难度也可想而知。

第四，一部分装修材料、化学用品及电器产品等等，使用方式非常重要，而药品更应该就其成分、服用方式、副作用做详尽说明。有些商家在说明某产品含有一定的毒性或对人体的伤害或副作用时避重就轻或模糊不清甚至弄虚作假，这部分产品重在监督产品的使用说明的真实性与详尽性。而我国对这方面的监管还远远不足。

此外，犹如王新、李晓萌在《食品安全保障的国外经验及其借鉴》一文中指出，我国原有食品安全监管方面还存在诸多缺陷，包括：食品标准内外有别、食品企业众多分散、法律法规相对滞后、多头监管职责交叉，建议借鉴国外成功经验改革我国的监管机制。① 尽管国内很多学者提出了相应的建议与措施，但从刚才上述的各阶段、各环节的问题产生的原因与第二章介绍的我国的特殊性来看，中国食品、药品生产、制造、运输、销售的各个环节的治理涉及面广而复杂，它不仅涉及各个具体环节，而且还涉及国家制度设置、国民素质、社会的诚信度与国人的价值观等等，它需要国家整个层面的综合治理，这也是此前我国对食品药品管理效果不佳的困境所在。

而核武器、生化武器与高科技产品的风险治理，由于这些产品的特殊性，对它的治理困境主要集中于如下三个方面：第一，核工业、核武器与生化武器都属于国家控制的能源与军工产品，通常情况下不易介入，由每一国家的国防、能源部门统一安排与监管。而国与国之间不易互通有无，多属于国家机密范畴，对它的治理虽可以通过签订国际公约、国际条约的方式加以防范，但它最终仍取决于一国主权。这就是最大的治理困境。第二，各类交通工具、工业设备与基础性设施的最大风险源自企业及其每一个员工的业务水准、责任感与敬业精神的高低。而这些素质的提高是一个涉及广泛、长期而系统的综合工程，需要每个职业工人都拥有负责任的职业素质与职业道德，不是短期、局部就可以解决的。第三，转基因产品由于它的实验性质及它与人类机体和机能的直接相关性，因此，对这类风险未知、不能短期确定隐患的产品的治理难度在于危害的不确定性与潜伏期特别长的特点，尤其是对人类基因的改变与遗传学上的危害可能要几代人以后才能发现，所以，对它的治理要依赖生物学、生命科学的极大发展。

二、服务风险的治理困境

第一，对教育、医疗、交通等公共服务风险现状的治理难题在于它首先涉及国家的宏观政策与制度设置的合理性与正当性问题。如何进行合理

① 参见王新，李晓萌．食品安全保障的国外经验及其借鉴［J］．调研世界，2011（8）：61-64.

的制度安排，这需要国家在宏观层面统筹考虑，从发展与国力、资源使用与环境保护等方面进行科学的研究与设置。这是体制性的治理难题。比如教育问题，一个民族要真正强大，首先，要思想上的强大，理论与科学知识的强大，整个社会文化与道德素质的提高、全民综合素质的提高，所有这一切都依仗着一个国家、一个民族的教育事业的科学、合理的整体规划与设置。而我国前述的高校体制改革乱象，尽管有一个探索阶段的代价因素存在，但它根子上缺乏这种前瞻性认识与按阶段进行的统筹规划。又如道路交通问题，针对造成交通事故与交通堵塞的三方面原因采取了相应的措施：对车辆数量过于庞大方面，许多大城市与省份采取限购限行；对城市道路设置缺乏前瞻性方面，国家与政府大量投入进行道路建设、改造与立交桥建设；对驾驶员或行人不遵守交通规则方面，立法禁止酒驾，制订地方性交通规则等。但问题仍然没有得到改善。其次，是缺乏对相关主体的责任感与职业道德的培植机制。这些又是一个涉及广泛的综合性问题。比如医生的职业道德培养，大量的医疗事故出自医生及相关医护人员的责任感不强，俗话说：医者父母心。但中国相当一部分医护人员正在丧失这种医德。如何在市场经济前提下维护这个职业群体的职业道德，减少医疗事故，是一个涉及整个医疗系统包括医疗管理部门、医院、药品生产与销售企业、医生护士个体等各种主体的业务水平、职业道德的综合问题，需要做出制度性的规定与保障。最后，是相关监管机制的完善与执行问题。这里既有宏观问题又有具体难题，治理更是需要具体问题、具体情景具体分析。所以，对这些方面风险现状的治理是一个需要前瞻性、科学性、综合性地进行统筹评估、设计安排、执行监督的系统决策问题，难度也就可想而知。

第二，物业、旅游、物流、中介服务、家政、各种装修、维修服务及各类美容、网购等日常生活服务的风险现状治理困境，主要在于对这些行业的专业能力与相关人员的诚实信用度的培养。由于这些领域或行业的从业人员多系文化水平不高、收入处于低层的农民工和其他城镇居民，他们受到的专业培训也往往很有限，有的甚至没有受过任何培训。而从前面的分析可以得出，当下这些领域最大的风险源于他们的职业道德与诚实信用度，而不仅是他们的专业水准与能力。这一方面受到整个社会风气、国民素质与文明程度的影响，所以，仍要从基础性的工作做起，这是一个长期的系统性的工程，不是一项立竿见影的治理；另一方面在于对他们职业道德培植的制度性缺失。而难度在于如何对这些分散的行业、文化层次不一而迫切追求收入与经济利益的人员进行有效的职业道德培植，由谁来承担培植的责任与成本投入。因此，对它的治理无论是长期还是短期治理都需要地方政府制订科学的规章制度。因为，服务领域相对方购买的就是一种专业活动或劳动，它不似看得见的有形态的产品，而且，出卖方因专门从事这一服务，对该服务中的门门道道经验丰富，谙熟无比。而购买方常常吃了哑巴亏，明明受害却拿不出证据。对这些欺诈、不诚实行为取证较难，往往投诉无果。所以，对这方面的治理应重在服务方的责任强调和对购买方的权利保护，法律应在其间发挥重要作用。而服务领域尤其是日常生活服务构成了人们生活的重要生存环境，假如人们的日常生活中到处都充满着这种不诚实、欺诈行为，或者出卖方的劳动物无所值，让购买方遭到损害，购买方就会处于愤怒、怨恨等不良情绪之中。假如整个服务领域都欺诈成风，那么，社会也会处于不稳定之中。总之，产品与服务类的风险治理困境集中在风险来源分散、基数庞大、行业治理薄弱，而教育、医保、交通服务等公共服务方面涉及国家的整体规划、长远利益与国家实力等宏观治理事项，所以，治理责任主要在于政府的科学规划与合理的制度设置及其执行。这种治理难度尤其说是公共服务的性质决定的，还不如说是治理者的认识与行动能力决定的。

三、产品、服务风险治理困境的昭示

上述产品、服务风险的治理困境昭示我们，对这些领域的有效治理是一个长期的、系统的、复杂的综合工程，它涉及整个社会的文化、道德、制度安排、全体公民的综合素质、一个国家的科学技术水平与政治、经济体制设置与执行。在现有的体制与政治、经济、社会制度的基础上，要实现对产品与服务领域的有效治理，我们需要做的有以下几个方面。

首先，是针对各类产品、服务应采取的具体措施。第一，对核武器与生化武器的风险治理，我们要严格遵守国际公约和国际条约的规定，并以积极的态度与国际社会合作、协调，与其他国家一起阻止不遵守国际公约

与国际条约的行为，以防止这类武器的扩散与不当使用。第二，对各类基础设施与基本设备、各类交通工具，要采用各种措施与办法提高企业与员工的业务水平、责任感与敬业精神，要让他们把每一个零件、每一个设备、每一个产品都当作是一个生命来对待。其次，是要通过一系列的严格系统的安全规制制度、法律法规，加强从生产到销售的每一个环节的监管与处罚。第三，对一些高科技产品必须对它的使用方法与毒性、副作用做出详细说明。对一些有毒性或安全隐患的食药品、强污染日常生活用品、汽车等可能带来生命危险的其他工业产品建立强制召回机制。对转基因产品的治理重点是一方面促进与生物学、生命科学相关的学科及其他自然科学的研究发展；另一方面，要慎重大面积种植这类产品，要在用已知的科学知识对它的危害或副作用做尽可能全面的认知与评估基础上，才能去种植与推广。第四，对其他工业产品，要充分利用计算机与网络建立生产、制造、运输、储存、销售等各个环节的全程监管机制与处罚机制，如胡锐在《用大数据追溯食品药品安全》一文中，建议搭建从区到市一级的物联网和云计算功能，为监管部门和相关单位提供实时动态的食品和药品安全追溯服务的云平台，实现对进入贵阳市的食品和药品基于物联网传感平台的数量、种类状态感知、销售流向感知、环境变化感知。① 从上述的公共服务及日常服务的问题现状介绍可知，它涉及的领域远比产品更复杂，从宏观的公共服务到微观具体的日常生活服务，从传统的治理难题到新出现的问题，涉及我们生活的方方面面。对这些服务的各个领域、各个方面的研究不胜其数。但从上述的分析来看，本节强调的是构成我们的风险隐患与高风险的治理困境，下面我们就公共服务与日常生活服务两大不同领域分别进行考察。一旦发现隐患立即排查或事故发生迅速、及时进行处理。第五，公共服务的治理难度，正如上文所述，它们目前在中国还是一种国家安排，是一种涉及长远与短期、宏观与微观、整体与局部的系统工程，无论是教育、医疗还是交通，都要兼顾各个方面的利益与平衡。而治理成效不佳的缘由，在于政策与制度层面设置的合理性与执行力存在问题。交通事故近年明显得到改善，但交通堵塞却依然严重。而医疗事故除却新冠

① 参见胡锐. 用大数据追溯食品药品安全［EB/OL］. 网易新闻，2015-02-03.

特殊事件外，其他领域并没有太大的变化，甚至事故类目还不断增多。而教育最重要的风险并不仅在于教室、校舍、设备等硬件设施，更在于师资质量包括教师的业务水平、道德品行、负责任的态度等软件要素。现在滥竽充数、不负责任甚至受贿索贿、性侵体罚学生事件频频发生，令人瞠目结舌。教师是学校的灵魂，也是教育的灵魂。倘若教师失德无知，那么，毁掉的就不仅仅是一代人，而是整个社会的根基。第六，日常生活服务领域由于存在风险源分散、基数大等特点与治理困境，对它们的治理除了制订相应的法律法规、各类标准，实行行业公告与惩治制度，特别需要充分利用社会力量与公民个人力量，将监督权赋予到基层，建立星罗棋布的全社会的监督与投诉网络，有一项处理一项，处罚要严厉，要达到足以让他们不敢再轻易重犯的程度，以现惩戒效果。

最后，我们重点要做到决策、制度设置的前瞻性、科学性与有效性，以及这些决策与制度执行的行动力与落实到位。一方面，它需要高瞻远瞩的前瞻意识与忧患意识，需要科学合理全面的顶层设计，需要对国情、民情、社会、文化与制度的精熟与洞穿。这就需要拥有一批真正的高精尖人才。另一方面，在执行时，需要治理者与被治理者的全面合作。所以，我们一面要提高治理者能力，要进行治理模式的创新；另一面，对被治理者也要加强教育培训与适当的惩罚。各种诈骗、碰瓷、非法传销等失却诚信、廉耻的群体也要给予狠狠打击。关键是如何提高国民的各种素质：教育、文化素质，诚信、敬业等道德素质，感恩、向善的心灵与真善美的人性觉醒。而这些素质的培养与整个国家的体制及政治、经济、社会、文化包括教育制度设置，整个社会的伦理道德、价值观、风气习俗的培植，与整个民族的精神、行为习惯的导向等都紧密相关。因此，这是一个互为因果、相互影响的系统工程。这也是我们后面要重点研究的风险治理的缘由及采取有效治理的对策和措施的前提与条件。

第五章　药品安全风险治理的实证研究①

食品、药品安全已成为中国当下一大严重的社会问题和人民生存的风险隐患，法律理所当然地需承担起与它的角色地位相适应的功能作用。那么，法律如何去发挥它的功能作用以实现对药品风险的有效治理，现实治理中还存在着哪些问题，这是我们研究的重点。在国际社会，由于风险不确定性的增加，预警原则被列入国际条约与各国的法律之中，指导着各国政府、组织及个人的行为，食药品领域也不例外。但究竟在实践中如何对食药品风险进行预警与治理，中国的实证研究极为稀有。本研究将选取 X 县食品药品监督管理领域作为田野，以药品领域的规制与治理为着落点，通过个案访谈结合二手数据的方式，来研究药品规制中的预警原则的实际执行情况与监管机制的实践，并展示法律在此领域风险治理中的实际不足与缺陷。传统的社会学研究通常会从监管者和相对者的各自行动实践展开，但本章为了全面系统地呈现药品规制与治理的实际情况，深度挖掘其间法律的缺陷与不足，只是选取了 X 县具体场景下的药品监管一方的药品规制及其实际执行情况，对他们的药品安全全程规制模式与常规规制机制、药品安全事件处理机制中各种法律功能的改变、药品规制中存在的法律相关问题与漏洞进行了全场景的展示与呈现，在事实性描述与介绍的基础上，结合二手数据资料进行系统的抽象、归类与分析，从而去探讨药品安全规制与风险治理中法律功能的实际不足与缺陷，这与国内既有的研究

① 本章内容的调研与资料整理由笔者研究生殷婕同学完成。

如刘鹏、傅蔚冈、陈若英、宋华琳等人的比较研究或理论研究形成了明显的差异。这也是本章的重要价值所在。

本项研究的主要研究问题有：第一，通过X县的药品监管事实，呈现全程监管环节与机制中法律的功能及其不足。具体包括我国的药品规制法规及标准体系建立的现状如何？我国药品常规规制的模式是怎样的，有哪些流程？如何实现行业规制？我国药品安全事故处理方式有哪些？我国药品规制方式的不足表现在哪些方面？第二，通过对X县这些相关问题的实证研究，最终呈现药品安全的风险是如何得以纳入控制范围和进行治理的，存在着哪些不可控因素与治理的不足。具体研究借鉴了克里斯托弗·胡德的方法，对风险规制拆分为三个相互关联的系统即指挥系统、检测系统与执行系统进行综合研究，但研究时各有侧重，时而单独，时而交叉，旨在全面清晰地描述与揭示研究问题。但并不对这三个系统抽象出来阐述，而是衍化在药品规制的全过程中。从而系统全面而深入地去呈现在药品安全规制与风险治理中法律功能的不足与缺陷，为最后法律功能在实际社会需求中的扩张提供经验依据。

本项研究的资料主要包括两部分：一是对药监部门的实证调查，包括：X县食品药品监督管理局和国家质量监督总局工作人员的访谈与相关统计、文字数据。访谈对象包括了X县食药监局分管药监工作的副局长（H）、稽查大队队长（L）及稽查大队的两名队员，国家质量监督总局的访谈是通过座谈会的形式，与某司司长及三名处长进行了座谈。访谈的内容主要集中在三个方面：一，近年来发生大规模药品安全事故的处理方式；二，药监部门对药品行业规制措施——法规建设、日常监管、惩治犯罪等；三，访谈对象对我国目前药品规制的建议以及对国外药品规制制度的看法。① 二是

① 在监管部门搜集到的文字资料包括“川南七市药品稽查联席会”执法论文集，X县政府下达的对药监部门工作职责进行调整的通知，H局长的个人工作总结等。后者包括：药品监管部门的统计数据及文字资料，二手数据有两个方面的来源：一是网络资料，笔者下载了“国家市场监督管理总局”网站近六年来（主要集中于2006—2011年）我国药品监督部门的统计数据资料；二是图书资料，主要来自2006—2012年《中国食品药品监督管理年鉴》，其中包含了近年来药品注册管理、药品生产流通管理、药品使用监督管理、药品标准工作、药品检验工作、药品稽查工作的文字资料及统计数据。

搜集近年来药品监管的二手数据资料，以进一步佐证和更翔实地解释研究问题。

第一节　药品安全全程规制模式的确立与常规规制机制的形成

“规制”一词的实质在于“以规达制”，关注从规到制的过程。我国药品规制的实现路径除了国家法律法规的相关规定，就是预警——预防和警示机制的建立。药品安全事故的频发，动辄数人、数十人伤亡的代价使人们痛感建立完备规制体系的重要。由此，中国药品安全规制部门开始着手对规制模式进行改革，不再采用以前“兵来将挡，水来土掩”的被动规制模式，而是积极主动地制定政策标准并推动其实施，努力发现安全隐患，并将这种机制纳入常规机制，希冀能防患于未然。

所谓全程规制模式，就是将药品的研制、生产的过程、流通的过程、药品的使用、药效的正确把握等环节全部纳入规制系统当中。L 队长给调研者的一份《X 县政府关于食品药品监督管理局责任调整的通知》的文件中，明确指出了药品监管部门的主要职责，它涵盖了药品质量与安全的各个环节。下面我们将全程规制工作分为两个组成部分：上市前和上市后，进而探求具体的药品安全规制模式与常规机制。

一、入市前——精挑细选

药品入市前的监管工作指的是药品进入生产环节之前的注册审评治理，药品在上市前应该获得上市许可证，也就是药品注册证。国家颁布了相应法规为药品的注册和审评工作提供了基本准则。① 药品的审评分为两个环节，一个是形式审查，一个是技术审查。前者由药品审评官员负责，

① 参见《药物非临床研究质量管理规范》（GLP）、《药物临床试验质量管理规范》（GCP）、《药品注册管理办法》。

主要审查申报材料是否齐备，格式是否正确，有无表面瑕疵；而后者则是从国家食品药品监督管理总局、各省的药品审评中心以及专家库中随即遴选的专家对材料中涉及的技术问题进行审评。在药品生产监管方面，企业要获得生产某药品的资格，就需对其进行“综合药品生产质量管理规范（GMP）检查”，也就是人们耳熟能详的 GMP 认证体系。① 所以，近年来审评工作和认证工作越来越受到重视。

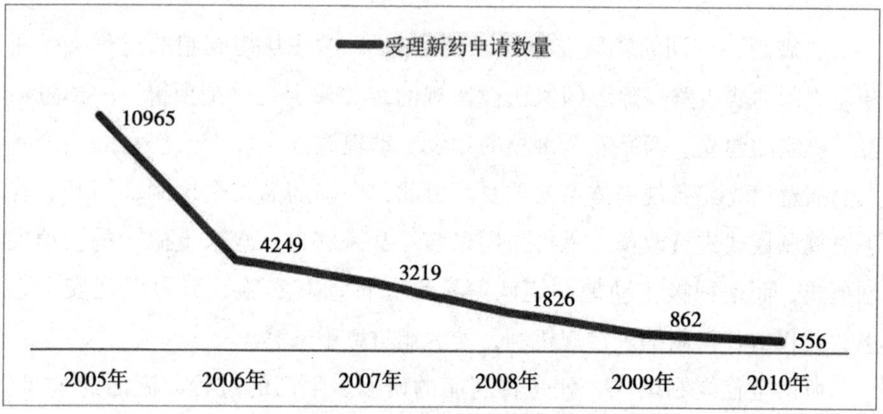

图 5-1　历年受理新药申请数量变化图

表 5-1　国家受理新药历年数量变化

	受理临床研究申请	受理生产申请	受理新药申请
2005 年	2815	8150	10965
2006 年	1783	2466	4249
2007 年	1167	2052	3219
2008 年	1075	751	1826
2009 年	664	198	862
2010 年	432	124	556

① 中国从 20 世纪 80 年代初期便开始着手制定符合国情的 GMP 体系，1999 年，《药品 GMP 认证管理办法》和《药品 GMP 认证工作程序》先后出台。

表 5-2 国家批准新药历年数量变化

	批准新药生产申请	批准新药临床申请	批准已有国家标准药品申请①
2004 年	1709	2648	3279
2005 年	2563	1930	6040
2006 年	1803	1426	5958
2007 年	176	758	776
2008 年	270	581	1826
2009 年	196	298	1623
2010 年	85	243	657

从受理与批准新药进入临床及生产申请的数量变化来看，药品规制部门由原先的积极鼓励新型药品的研制、仿制药品的生产转变成一种更为谨慎的态度，药品的安全性被提上议事日程。因此，每年受理和批准新药的数量呈现不断递减的趋势，对新药的筛选越来越严格。这是由于传统的预防建立在“杀鸡儆猴”的法律理念之上，通过被规制者受到“惩罚的可置信威胁”来实现预防目的。（孙中叶，2010）企业等被规制对象若不履行义务或违反规定，就会受到政府与社会的干预和惩罚，从而起到一种威慑效果，是一种消极的预防方式。② 现代社会，对药效要求的提高、行业透明度的增加、新的筛选技术的发展，迫使提高对未知风险的可控性要求，这就导致规制者从关注事后惩罚与威慑转移到事前预防，重视筛选的作用，结果导致了两个变化：一方面是实现了规制成本的转移，从惩罚环节转移到了预防和指引环节；另一方面是筛选程序越来越精细化和严格化，出现受理新药与批准新药数量逐年下降的趋势。

此外，国家还建立了再注册制度，对已经进入市场的药品严格标准，作为注册环节中可能漏洞的补救。根据《药品注册管理办法》的规定，再

① 指仿制药品生产申请。
② 参见孙中叶．政府社会性规制与企业社会责任的契合——以食品行业为例［J］．改革与战略，2010（6）：44-46，68.

注册申请指的是药品批准的证明文件有效期届满，[①] 申请人拟继续生产或进口该药品的注册申请。按照相关规定：申请人应当在有效期届满前 6 个月申请再注册。2007 年，国家食品药品监督管理总局开始对所有药品的生产批准文号进行重新登记及再注册，以求淘汰一些以往存在药品安全隐患的问题药品。这样，再注册制度也同药品注册制度一起成了药品安全预警机制的重要一环。

二、入市后——环节细分与全程监管

规制机构在实际的监管中，认识到生产企业并不是药患的唯一来源，每个环节的故意或疏忽都可能引发药品安全问题。因此，药品规制的工作内容就开始从研发、生产环节扩展到了流通、经营、使用的各个环节，以对那些已经进入了市场的药品进行监控。根据药品质量的形成过程和药品风险的分类，对上市后药品的规制工作包括了上市后的流通经营监管、不良反应监测、问题药品召回、安全信息更新、标准的修订五个方面。

1. 对药品流通和经营环节的规制

一般而言，药品从生产到上市的合法流通途径包括两种模式：一种是普通的流通模式，从药品生产企业—批发企业—零售企业或医院药房—消费者或患者，一种是个别的流通模式从药品生产企业—医院药房—患者或消费者，这较之计划经济时代的三级批发流通模式从国有药品生产企业—医院—患者，流通和经营环节与主体多样化了，发生药品风险的概率自然也会增加，从而使得该环节中药品规制的对象相应增加。而非法的销售途径，如游医出诊、邮寄购买、地下诊所、药贩推销更是属于高风险环节而成为规制的对象。

访：对生产、经营企业而言，你们的工作内容有哪些呢？

L：对生产企业来说，主要是科研环节和生产环节，这两种企业我们县都没有，所以我们也没有类似的经历。对于流通企业，主要是看它们的

① 国家食品药品监督管理总局核发的药品批准文号、“进口药品注册证”或者“医药产品注册证”的有效期为 5 年。

产品是否符合规定的存放标准，分区分类有没有做到，台账登记是不是完善、合法。而到了经营和销售环节，主要就是药店和一些医疗机构了。首先要看的就是药店的资格，相关的手续是不是齐全的，就是看它有没有资格卖药。如果这些都是齐全的话，第二个就看的是药品的真假，从它的进货渠道来看该药是不是合法渠道来的，看它有没有批号；第三个就是如果这些东西都有的话，就要对那些过期或是本该规定撤架的药品进行查看，看药店或医疗机构有没有及时下架。

访：那你们的工作基本需要涵盖从生产、流通、上市、销售、撤市的各个环节，工作是不是都是围绕着药品安全来展开的？

L：你说的有道理，独立的药监部门分出来以后，你说的那些环节我们的工作都涵盖了。

由此可见，现在药监部门将流通与经营过程中的所有环节都纳入他们的工作范围，也就是说这些环节都被纳入规制之中。

2. 不良反应报告制度与召回制度的建立

不良反应的监测针对的是那些业已上市的药品，目前主要体现在药品不良反应报告制度、药品不良反应网络体系的建立及药品召回制度的建立上。2001 年《中华人民共和国药品管理法》① 和 2004 年国家食品药品监督管理总局（SFDA）与卫计委联合公布的《药品不良反应报告与监测管理办法》的出台，标志着国家以法规的形式建立起药品不良反应报告制度，确立了药品生产经营企业以及医疗机构的强制报告义务，并基本搭建起我国药品不良反应信息收集系统的大框架。不良反应报告体系由强制报告和自愿报告两个部分组成，规定了药品生产、经销商和医疗机构的强制报告义务，也规定了个人、医务工作者的自愿报告义务。同时，国家药品不良反应监测中心还建立了“全国药品不良反应监测网络”。随着我国药

① 参见 2001 年《中华人民共和国药品管理法》第 71 条规定：“国家实行药品不良反应报告制度。药品生产企业、药品经营企业和医疗机构必须经常考察本单位所生产、经营、使用的药品质量、疗效和反应。发现可能与用药有关的严重不良反应，必须及时向当地省、自治区、直辖市人民政府药品监督管理部门和卫生行政部门报告。”

品不良反应体系的建立，药品不良反应监测网络覆盖范围不断扩展，一方面，由于“药品不良反应病例报告数量不断增加”，①如2008年收到的药品不良病例报告为653087份，与2007年同期相比增长了19.4%，从2004年到2010年，我国每年收到的药品不良反应报告数量已经翻了近十倍。另一方面，伴随我国不良监测中心的建设，药品不良反应报告主体增多。见下图。②

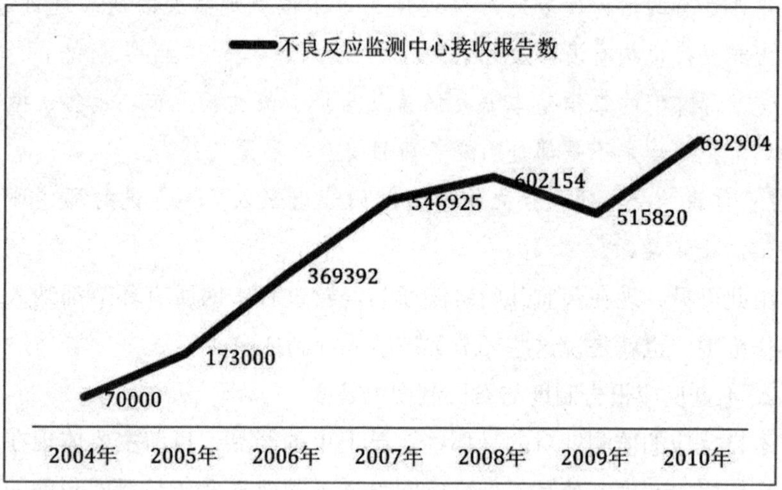

图5-2 不良反应监测中心历年接收报告数量变化情况

访：我国问题药品的召回是如何实现的呢？

H：我们要求召回的药品主要是通过经营公司对药品进行召回，召回主要是通过文件发布问题药品的批号，查到公司有这个批号的药品。此外，企业也可以自己发现问题来召回问题药品。

访：我国的召回制度是否有强制性呢？

---

① 参见《中国食品药品监督管理年鉴》编辑委员会．中国食品药品监督管理年鉴——2008年［M］．北京：中国经济出版社，2009.

② 截至2007年底，我国已建成国家级药品不良反应监测中心1个，省级药品不良反应监测中心34个，地级市药品不良反应监测机构200余个，有的地方还建立了县级药品不良反应监测机构。药品不良反应监测网络系统各级用户总数达到了25120个，其中医疗机构用户14434家，药品生产经营企业用户1062家，其他57家。参见《中国食品药品监督管理年鉴》编辑委员会．中国食品药品监督管理年鉴——2008年［M］．北京：中国经济出版社，2009.

H：没有强制性，但是要求公司召回，就必须召回，我们每年对公司都会进行培训，从公司的角度来说，它肯定是想要召回的，不然我们会有行政处理，直接按照假药来处理了，所以一般而言，我们要求的召回和企业自主的召回，企业的参与性都很高。

在药品不良反应监测制度建立的基础上，药品召回制度也得以建立。药品召回分为主动召回和责令召回。按照《药品召回管理办法》规定，①药品生产企业在对可能存在安全隐患的药品进行调查评估后，确认药品存在安全隐患的，应主动召回。国家或者省级药品监督管理部门发现存在安全隐患，认为应当召回药品而药品生产企业未实施的，应当责令药品生产企业召回药品。

通过不良反应报告和召回的方式实现的法律规制，主要目的是通过发现某些药品的缺陷，弥补上市批准时对于风险和效益比认识的不足。其实，这是一种药品的再评价制度，此时风险可能已经在一定范围内发生，且造成了一定的不利后果，召回的出现不仅使规制机构对风险的评价发生改变，同时也使规制功能从预测可能的风险转化为处理实际存在的风险，但总的来说，这都是法律预防功能的一个组成部分。

3. 药品安全信息制度的完善

能否及时发现药品的潜在风险、有效实施风险控制措施很大程度上取决于信息的及时传送及安全信息的公开。信息输出的方式有多种：药品说明书、宣传册、用药培训、专业期刊、媒体。而安全信息的公开主要有两种方式：一种是药品信息的披露，指的是通过药品说明书和标签上的说明，达到患者合理使用药品的效果，另一种是药品安全信息的公开和更新，指的是通过宣传册、用药培训、专业期刊、媒体等手段，对社会已经存在的一些不安全药品进行信息公开，达到警醒相关机构和群众、影响其选择的目的，从而将群众和相关机构的选择控制在安全的范围之内。其中，药品信息披露又可以分为指示和警告两个部分。指示是为了避免用药者不合理地使用；警告则是为了引起用药者对药品本身所潜藏危险的注意。

---

① 参见国家市场监督管理总局公布的《药品召回管理办法》，2007 年 12 月 6 日。

另外，药监机构还规定，非处方药标签必须印有“请仔细阅读说明书并按说明使用或在药师指导下购买和使用”的忠告语，要求标签和说明书的内容应当一致,① 以求指示和警告真正达到确保安全性的效果。当药品信息需要更新之时，药监机构按照相关规定建立了一套对标签和说明书进行调整的制度。② 除此之外，还规定了药监部门还负有对药品安全信息的发布和向专业机构和人士发放《药品不良反应通讯》《药物警戒快讯》和《中国药物警戒》等药品风险信息的责任。③

4. 药品标准的修订与新增

在标准设立以后，药监部门会根据质量控制技术、药品有效性、安全性理念的变化对药品标准做出调整。历次标准的修订着重解决的问题都集中于：第一，药品标准落后的问题，尤其是在中药材、中药饮片、保健品和常用药用辅料问题上，中药与西药的差异就在于中药材原料来源的多样性，增加了药品标准制定的难度，同时该问题又没有相关的国际经验可以借鉴，这使得在中药市场上，我国的药品标准存在很多问题。药用辅料问题也是药品标准制定的一个难题，比如毒胶囊事件中究竟应当将胶囊看作是药用原料还是药用辅料就引发了学界的大讨论，根据 2001 年的药典规

---

① 参见国家市场监督管理总局颁布的《化学药品非处方药说明书规范细则》和《中成药非处方药说明书规范细则》，2006 年 10 月。

② 参见 2006 年 3 月 15 日，国家食品药品监督管理总局以第 24 号令的形式公布的《药品说明书和标签治理规定》，该规章第 12 条明确要求“药品生产企业应当主动跟踪药品上市后的安全性、有效性情况，需要对药品说明书进行修改的，应当及时提出申请。根据药品不良反应监测、药品再评价结果等信息，国家食品药品监督管理总局也可以要求药品生产企业修改药品说明书。”。该规章第 14 条规定，“药品说明书应当充分包含药品不良反应，详细注明药品不良反应。药品生产企业未根据药品上市后的安全性、有效性情况及时修改说明书或者未将药品不良反应在说明书中充分说明的，由此引起的不良后果由该生产企业承担。”说明书获准修改后，药品生产企业应当将修改的内容立即通知相关药品经营企业、使用单位及其他部门。

③ 中国的信息发布起步较晚，目前已经建立了一些信息发布渠道，定期在网站上发布风险管理信息，同时也在药品监管机构自身的门户网站上对美国食品药品监督管理局（FDA）的药品安全信息进行了转引。参见方贤业，《中国食品药品监督管理年鉴》编辑委员会 . 中国食品药品监督管理年鉴——2010 年版［M］. 北京：中国经济出版社，2010.

定，胶囊被视作为药用辅料，但是胶囊的铬含量标准在药典体例中则是写在药用原料一栏，到了2010年，国家才将胶囊视作药用原料。第二，将新技术、新方法和新理念纳入药品检测的过程中。比如在中药的质量控制方面，采用了自主创新的脱氧核糖核酸（DNA）分子鉴定技术、一测多评技术、生物测定技术、薄层-自显影技术及色谱特征图谱新技术。在2010年的新药典中还将国际上相关的濒危动植物资源保护的国际公约及规定纳入了药典的规制理念当中，规定各中药制造企业不再增收濒危野生药材，建立绿色标准，采用毒性小、污染少、有利于节约资源、保护环境、简便实用的检测方法。[①] 总体上，在新技术、新观念、新事物的引导下，法律标准体系需整合的内容更加丰富，法律体系和标准体系不断壮大。

由此，通过研发、生产、流通、经营过程的监管，药品不良反应的监测，问题药品的召回，安全信息的更新等各个环节的制度的确立，涉及药品安全的全程监管模式逐步建立起来。同时，通过上市前的精挑细选，上市后的环节细分与贯穿于药品生命周期的标准修订，法律的常规规制模型也基本得以建立。常规规制模型体现的是国家对法律预警功能的强调，全程规制是运用法律实现风险预防的方式，该体系中，法律的一个特点在于它是指向未来的，除了由于风险的危害巨大以外，药品风险的另一个重要突出特征——不确定性——也是法律的预警功能被提到重要位置的缘由所在。

第二节　药品安全事件处理机制的确立

常规性的规制针对的是还未扩散的风险问题，当药品安全事件发生，风险转化为危险，一套与常规监管相配套的事件处理机制就应运而生。在事件处理的过程中，除了需要负责日常规制的药品安全监管机构自身的行动以外，往往还需要多个规制部门的共同配合，以及普通群众、企业参与

① 参见方贤业，《中国食品药品监督管理年鉴》编辑委员会．中国食品药品监督管理年鉴——2010年版［M］．北京：中国经济出版社，2010.

积极性的提高才能达到规制的目的。这不仅是因为事件案情复杂、牵涉较多，还因为法律赋予各个部门的规制权限的限制。在相当长的一段时期内，中国的药监部门都没有正式合法的行政处罚权，这种现象直到1998年3月《中华人民共和国行政处罚法》颁布之后才得到改变。而2001年修订后的《中华人民共和国药品管理法》（以下简称《药品管理法》）和2003年颁布的《药品监督行政处罚程序规定》还明确规定了药监部门可以预留追究严重违法者的司法和刑事责任的权力，此时，药品安全领域的司法和行政环节的衔接问题才开始有了法律依据。

一、司法权与行政权二权衔接机制的建立

访：出了安全问题后，对生产和销售企业具体的处罚措施有哪些呢？

H：出了问题，我们就需要按照法律法规来进行处理了，目前的法律法规主要有《药品管理法》《药品流通监督管理办法》《药品管理条例》，比如经营企业你进了一百盒药，我们在抽检过程中发现是劣药，我们就按照《药品管理法》的规定来进行处罚，74条是针对假药，75条是针对劣药，按照销售量，比如一百盒的销售所得，如果是一万元，就先将一万元没收，然后再对一万元的二至五倍进行处罚，这就是我们这个层级的行政处罚。

访：那什么时候会涉及司法机关呢？

H：如果造成了人员伤亡那就涉及的是两法衔接的问题了，就是刑事司法和行政法的衔接，现在县级的公安局和检察院，也要求我们对案件中造成人员伤害时，将情况移交给司法机关。

访：那您认为司法机关和行政机关在处理药品安全事故时的关系是怎样的呢？

H：我们单位只有行政处罚权，而司法机关的权力比我们大，它有刑事处罚权。行政处罚和刑事处罚不一样，行政处罚就是在没有造成人员伤亡的情况下采取的，而刑事处罚完全就是国家的大法，就可以限制你的人身自由。现在我们的行政处罚就不能限制犯罪人的人身自由，比如人家卖了五十盒，但是别人只承认二十盒，我们就没有其他的办法，只能按二十盒来处罚，而司法机关他们可以通过侦查，或者其他的强制、人身限制，

我们就没有办法进行追查。比如某人贩卖假药，我们就只能对假药进行没收，但是司法机关可以持续地追查该人是否有身份证、有无同伙等等问题。美国就有药品监督警察，可以限制你的人身自由，慢慢地通过侦查来破案，我们现在对别人进行控制都不行，半天都不行，没有法律赋予我们这样的权力。前两天在D乡，有人确实是在无证经营，我们去把人扣押了以后，人就跑了，我们没有办法去追究这个人。这些其实都需要警察部门来帮忙。

访：那在惩治犯罪上会不会觉得有些无能为力？

H：这也不算，我们行政权力也在不断地完善。比如在明年，行政处罚的现场证据、文书都会成为法院判案的一个证据，以前就不行，以前就只是一个辅助材料。司法和行政以后会结合得更加紧密。

可见，药监部门在处罚违法主体时，只有对事件处以罚金、吊销执照等方面的权力，当要对犯罪人员进行控制和刑事处罚时还需要借助的是司法机关的强制力。当两权相互断裂时，就会给违法犯罪分子留下逃匿的空隙。近年来，随着司法机关和监管部门的常规性沟通机制的建立，司法机关与监管部门的合作更加密切。由表5-3可知，各行政机关移交司法机关的药品安全案件数量逐年攀升，受到刑事处罚的人数也相应增加，司法和行政联动机制逐步建立。这样就为及时有效地处理药品安全事件创造了更便捷的条件。

表5-3　历年移交司法机关药品安全案件数量及刑事处罚人数情况

年份	移交司法机关数量	刑事处罚人数
2006年	249	61
2007年	305	70
2008年	223	92
2009年	259	88
2010年	262	49
2011年	763	173

二、其他执法部门与药监部门的联合行动

访：药监部门和其他机构之间的关系如何呢？

H：一般来说我们日常监管是和其他那些工商、质检部门没有什么关系的，但是比如有什么专项活动的时候，我们常常和他们的执法大队一起合作，前几年全国范围的专项活动，关于假劣藏药的销售的，我们就是和工商、公安联合行动的，价格方面工商他们查，我们就是查它有没有批号，是不是假劣药，我们都需要合作的。

法律赋予了药品监管部门药品安全监管方面的职权，但药品的价格形成、违法广告的审查、违法行为的部分惩治职权等这些与药品安全问题紧密相关的事项，还需要同其他单位协调合作。比如在药品广告的监管方面，需要与工商行政部门合作；在打击制售假药的违法犯罪行为时，需要与工商、卫生、公安、质监部门联合行动；在涉及进口药品安全的问题时，需要与海关、进出口检验检疫以及商务部门协调好关系；在规范医院、药房治理时，卫生部门的支持和配合不可缺少。在综合治理、共同行动的逻辑前提下，药监部门的执行力在空间范围上得到了扩展。比如2009年假疫苗案件，[①] 公安机关介入，关注的是对人身的伤害、对犯罪嫌疑人

① 2009年12月3日，国家药监局发布公告称，河北福尔生物制药股份有限公司和江苏延申生物科技股份有限公司在2008年7月至10月期间生产的7个批次共21.58万人份的人用狂犬病疫苗质量存在问题，并责令其停止人用狂犬病疫苗等全部产品的生产和销售。调查显示，问题疫苗已流向27个省区市的364个疾控中心，并已于2009年7月份使用完毕。“问题疫苗”的产生是由于：根据《中华人民共和国传染病防治法》《疫苗流通和预防接种管理条例》的规定，国家赋予卫生行政部门、疾控机构疫苗使用治理的权力，二类疫苗可以企业经营。2006年，卫生行政部门最后确定了卫计委部属企业北京华卫时代医药生物技术有限公司进行二类疫苗的市场经营，该公司还成立了山西省疾病预防控制中心生物制品配送中心，公司需每年交给疾控中心380万元，每季度交一次，另交50万元风险抵押金。为此，山西省疾控中心还发布《关于成立生物制品配送中心的通知》，“希望各级疾病预防控制机构和相关生物制品企业”“支持和配合”卫计委部属企业北京华卫时代医药生物技术有限公司。由此，该配送中心就负责全省疾病预防控制工作所需的疫苗配送及二类疫苗的供应和治理，华卫公司开始垄断山西二类疫苗市场，由其经营的“标签疫苗”出现了。从2006年3月开始，田建国（华卫公司董事长）找来一些宾馆服务员、临时工、钟点工等，在山西省疾控中心刚建成未交工的大楼楼道里长期人海会战，往各类二类疫苗最小包装盒上粘贴“山西疾控专用”标签，该疫苗其实在流通过程中出现了大量疫苗被高温暴露的情况，且没有及时召回和封存，直到2008年底，山西老百姓还在接种高温暴露疫苗，造成近百名儿童注射后或死或残的惨痛后果。机关办企业、问题疫苗中监管的真空等问题共同造成了山西疫苗事件中的悲剧。

和犯罪事实的确定；药监部门介入，核查的是假疫苗在生产和流通环节中是否按照药典和流通管理法的规定来生产及流转，标签和药品功能是否一致，是否使用了不适当的宣传文字等；纪检部门介入，关注的是疫苗在由疾控中心通过招标方式确定生产企业的过程中，是否按照规定的流程来进行招标，属于卫计委部属的企业——华卫公司究竟是不是党政机关办的企业，有没有造成国有资产的流失以及官员的贪污受贿。这样，在处理某个药品安全事件时，多种法律被援引来综合考虑，多个执行主体共同行动，长效机制与灵动机制相互配合，对案件事实可以搞得更清楚、全面，药品监管的力度就会得到大大加强。

三、普通群众、企业参与积极性的提高

除了司法机构、各监管机构的共同参与，风险的不可避免性，也让药品规制部门开始调动人民打假的积极性，将普通群众、药企整合进了药品规制的行列之中。

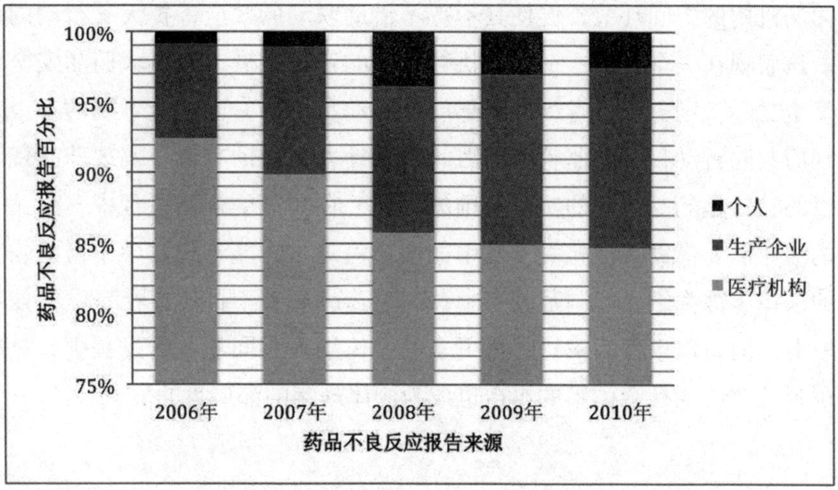

图 5-3　药品不良反应举报构成图

近年来，随着药品生产、经营、销售企业对药品不良报告制度的认识的提高，个人法律意识的觉醒，生产企业与个人对药品不良反应报告数量呈现不断递增的趋势，更多的人参与到了药品安全网络的建设当中。就不

良反应举报一项，2004 年，全国各类药品举报只有 157 起，而到了 2007 年，仅仅三年时间，投诉举报数量已经达到了 12906 起。

访：主要通过什么方式来发现问题药品的呢？

H：主要是通过监管机构的抽查和药品机构自觉举报两方面来发现问题药品。

访：药品机构包不包括企业呢？

H：当然包括了，我们很多药品问题都是在药品机构自觉举报中发现的。

总之，在现代规制机构对药品安全事故的指导思想中，除了惩罚犯罪分子，使受害人得到应有的赔偿、对潜在的犯罪分子进行威慑以外，还要将所有潜在的受众纳入法律规制的范围当中。法律规制试图通过某个事件处理结果或某种动员方式的建立，而将事件的影响扩展到一般群众，处理事件只是规制的一部分。法律规制不再仅以事件为导向，而是以社会为导向。监管机构因其权力的有限性、位置的特殊性——作为沟通企业、群众与司法机构的中间环节，促使其不得不借助联动的效应，扩大其行动的范围。这表现在三个方面：一是其执行权限的范围扩展，当重大药品安全事故发生之际，国务院或省级政府部门作为动员机构，往往让下属的多个行政部门共同行动，药品监管部门因此借助外力来帮助其自身实现药品规制的目的；二是药品规制的法律范围的扩展，在具体的规制过程中，药品领域的法律需要借助其他相关领域中的法律法规，才能将现实中丰富的、芜杂的法律事件都纳入规制范围当中；三是药品规制不再停留在事件的处理完成上，而是以事件为契机，将更多的主体纳入共同规制的过程中，对治理逻辑的改善、社会关系的再造也成为法律规制的深层目的。

第三节　药品安全事故处理与法律惩罚功能的改变

要实现行业内的有效治理，除了需要预防、警示以外，还需要另一种手段。尤其在发生事故时，即借助法律的惩罚功能进行快速有效的处理。

惩罚功能是法律的一个传统的功能类型。无论惩罚的目的在于惩治违法犯罪还是实现威慑，惩罚都是一个作为法律规制必不可少的手段。且随着药品领域中安全事故的发生，法律的惩罚功能在诉讼实现的方式、惩治的对象和惩治追求的效果等方面都发生了相当大的改变。

一、诉讼方式的转变

传统的诉讼方式是当公民、法人或其他社会组织认为自己的合法权益受到侵害时，要求法院行使审判权，确认自己权利的存在或制止他人的侵权行为，并恢复自己的利益，其最终目的是自己的“私益”。因此，私益诉讼模式一般要求实体性权利主体与诉讼主体具有同一性。[①] 但药品风险后果具有不确定性，其受众的空间范围和时间范围都具有不确定性。药品安全事故中，受害者可能数量庞大。因此，单就药品诉讼主体而言，可能存在的原告并不止一人，也就是说，允许原告的多元性存在。此时案件只能由公诉机关提起诉讼，公诉案件中检方与案件并不具有直接的利害关系，检方只是根据对事件情形的判断来决定是否提起诉讼，从而割断了实体性权利主体与诉讼主体之间的联系。

访：什么情况下需要移交给司法机关，这有没有相关的法律规定或者在现实中有没有具体的量化标准呢？

H：这在现实中没有具体规定，这有两种情况：一是我们认识到需要移交给司法机关的，二是他们每个月要求我们报台账给检察院或是法制办，他们来确定需不需要介入。比如我们才刚刚开了会，开了关于司法和行政工作衔接的会——两法衔接会，要求我们要注意移交一些工作给司法机关。

访：那么提起诉讼的往往都是司法机关或检察机关？

H：对，它们拿过去以后就会决定需不需要立案、进入司法程序。当然也有一些个人的案件，比如前段时间就有人告这边一个卖假药的，这种

① 我国行政诉讼法规定，公民、法人或者其他组织认为行政机关和行政机关工作人员的具体行政行为侵犯其合法权益，有权依照本法向人民法院提起诉讼；我国民事诉讼法也要求，原告是与本案有利害关系的公民、法人和其他组织。

如果只有一个受害者的，他可以自己去公安机关报案，我们也可以帮他查查药品究竟是不是有假，那种人肯定什么证照都没有的，我们也只有罚点儿罚金就了事了，造成人员伤亡了的就需要司法机关和公安机关了。

除了诉讼方式改变以外，法律还允许对那些预期将来发生的、尚未有结果的行为提起诉讼，将法律功能的指向从未来转移到了当下。风险指向让人们惧怕未来，未来比现在具有更多的不确定性，对风险后果的担忧使人们迫不及待地希冀法律对社会经济系统做出反应。于是，冲突被拉到了当下，人们根据自己现在所处的时间和空间维度，对现在的情景进行决策。由此可见，风险的不确定性后果、风险受害者的多元性及未来的不可预期性，使得传统的诉讼模式发生转变，由私人诉讼模式向私人与公共诉讼并存的模式转变。同时，诉讼的提起时间也面临提前的命运，人们为确保无虞，往往愿意在风险转化之前就提起诉讼。

二、惩治对象的扩展

随着涉及药品安全的各个环节单位数量的增长，药品安全事故的惩治对象呈现多样化的趋势。近年来，只有全国实有原料药和制剂生产企业数量保持相对稳定的状态，药品经营企业数、零售连锁企业数、零售连锁企业门店数、零售单体药店数均呈现了相当大幅度的增长。

表 5-4　2006 年与 2011 年药品经营单位数量对比

	2006 年	2011 年	2011 年较 2006 年增幅
持有药品经营许可证企业数	334236	440248	31.7%
零售连锁企业数	1826	2607	42.8%
零售连锁企业门店数	121579	146703	20.7%
零售单体药店数	198076	277085	39.9%

除药品生产企业外的其他监管对象数量的增加使得违法药品案件主要违法主体呈现出了向各个环节平均分布的趋势。

表 5-5　违法药品案件主要违法主体分布

	生产企业	经营企业	医疗机构	其他	总计
2006 年	3948	103158	182346	18477	307929
	1.28	33.50	59.22	6.00	100.00
2007 年	5138	119753	162829	16623	304343
	1.69	39.35	53.50	5.46	100.00
2008 年	4347	128613	126668	13637	273265
	1.59	47.07	46.35	4.99	100.00
2009 年	3257	93588	88866	11199	196910
	1.65	47.53	45.13	5.69	100.00
2010 年	2896	91648	82514	11054	188112
	1.54	48.72	43.86	5.88	100.00

由表可见，药品生产企业在主要违法主体中所占比重只有小幅度的增加，医疗机构所占比重大幅下降，而随着经营企业数量的不断增加，经营企业在违法主体中所占比重在五年间上涨了 15 个百分点，药品安全事故责任主体分布更加平均，法律规制对象的增加，要求出台更多的法律以对各个犯罪主体的行为和事件处理方式进行规制。法律的功能也随着这种规制对象的增加得以扩张。

三、惩罚效果的加强

药品案件中惩罚力度的加大和惩罚效果的加强，主要体现在对犯罪行为的罚金和整顿企业数量的变化上。由表 5-6 可见，虽每年查处药品案件数量逐年递减，整体罚款金额和没收金额逐年下降，但每起案件的罚款金额却逐年上升、整顿企业数量也逐年递增。

表 5-6　历年查处药品案件基本情况

	全年查处药品案件数	罚款金额（万元）	没收金额（万元）	平均每起案件罚金额度
2001—2003 年	505800	50400	34600	1680.50613

续表

	全年查处药品案件数	罚款金额（万元）	没收金额（万元）	平均每起案件罚金额度
2006年①	307909	61680.42	23141.79	2754.78177
2007年	304343	59982.18	16907.82	2526.42578
2008年	273265	54469.31	15174.19	2548.57007
2009年	196910	41310.95	10748.64	2643.82662
2010年	188112	41463.07	9096.4	2687.73231
2011年	182636	40097.82	9309.23	2705.21967

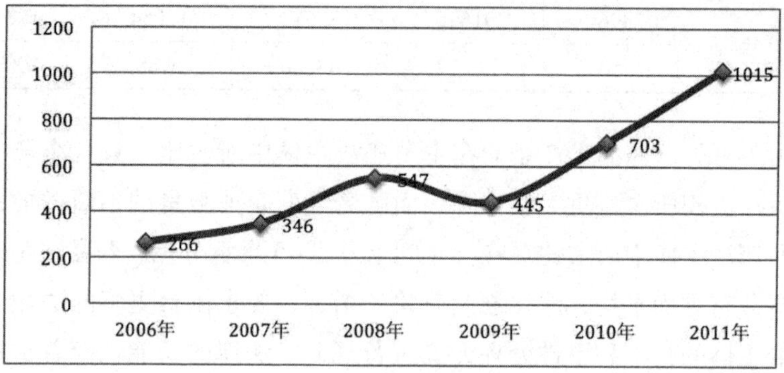

图5-4　历年整顿企业数变化趋势

罚金数额的上升、整顿企业数量的上升，一方面，体现了药监部门将更多的违法活动纳入了日常监管的体系当中，是执法能力不断加强的结果；另一方面体现的是药品市场的扩展对药品监管机构工作的影响。随着药品行业的市场化趋势，更多形式的犯罪、更多涉案主体、更大的影响范围使得药品规制中诉讼主体的配置、惩罚对象的构成、惩处力度都在不同程度上发生了改变。

由此，我们可以得出在法律惩治药品安全事故责任主体时，法律实现方式的转变对法律功能的影响。在传统的有机分工社会中，法律是恢复性

① 2006年对药品安全监管工作是一个特殊年份，受郑筱萸案件的影响，当年严正打击药品安全事故，罚金数额较高。

的，惩治的目的在于将时钟返回过去，以求恢复原貌。但是在风险导向下，法律追求的是：一方面通过惩治的方式惩罚犯罪、通过威慑预防犯罪，惩治效果的加深让可能犯罪之人因对惩治的恐惧而停止伤害他人，再造社会关系；另一方面，是法律对国家价值取向的一种宣传，市场原则不再是万金油，公益诉讼模式的确立，国家通过法律力量介入社会当中，通过法律重构社会稳定和公平关系，保护那些受到药品风险威胁的弱势群体的利益，法律在此不再仅仅是解决纠纷的机制，而成为一种社会平衡技术和社会控制的手段，成为国家治理社会不公平的一种工具。

第四节　药品规制中存在的问题与漏洞

在访谈中，受访者透露了很多现有的药品规制方式的不足，它们直接影响着药品规制的法律效果，因此，我们不能绕过这些问题去讨论药品安全的风险治理和法律功能的扩张。接下来我们首先来讨论法律的不完善之处。

一、法律标准的模糊不清

虽然国家近年来出台了许多相关的法律法规以及行业标准，极力将各种药品风险情况纳入法律法规当中，但在实际的操作过程中，仍存在标准界限模糊不清、设置上的真空等问题，导致规制机构在裁量过程中缺乏明确的裁量基准，自由裁量权过大，执法过程偏离或扭曲了立法的目的。

访谈中，H局长给了笔者一本《川南七市药品稽查联席会》执法论文集，在其中一篇名叫《浅谈药品行政执法中的自由裁量权》的文章中，[①] 作者方建明谈道：药品管理法第82条所给的自由裁量空间过宽，[②]《医疗

① 作者方建明，乐山市食品药品监管局。

② 《药品管理法》第八十二条规定"伪造、变造、买卖、出租、出借许可证或者药品批准证明的，没收违法所得，并处违法所得一倍以上三倍以下的罚款；没有违法所得的，处二万元以上十万元以下罚款，"

器械监督管理条例》第七章中的规定，给予行政机关选择的具体处理方式过多。还有，对规定中“严重后果”或“情节严重”一词缺乏操作化规定。[①] 其实，这些情况在法律法规中较为常见。确实，裁量基准的弹性给予行政机关实践其权限时有相当的选择性，方便其处理复杂事件，但另一方面行政机关却可能利用这种自由裁量的权力，使法律规制向其有利可图的方向发展，提供了市场主体同行政机关“勾兑”的可能性。

访：您认为我国药品法律制度还有什么地方需要完善的吗？

H：法律是有相关的规定的，中间的监督机构是健全的，但是中国人之间的“勾兑”太多了，很多东西不写在纸上面。

访：既然中间监管机构是健全的，为什么还会出现“勾兑”的现象呢？

H：国家是规定了药品问题归药品监督局管，但是过去药监部门是卫生局的一个下属单位，中央为了协调好药监局和卫生局的关系，这个问题谈起来就很复杂了。在基层，药品监管部门与卫生局相分离，都属于当地政府的职能部门，卫生局负责的是药品的采购，而药品监管部门则是负责对药品的检查，这在实际工作中往往存在较多的分歧。就像现在国家实行了基本药品目录——基药，都是国家通过招标写进去的，在实际检查过程中却出现了卫生局和我们的要求得不到统一的情况，他们要求药物要由乡镇卫生院统一采购，然后发到各个卫生室，票据的管理就只到乡镇卫生院，我们在检查过程中，对药品检查时，村卫生室就提供不出关于它的某个药品的票据，所以乡镇卫生院在其进药渠道当中就还可能存在着其他途径。上面又要求我们配合卫生局的工作，我们拿着说不清的，就只好默许，《药品流通监督管理办法》要求每个点都要有药物流通的票据，现在卫生局的做法，就让我们在卫生室一级看不到票据，只能看到乡镇卫生院的票据。采购药物应该是每个点自行采购，只要你是属于基药目录，但是现在则是由每个乡镇卫生院统一采购，然后再发到每个乡村医生的点上，中间就可能出现其他的问题，也就是我说的“勾兑”。

---

① 比如《医疗器械监督管理条例》第七章第66-70条的规定。

访：那就是卫生局的问题你们没有办法插手？

H：对啊，我们名义上还是卫生局的一个下属单位嘛，一般这种冲突我们还是能免则免了，你不要小看这个问题，这个问题说大不大，说小也不小，其中可图之利还是挺大的。

由上可见，行政机关裁量基准的自由裁量空间，导致了两个方面的问题：一方面，在监管机构具体执行的过程中，执行标准不统一，往往会破坏法律的严肃性，导致对药监机构执法不公正的质疑，影响了法律的权威性；另一方面，“勾兑”问题出现，执法机构权限的模糊或交叉，可能导致执法过程中某些部门或人员侥幸心理的滋长和违法犯罪行为的发生，监管机构将问题熟视无睹，从而给各市场主体提供了能够与监管机构讨价还价的机会，为规制目标的实现设置了路障。

二、惩罚力度的不足

在对H的访谈中，谈到了我国药品领域犯罪现象的惩治现状，他认为我国的惩治措施与国外相比，还明显过轻，其结果是“野火烧不尽，春风吹又生”，同类药品安全问题容易死灰复燃。

访：您认为国外有没有相关的惩治措施值得我们借鉴的呢？

H：你晓得，以前我们国家在“齐二药”事件之前，也就是郑筱萸出事之前，借用的是美国的药品监管机制，就是那个FDA，以前的监管方式是垂直监管的方式，事故发生之后，就收归地方了。但是每个监管体制都有问题，尤其是中国的这个国民素质达不到，就像美国遇到问题药品时就自动销毁了，然后再申报，像在中国根本就达不到。美国它的处罚模式，会把你这个企业罚得倾家荡产，让你没办法再重来了，而中国的模式是政府出面，关注的是这个厂解决了多少的职工，大量的职工下岗了如何处理，都是从当地经济来看。

访：那处罚是不是很难到达企业那一层面，大多是仅仅将药品没收或是销毁就结束了？

H：那倒不是，也能够到达企业那一步，但仅仅是小额的罚款了事，可能只是处罚几百万、上千万，不像美国是处罚几十个亿，把这个厂家罚的是倾家荡产。

为什么我们国家不采用重罚呢？在对质监部门的访谈中我们找到了惩罚不足的一些缘由：

访：您认为现在的处罚是否适当呢？

质：很多人说“乱世当用重典“，认为处罚轻了的话，比如只罚罚金，最后容易导致寻租、腐败等问题。但你有没有想过，若用重典，也有问题。加大惩罚的结果是什么呢？第一，我们在这里就只谈谈我个人的看法哈，纯属闲聊，第一是监狱不够啊，如果都用重典，不知道多少人要被抓进去，监督的人员也不够，第二，我们在执法的时候也看到过那些全家生计都指望这个小摊过活的情况，都抓起来的结果无疑是切断了他们的生路。所以，从经济发展人民群众要生存的角度来看，也不主张用“重典”。“依法治国”的重典不在于如何进行处罚，而是应当增强人们的法制观念，提高人们的法律意识才是最重要的，你说是吧？

严厉的惩罚方式确实需要付出巨大的规制成本，也在一定程度上损害了一些弱势群体的利益，在短时间内影响了国家经济的发展，有人说过，“一次专项行动毁掉一个行业”，在强调经济建设的现代，重典下巨大的社会代价在某种程度上确实与国家现今的发展需要背道而驰。可我们不能忘记，惩治犯罪的一个重要功能就是要遏制犯罪，当人们可能犯罪之时，惩罚的痛苦结果呈现给可能犯罪之人一种可预期的前景，有助于阻止那些可能进行的或尚未完成的犯罪行为。正如边沁所言：“所有惩罚本身都是恶，根据功利原理，如果它应当被允许，那只是因为它有可能排除某种更大的恶。”① 只要惩罚所要排除的犯罪之恶大于惩罚之恶，惩罚就是善的。它也构成了惩罚的依据。而不足的刑罚，其结果是对犯罪人的惩罚效果难以达到，犯罪分子可能再次犯罪；对可能犯罪者的威慑难以实现，潜在的犯罪者会因为前任者没有受到严重的惩罚而继续犯罪。可见，惩罚的不足其结果不仅是法律的惩罚功能难以实现，而且社会将会付出更沉重的代价。

---

① 参见边沁．道德与立法原理导论［M］．时殷弘，译．北京：商务印书馆，2000：216.

三、法律救济和补偿措施的匮乏

除了惩罚，还需要有一定的补偿措施来消除法律的消极后果。在对 H 的访谈中，问到对患者的补偿措施一项时，H 表示，法律对受害者基本没有相关的补偿方案出台。

访：对患者而言，法律有没有补偿措施呢？

H：没有规定，比如齐二药等案件，国家没有法律规定来补偿，就算有专门的文件下来要进行补偿，补偿的金额也是很低的。

访：这些补偿是不是多是金钱的补偿，药物补偿有没有呢？

H：开始都没有说法，最后就一般只有经济补偿，受害的都是老百姓，还是应该从源头找起。

访：履行补偿责任的是企业方还是国家呢？

H：法律规定，企业是第一责任人嘛，一般都是企业来补偿的。

访：那有没有针对药品安全事故的专门保险制度呢？

H：那就是相关的社会保险制度了，我们中国没有相关的保险制度。

上文多次提及的不良反应报告制度中，就缺乏相关的救济制度，事故发生仍是由患者自行负责。一个突出的例子就是"拜斯亭"事件。2001 年，德国拜耳公司生产的降血脂药物"拜斯亭"导致全球众多使用者产生了药品不良反应。在这一事件中，美国、德国的受害人都根据其本国的药害救济法获得了高额赔偿，但在我国，因为"拜斯亭是经药监部门检验后批准进口"的合格药物，且药害侵权救济只能根据"应适用侵权行为地法"获得赔偿，该药品不符合产品质量法中规定的对"存在缺陷"的产品进行赔偿的认定。结果在同样的国际药害之下，我国患者没有得到与他国患者同样的损害赔偿。此外，我国药害赔偿的基本原则、补偿范围和方式，甚至是责任主体都还没有明确的规定。但其他的国家和地区，都已经建立了相对完善的药害救济制度。我国法律救济和补偿措施的匮乏将不仅使规制效果大打折扣，还会影响社会的稳定。因为，法律救济和补偿是作为对犯罪之恶的补救措施出现的。若没有对犯罪后果进行补偿，罪犯仍保有了犯罪的利益，受害人则承受了犯罪的全部后果，结果损害的是社会的公平原则、公共利益和受害人的幸福。

四、民间组织的缺乏与群众法律意识的薄弱

除了上述法律规制工具的缺陷，中国社会规制力量的不足也是重要原因。欧盟20世纪70年代就通过了《新万法指令》(*New Approach Regulation*)将政府从市场的完全规制中解脱出来，由政府规定行业规制的最终目标，具体的行业内标准通过一些民间社会力量根据政策预期以及市场情况来制定，建立起了“由民到官”的治理模式。而中国则是直接从计划经济向市场经济转型，时间短，计划经济的残余还未清除，政府的主动意识不够，一些计划经济下的二元治理逻辑依然存在。社会力量弱小，势单力薄的民间组织缺乏制度性的保护，与行政机构沟通不畅，难以达到药品规制的良好效果。

访：您认为我国的药品监管现状有没有需要改进的地方，你有没有什么好的建议呢？

质：十八大经济工作会议指出，我国政府现在的改革方式是“小政府，大社会”，政府和社会组织、企业、研究机构之间应该有清晰的区分，这方面应该有明晰的规则。并不是说要政府一家独大，产业的技术性提升，应该是这些社会组织和民间机构的（共同）发展才能够实现的，政府应该要扶植和引导这些机构的发展。但这个问题有不小的难度，我们确实也有做得不够的地方，第一就是这些组织要发展，但是政府的主动意识还不够，还没有形成积极的扶持这些机构发展的机制和途径，都还只停留在口号和一些初步的合作上，没有形成条理性和常规性的机制。第二就是我国行业协会本身发展的不够，专家的数量和能力都不足以帮助政府的工作，现在政府的工作量大，也让我们明白了政府不能解决所有的问题。第三是群众的法律意识还没有觉醒。由群众发现问题来报告的事件极少。

以上我们可以看到，一方面，政府已经意识到计划经济时代的治理逻辑在市场经济“放权让利”的场景下已不再适用，监管机构和民间组织的关系从过去的压制发展到了扶持，究其原因，就是在于解决规则与现实脱节的问题，实现法律规制目的。尽管对社会力量的扶持仍停留在口头上。

另一方面，市场行为主体还没有完全形成与之相匹配的法律意识，集中表现在：无照经营的黑心作坊遍布、地方财政指向的地方保护主义盛行、寻租腐败官员贪得无厌等等，且屡禁不止。近年来，规制机构也越来越意识到法律意识培养的重要性，认识到要通过民众的法律意识的觉醒和社会力量的培植才能真正达到规制的目的。但实际行动还很有限。

五、政企之间的回旋之门

在我国，规制机构时时刻刻面临着被产业利益俘获的危险，尽管社会性规制机构宣称规制改革是为公共利益服务，但是产业利益还是发挥着重要的作用。产业利益对规制机构的影响体现在药品行业的政企关系上。1998 年之前卫计委药政局是药品监督管理的法定监管机构，而国家中医药管理局作为对下属国营医药企业有着直接控制权的产业管理部门，则和麾下的企业有着天然的“父子关系”。1998 年机构改革成立了直属于国务院的国家药品监督管理局,① 部门虽然独立出来，但依然和制药企业有着千丝万缕的联系：其一，在各级药品监管系统中，大量的中高级公务员有着在医药企业供职多年乃至出任领导的经历，有些则是从作为企业“婆婆”的前国家中医药管理局转到药品监管系统的，他们直接沿袭了产业利益与监管利益合一的治理逻辑，考虑更多的是国有医药企业资产保值增值问题，对人民用药健康殊少考虑；其二，一些药品监管官员在退休之后，甚至利用自己的关系资源，“下凡”到和自己过去有工作关系的企业工作，通过出任独立董事等高级职位来发挥“余热”。② 而这些情况的存在就为企业培植经纶手提供了土壤与条件。作为市场主体的企业，则是通过其经纶手，建立了政企之间的回旋之门，左右规制机构的行为选择。

从上述药品安全风险治理的实证研究中可以发现，虽然我国对药品的

---

① 2003 年后易名为国家食品药品监督管理总局。

② 例如国家药品监督管理局前副局长戴庆骏出任山东新华制药股份有限公司独立董事，前国家中医药管理局局长齐谋甲出任华北制药股份有限公司独立董事，前国家经贸委经济运行局副局长于明德出任中国华源集团执行董事长。参见宋华琳．药品不良反应与政府监管制度改革——从安徽欣弗事件引发的思考［J］．法学，2006（9）：12-18.

规制从被动变为主动，对药品安全事故的规制模式从重事后处理变为重事先预警，并建立了从入市前的精挑细选到入市后环节细分的全程规制模式及不良反应报告制度与召回制度、药品标准与安全信息制度等一系列常规规制机制，对药品安全事故发生时的处理机制作出了修正和发展，但是药品规制中还是存在诸多的不足与漏洞。这些缺陷提醒我们，在一个法律制度不完善、监督机制不健全、行贿受贿风险低的社会中，规制者成为受规制者的“俘虏”，规制机构被规制产业收买，钱权交易盛行，都是很容易产生的。所以要达到规制目的，一方面需要制订科学全面的法律标准、清晰具有操作性的法律救济和补偿措施；加强惩罚力度，惩治各种违法犯罪包括变相形式的犯罪，罚得让这类企业与个人倾家荡产；也增大补偿的额度，补偿得受害者足以支付彻底治疗的医疗费用、生活费用和因此受到影响的未来生活费用。另一方面，还需要积极扶持社会组织与民间力量，培植全社会的风险意识与法律意识，关闭政企回旋之门，让它们成为预防与治理的主力军。如此才能真正实现药品安全的有效规制与治理，而法律的功能在这些风险社会的实际需求中也将得以扩张与调整。

第五节　结语：药品风险治理的启示与法律功能的扩张

综上所述，药品风险规制中首要的一项法律功能的扩张表现在法律重心的转移，这类直接关系到人民生命健康安全的产品，事故发生以后的处理改变不了已经造成的损害事实，防才是重心。所以，对药品的监管与治理重在预防、预警，法律的重心也要相应地从事故发生后的治转移到事先的防。虽然涂尔干提出有机团结社会中，强调法律的恢复性功能，对每一个个案来说，人都死了、残了，补偿能挽回这种后果吗？而且，这边才死或伤，那边又起，此起彼落，不仅不绝，还扩而散之，这种局面不靠严防后果不堪设想。所以，预防、预警是重心。在法律的传统功能中，这种预防是通过法律的指导行为功能来实现的，也就是说，法律通过种种必须、应该、可以、禁止怎么为的规定来引导人们的行为，但这种指导功能主要是通过义务性的规定，而在此，我们特别要强调的是在传统功能基础上制定严格的责任承担和责任加重条款，通过规定药材供应、药品生产、销售企业与个人等各种责任主体的种种详尽的责任体系来实现法律的预防功能，而不仅仅是法律的行为指导功能。

前文所展示的一系列的药品监管环节和整套的常规规制制度中可以发现：虽然每一个环节都有相应的法规规定，但明显地存在着一个很大的漏洞，这就是假如每一个相应的规定与制度得不到严格的落实与执行将承担什么样的后果，这些缺乏明文规定。虽然有具体的应该怎么做的规定，但若不做或做多少、完全执行与否在后果或责任的承担上没有太大的区别，那么，这种规定在实际执行中就会变形。下面我们来看 L 队长在访谈中提到的药品监管的现状一例。

访：您对我国现在的药品监管现状有没有什么建议呢？

L：药品安全问题是一个老问题了，这方面中国很多是向国外借鉴的，国外在这方面都建立了完善的制度，比如 FDA，而中国现在的药品安全制度也是比较完善的了，相比较而言，化妆品、保健品这一块还不够完善，药品这一块规则越来越多，将基本的新情况不断包括进去，我们在实际中基本照章办事就行，而化妆品保健品的制度法规还需要不断完善，我们在执法中也常常需要根据具体问题来进行自己的判断，而药品已经进入一定轨道，工作要简单一些。

访：您认为外国的药品监管体制有哪些方面值得我们借鉴的？

L：美国的药品监管制度的特点是它的社会医疗的重要性超过个体医疗，预防重要过医疗。

L 队长的谈话看似赞美药品安全制度的完善，然而其谈话反映出，我国监管人员在药品监管实践中，通常情况下只是“照章办事”，假如照章办事只是敷衍了事，则极有可能造成药品安全风险，而且也根本发挥不了预防、预警的功能，起不到事先规制的作用。只有对执行不力或落实不到位都要承受严厉的处罚，才能使监管切实有效，而这方面的法律规定却存在着巨大的漏洞。在职业精神与道德责任感严重缺乏的当下中国，与常规规制制度相对应地对执行与监管部门的法律处罚规定尤其重要。所以，若要真正实现从事后处理向事先预防的法律功能的转变，则必须完善对相应监管部门和相关执行人员的严格法律责任规则体系，以真正做到防患于未然。另外，这种法律重心的转移是因为现代社会中，风险成为法律规制的首要对象。法律预警机制的确立正是为了应对风险的不确定性，寻求一种更为可靠的规制模式，无论是全程的风险预防机制，还是所有可能出现风险的主体包括监管者、生产和经营企业、群众，所有的涉险环节包括研发、生产、经营、使用、监管，所有有能力阻止风险的力量包括司法、行政、立法都被整合进了法律风险预防系统之中。而药品安全信息的发布和更新、药品标签和说明书制度的形成都是风险警示机制确立的表现形态，纠错机制更是对风险扩散所做出的控制。这一切都是直面风险，从源头上减少甚至杜绝药品风险隐患，以安全为核心所建立起来的。风险导向使得法律的功能由事后处理转移到事前预防。

当安全事件发生之时，还需要建立一套惩治机制，对违反法律的行为进行惩处，做到有过必罚、有害必偿，达到惩罚、补偿和预防的效果。这方面除了上文提到的药监部门与司法部门、其他规制部门的联合行动外，最重要的就是乱世要用重典，在信仰、道德缺失，市场经济方兴未艾，人们文化素质不高，假冒伪劣泛滥之时期，一定得用重典，而食品、药品这类直接关系人类生命健康的产品领域更要用重典。否则，人性堕落与蔓延则会造成真正的乱世和历史上的黑暗期。因此，对涉及犯罪的绝不姑息，情节严重、屡教不改的该杀就杀。不要去谈西方的死刑废除制度，他们也曾经有过重刑时期，则是他们经过整治社会已进入良性循环了，开始谈废除死刑，我们国情不同，我们正处于需要重刑阶段，不要跟着西方喊废除死刑。律为何用，治世，律与法都要与每个特定的社会相适应。所谓重，不仅指惩治的主体扩展、所涉范围扩张，还要用重刑、重罚。罚，除了刑事责任，还指民事或经济补偿，如边沁所言“如果为了消除恐惧的情绪，补偿应当和惩罚一样，与犯罪形影相随。”① 这些人除了进监狱、担死刑，

① 参见边沁．立法理论——刑法典原理［M］．孙力，李贵方，张文志，等译．北京：中国人民公安大学出版社，1993：34.

还要经济方面的重罚，罚得他们倾家荡产，罚得他们再也不敢制造、销售假冒伪劣食品、药品，罚得他们不敢再存任何侥幸心理，让他们付出沉重的代价，他们才会深切地体会假冒伪劣食、药品给别人带来的伤害。从而让制造、销售优质真品化为人们的内在秉性与思维惯性，成为全社会的常态，最终通过重典达到预防治理的目的。

另外，对药品监管部门的责任规定与责任追究也须用重典。无论是对新药的筛选、受理与批准、评审、注册与再注册，还是已入市药品从研发、生产到流通、经营、使用的全程监管，一系列相应制度如不良反应报告制度与召回制度、药品安全信息制度的执行，药品安全标准的制订与执行，其间的每一个环节都直接影响到药品的安全性能与它的社会风险程度，假如这所有的环节都严格执行到位，药品的安全风险就会大大降低。所以，当今社会形成的大范围的药品安全事故与风险，相当一部分源自监管部门的玩忽职守，对药品监管部门的责任规定与责任追究也须用重典，直至负责任的工作方法、思维习惯与执业态度成为他们的惯性与精神。

因此，乱世当用重典，尤其是食药品等这些直接危害生命健康的产品或服务领域。治理重点也要转移，要从事后的罚转到事先的防，以预防为中心，充实规制内容，将更多的现实情形纳入规制体系当中，丰富法律与其他规制工具的内涵。法律要在向社会性规制方面、常规监管方面、惩罚方式方面等做出重大的调整和一系列的改进，使法律功能在这一领域得到新的发展。而这些领域重典的实施与传统社会重在惩罚与威慑犯罪人的功能有很大的不同，它们的功能主要是以降低规制或治理成本、维护社会利益与公共安全及其他社会效果为导向。重典的实施除了起到惩戒与威慑作用，更重要的是让人们意识到药品安全的重要性与社会危害性，反省自己，从内心深处去培植生产、销售、监管优质安全药品的责任感、道德感与秉性、良善心理，从而培植全社会一种良性的思维习惯与行为模式。进而在风险社会的治理中扩张法律的意识形态功能。

第六章　制度制造的风险现状及其治理困境

这里的制度是指构成一个国家、民族或地区的内政或主权的一系列制度设置。包括从体制到具体制度所有由人们正式设置的制度，而不是如贝克、吉登斯等所指的制度自反性，或潜在的、无形的非正式制度。每个国家的制度都有其特殊的优势与弊端，正是这种特殊性才构成了世界上个性各异的国家。而这些制度的弊端在现代性条件下，会衍生出或大或小的各种风险。中国也不例外。中国的特殊性在第二章已有介绍。中国社会在改革开放前面临的最大问题是经济落后与发展的问题，改革开放后，面临的最大问题是生态危机与严重的社会问题，并形成了以它们为核心的高风险状态。那这种状态的形成与我们设置的各类制度有什么样的一种关联呢？生态危机在第三章已有讨论，本章集中讨论的是由于各种制度造成的严重的社会问题及其治理困境。首先，我们来了解相关领域的风险现状。

第一节　政治、经济、社会与文化制度制造的风险现状

中国社会的风险与高风险现状及其表现，我们在第二章第二节已有专门的论述。当下最突出的问题除了第三、四章研究的环境生态与食品、药品安全及服务风险外，主要就是政治、经济、社会与文化等领域的制度漏洞与缺陷制造的风险，集中表现于贫富两极分化与财富外转，贪污腐败与黄赌毒黑泛滥，金融与投资风险，灾难事故、传染病等突发性事件，群体

性事件与信访，民族、宗教冲突与恐怖活动等方面。接下来我们重点介绍与描述这几个方面的风险状况。

一、贫富两极分化及富裕阶层大量移民的风险状况

改革开放以来各类制度造成的第一大严重的社会隐患就是贫富两极分化。根据 2015 年初国家统计局公布的中国基尼系数：2003 年 0.479，2009 年 0.490，2014 年回落至 0.469。而美国学界研究认为中国基尼系数维持在 0.53-0.61 之间，系世界最高。也就是说，中国是世界贫富差距最大的国家。根据 2015 年 4 月 2 日胡润百富联合民生银行发布的《2014—2015 中国超高净值人群需求调研报告》统计，中国超高净值（指总资产超过 5 亿元）的人群约 1.7 万人，总计资产规模约 31 万亿元人民币。① 而贫困人口按照中科院《2012 中国可持续发展战略报告》统计，按 2010 年人均年纯收入 1274 元标准计，中国贫困人口有 2688 万；而按 2011 年提高后的贫困标准即人均纯年收入 2300 元人民币计，中国还有 1.28 亿的贫困人口。按照 2014 年中国反贫困发展报告统计，按照新的贫困标准，截至 2013 年底，我国贫困人口仍有 8249 万。② 由此可见，中国贫富分化的状况已相当严重。尤其是相当一部分富豪的产生纯粹系依靠掠夺国有资产与利用制度漏洞发迹，如国有土地在早期房地产开发中几乎无偿或低价使用，导致开发商的巨大利润所造成的富豪，再如 20 世纪 90 年代初期股份制改造时，国有资产与集体资产超低价转让甚至象征性的完全不对价支付所造成的一批富豪阶层，还有一批官商勾结所造成的富豪阶层，所有这些富豪阶层形成的原因与方式主要系制度设置的不合理。

现在这些富豪阶层的移民出逃或穷奢极欲，社会责任感的匮乏与回报社会的稀少，而贫困阶层的生活无着，形成了三方面的严重社会隐患与高风险。第一，是贫困阶层对富裕阶层的仇视心理，这为社会动荡埋下很深的隐患。第二，是伴随富裕阶层的移民而造成的国家财力的巨大流失与增

---

① 参见中国民生银行，胡润百富．2014—2015 中国超高净值人群需求调研报告［J］．卓越理财，2015（4）：52.

② 参见中科院．2012 中国可持续发展战略报告［J］．人口与计划生育，2012（7）：61.

强移民国的财力和核心竞争力。我们来看一组数字：据不完全统计，从2009年起，每年随中国内地富豪流向海外的财富达到100亿元以上（澳洲32亿、美国29亿、加拿大20亿、英国5亿、意大利4亿、其他国家8亿左右）。国际人才蓝皮书《中国国际移民报告（2012）》表明，我国个人资产超过1亿元人民币的超高净值企业主中，27%已经移民，47%在考虑移民；个人资产超过1000万元人民币的高净值人群中，近60%的人士已经完成投资移民或有相关考虑。形成了外界所称第三次移民浪潮。① 第三，这些财富的外流，将摄取财富时的环境污染与生态破坏留给了国人，而将国家陷于因沉重的治理代价而难以快速发展甚至更加落后的境地。造成这些高风险的现象若不及时加以有效治理，将给我国的可持续发展带来沉重的包袱与代价。

二、贪污腐败与黄赌毒黑泛滥

近十几年以来，中国贪污腐败的严重性已经有目共睹，引起了全社会的强烈关注。近两年国家与政府的新领导班子下决心摘除这个恶瘤。我们从近两年打击的一些贪污腐败的数据就可窥视到这种严重性。2015年1月5日中央纪委国家监察委员会网站发布数据统计：2014年全国共查处违反中央八项规定的精神问题77606起，102168人受到处理，31338人受到党纪政纪处分。全国检察机关共立案侦查贪污贿赂、渎职侵权等职务犯罪5.5万人，对2.1万人进行责任追究。2015年上半年，全国共查处违反八项规定精神问题13920件，处理党员干部18673人，给予党纪政纪处分11350人。② 十八大以来至2014年年底，已有99位省部级干部落马，至少654名地厅级干部，被查处人数至少有220659人。据国家统计局和一些地方的民意调查显示，近年来群众对反腐败工作成效的满意度平稳上升，2009年群众对反腐败工作成效的满意度达到69.2%，比2003年提高了

---

① 参见中国与全球化研究中心，北京理工大学法学院．中国国际移民报告（2012）[R]. 2012-12-18.

② 参见姜洁．2014年全国共查处违反中央八项规定精神问题5.3万起 [N]. 人民日报，2015-01-06（1）.

17.3%。可见，群众对贪污腐败的痛恨已严重影响到党与政府机关的信誉与权威，给社会的稳定与秩序带来严重的危害，国民党政府的教训记忆犹新，上海蒋经国的亡羊补牢为时已晚，积弊深厚就会无力回天。所以，近两年的打贪反腐还算及时，但它的病灶还在，仍需长期努力。

黄赌毒黑，既是带坏整个社会的风气，破坏稳定和谐的社会秩序的罪魁祸首，又是影响一个民族的未来的重要的高风险源头之一。现在让我们通过一系列数据来了解我国黄赌毒黑的严重程度。据2013年国际组织人权观察最新的报告称，中国性工作者数量已增至600万，冠绝全球。① 而英文《中国日报》5月31日报道：中国的性产业到底有多大的规模？有人说是400万~600万小姐，也有人说是上千万。有研究结果显示，中国在20世纪90年代后半期实际卖淫嫖娼人数应为每年250万~1000万，而80年代初以来涉足过卖淫嫖娼的人士应有2100万~8400万之众。而全国“扫黄打非”办公室公布2014年“扫黄打非”数据显示：全国共查处各类“扫黄打非”案件8344起，其中淫秽色情出版物案件844起，受理网上淫秽色情信息的举报线索82402条。② 由此可见中国色情业的一些端倪。有人将卖淫视为一种性工作，但不可否认的是，既然有这么多的妓女存在，就势必有相应的嫖客，而且嫖客数量会超过妓女，由于中国国民素质与传统婚姻伦理观的因素，中国的相当数量的婚姻家庭会受到影响与冲击。

我们再来观察一组赌博的数据，2011年，广东海洋大学曾对广东省的4个地市做抽样调查，结果发现，18%的人经常参与赌博，56%偶尔参与，没有参与的只占到26%。这真是应了一句曾经一度流传于社会的民谣“十亿人民九亿赌，还有一亿在跳舞”。③ 我们观察一下身边的日常生活也会发现，全国随处可见玩扑克、搓麻将、掷骰子、电子游戏机、老虎机等。中央在2014年10月10日公布：整治查处党员干部参赌涉赌案件6122起，

---

① 参见国际组织人权观察报告《扫除：中国性工作者遭受侵害》。

② 参见视频《全国扫黄办公布2014年“扫黄打非”十大案件》，央视网，2014-12-25.

③ 参见赌博调查：越南只准外国人赌 中国武汉赌博曾不准如厕［EB/OL］. 凤凰网，2014-05-05.

涉及7162人。[①] 作为政府官员被查处的人数就如此众多，可见中国赌博风气之盛。而且，赌博涉及的金额也常常极为庞大。在广州荔湾区法院审理的“1·16”特大网络赌博系列案中其中之一就涉及投注金额4840亿元。而流向海外的赌资更是数目惊人。2005年北京大学中国公益彩票事业研究所公布的数据显示，每年中国内地流向境外的赌资超过6000亿元；而2013年，光在澳门赌博中国人就输掉760亿美元，仅次于美国，由2012年世界第9升至第2；而驻韩国济州道的外交官员介绍，“中国游客占赴济州岛外国游客数超过80%，中国赌客占中国游客数超过80%，中国赌客赌输比例超过80%。”就2014年，全国公安机关侦破涉黄涉赌案件共计3.7万余起，抓获犯罪嫌疑人8.7万余名。[②] 由此可见，“中国人好赌”不是道听途说。

涉毒状况同样不容乐观。从公安部2014年6月25日公布的数据来看：2013年全国共破获毒品犯罪案件15.1万起，抓获犯罪嫌疑人16.8万名，缴获各类毒品44吨，同比分别上升23.9%、26.8%和31%。破获制毒案件773起，打掉制毒厂点572个。2014年1月至5月全国法院新收毒品犯罪案件43180件，同比增长30.19%。[③] 在2015年6月23日举行的“2015中国禁毒论坛”上，国家禁毒委副主任、公安部部长助理刘跃进透露：目前我国登记滥用合成毒品人员数量是2008年同期的6.5倍，年均增长速度超过40%。截至去年年底，全国累计登记的吸毒人员有295.5万名，估计实际吸毒人员超过1400万，这就意味着我国每百人中就有一人吸毒。其中，35岁以下的青少年占登记在册吸毒人员的75%，成为我国吸毒者中最大的群体。全国每年因吸毒造成的直接经济损失达数千亿元，间接损失超过万

---

① 参见翟永冠，王存福.7000多“官赌”暴露了哪些“腐败暗道”？——首份“官场赌风”治理清单的背后［EB/OL］. 新华网，2014-10-10.

② 参见. 东莞扫黄处理36名警察，抓获涉黄涉赌组织者、盈利者上千人［EB/OL］. 网易新闻，2015-02-06.

③ 参见2014年1至5月全国法院新收毒品犯罪案件43180件［EB/OL］. 新华网，2014-06-25.

亿元。[①] 上述一系列数据和种种迹象表明：我国毒品犯罪增速迅猛，涉毒人数递增，年龄趋小，涉毒状况继续恶化。毒品除了对吸毒人员造成直接的人身伤害及其家庭成员的精神伤害与经济损失，它还造成诸多公害：容易引发交通肇事、促使暴力犯罪的增加、性病与艾滋病的传播、青少年及后代身体素质的下降，毒品将对我国造成巨大的危险与损害。

而黑社会的情况也令人担忧。据 2009 年 11 月 26 日公安部网站发布的消息，自 2006 年开展打黑专项斗争以来，打掉黑恶势力团伙 1.3 万多个，抓获犯罪嫌疑人 8.9 万多名。而据新华网记者邹伟、周英峰于 2010 年 2 月 24 日报道：光 2009 年 12 月公安部部署的一项“冬季行动”，各地公安机关就端掉涉黑组织 56 个，铲除恶势力 610 个，抓获犯罪嫌疑人 3000 多名，缴获各类枪支 100 多支。[②] 近几年，黑恶势力仍然猖獗，某些地区、某些省份特别严重，如 2015 年 4 月 15 日，广东省公安厅党委副书记、副厅长、专项办主任郑东通报，今年以来，全省共侦破毒品犯罪案件 4664 起，刑拘 5385 名犯罪嫌疑人，缴获各类毒品 5.66 吨；共刑拘黑恶犯罪嫌疑人 5465 人，逮捕黑恶犯罪嫌疑人 2441 人；[③] 由此可见，黑恶势力并未消减，而且犯罪呈现出科技化、武装化、黄赌毒黑相互勾结且向基层政权与经济领域渗透的趋势，黑恶势力犯罪本来就组织性、纪律性、暴力性强，还往往背景深厚，或在某一地区有显赫地位，或黑白勾结，有强大的保护伞，他们胆大妄为、手段凶悍，对社会危害极大。若结合这种新的趋势，那他们的社会危害就更加严重。正如王胜俊院长在 2009 年全国高级法院院长会议上强调，黑恶势力犯罪严重影响了人民群众安全感，给社会稳定带来极大的危害。

上述的各种报告与数据显示，黄赌毒黑与贪污腐败泛滥成灾，不仅造

---

① 参见于梦江．全国登记在册吸毒人员 258 万“毒魔”每年掠走数千亿元［N］．广州日报，2014-08-23.

② 参见公安部：电信诈骗案件高发多发势头得到初步遏制［EB/OL］．中央政府门户网站，2010-02-24.

③ 参见广东警方：黑恶势力渗透基层政权 危及执政根基［N］．新快报，2015-04-15（A06）.

成我国人民群众的生命健康、财产的巨大损失与家庭稳定、子女的身心健康的巨大威胁，还给社会风气、社会秩序带来极为不良的影响，带来国家与政权的合法性危机，甚至给一个民族的未来、国家的生死存亡带来巨大的隐患，后患无穷。

三、金融与投资风险现状

中国近二十年频繁发生的东南沿海省份的民间倒会事件、集资诈骗或卷巨款潜逃事件，特别是近几年与银行串通的存款诈骗风险与信息泄漏问题对个人投资危害很大，而银行不良资产剥离事件、货币供应量与GDP增速的严重不对等、产能严重过剩致行业不良贷款上升、部分企业债务率过高、高收益理财产品兑付违约风险、股票市场的各种操纵与虚假信息、传销形式的投资诈骗、互联网投资与各种形式的中介投资风险等等，都典型地反映出中国金融与投资领域的巨大风险现状。具体体现在以下方面。

首先，虽然中国实体经济的发展持续了一段时间的高速增长，那是因为一方面，得益于中国突然的改革开放与搞市场经济的政策红利与初期活力，一方面是因为中国的原来经济基础薄弱，并不是一种高质量的高速增长。而近几年出现的部分企业债务率过高、中下游产业不仅产能过剩而且没有能力消化上游产业的价格上涨因素，利润空间越来越小，造成中下游企业也多数系中小企业的生存难度，国家信息中心宏观经济形势课题组祝宝良等人也谈道：我国制造业过剩产能呈现行业面广、绝对过剩程度高、持续时间长等特点，这也导致了我国制造业投资减慢和工业品价格连续三年下跌，尚无价格止跌和市场出清迹象。同时，大量资源固化于一些僵尸企业中，引发融资成本上涨，抑制了新兴产业与服务业的发展。从而使实体经济环境进一步恶化。据国家统计局2013年11月28日发布的工业企业财务数据显示，10月末我国规模以上工业企业应收账款95232亿元，比去年同期增长12.5%。产成品存货32519.5亿元，比去年同期增长6.2%。从绝对值上看，产成品存货今年以来一直保持增长，已经连续增长9个月；从增长幅度看，同比6.2%的增长是4个月内最高。截至10月，产成品存贷同比增幅已经连续2个月扩大，企业应收账款的增幅也出现反弹。① 这些数据说明由于产能过剩导致增长基础脆弱，这是我们在经济金融领域面临的最大的风险源。工业和信息化部的高级研究员文彩霞也这样认为。

其次，银行及一些中介投资机构的信息泄漏严重影响这些金融机构的信用度，而民间金融工具信用度更成问题，尤其是一连串的集资诈骗、卷款潜逃、倒会等事件之后，人们更不敢轻易涉足。而上市公司的信息披露瑕疵与内幕交易、某些操纵市场的行为也使得人们投资股市信心不足。由于技术与治理漏洞及能力等造成的各种金融事故也使得国内银行、保险公司等金融机构的信用度进一步下降，在逐渐放开金融业、境外金融机构向国内渗透的未来竞争环境中，意味着国内金融机构的竞争能力受到很大挑战。而客观上国资银行由于投资工具运作的技术水平限制及其他短期的效益考虑，对中国房地产的远景与经济综合分析能力不足，对房地产贷款比重过大。"2014年8月开博鳌房地产论坛的时候，银行业信贷徘徊在30%左右。"② 虽然有学者认为还应该提高到35%才有利于经济增长，但仍有许多学者认为房价波动影响信贷资产的质量而引发的潜在危机更大于短期效益。如此高比例的房贷一旦遇上房地产市场的大调整，将可能引发房贷危机，使银行面临资金瘫痪的风险。另外，证券市场的大幅度震荡也会给经济金融的运行带来负面影响。股市失去资金蓄水池作用，导致股市直接融资能力的下降，同时，严重影响消费结构及产生其他的社会问题。而所有这些不仅使我国的金融机构与金融业面临巨大的潜在风险，对众多的投资者个体而言，也面临着巨大的风险。

再次，混业经营、互联网金融等模式都是国际社会常用的有别于传统模式的新模式，其中的第三方支付，点对点网络借款（P2P）大数据金融、众筹、信息化金融机构等这些新创模式，当今正在中国蓬勃地发展起来，而且不断地衍生出更新颖的融资模式，比如从P2P衍生出的互联网融资服

① 参见中华人民共和国国家统计局发布的《1-10月份全国规模以上工业企业实现利润总额46263亿元 比去年同期增长13.7%》，2013-11-28.

② 参见博鳌快讯 连平：银行信贷对房地产支持比例将达35%［EB/OL］. 观点地产网，2015-08-12.

务平台（P2B）、借款人或借款企业（P2C）等，从众筹中衍生出的房地产众筹 Fundrise、在线保理融资平台旺财谷、中小企业 P2P Funding Circle，阿里金融、米缸金融与天安财险联合推出的互联网金融安全新模式等，正因为它新颖，所以，它需要一批高精尖的金融人才，才有可能预测它的变化与翻新，准确及时掌握它的动向，才能有效防控它的各种技术漏洞，最终在不断日新月异的金融新模式中立于不败之地。而我国这方面的人才奇缺，所以，一旦这些金融模式出现漏洞，就会显得手忙脚乱。由于金融的传播快捷性与连锁反应等特征，就有可能酿成社会动荡的大事件。

最后，我们需要强调的是世界经济的一体化，使得世界经济的下行给我们带来宏观经济大环境的不利，而国内地方政府融资压力随着地方可利用资源的大幅度减少与部分地区的产能过剩等因素而越来越大，而随着资本市场一体化和人民币自由兑换，股灾、债券和基金风波也会带来人民币贬值与通胀的风险。而所有的这些风险若不能及时得到处理，则会给我国的经济发展与社会带来重创。

四、民族冲突与恐怖主义制造的风险现状

民族与宗教总是联系在一起，因为多数民族都有其本民族的信仰或推崇的神。华东师范大学宗教文化研究中心主任李向平教授谈到目前中国的宗教可概括为“五加一”，即佛教、基督教、天主教、伊斯兰教、道教，民间宗教也算是一个宗教。中国这六大宗教之间纯粹的宗教冲突并不是很明显，当下的冲突主要来自当宗教与民族相结合在表达一些诉求时，而且主要发生在少数民族聚居区域，如 2006 年 2 月，河南新郑华阳寨事件，回汉大规模冲突；2009 年 7 月 5 日，乌鲁木齐市发生打砸抢烧严重暴力犯罪事件；2013 年 6 月 6 日，吐鲁番市鄯善县鲁克沁镇发生的暴力恐怖袭击案件与同年 6 月 8 日和田市发生的暴力袭击案件，都造成数十人的死亡与数百人的受伤后果；2014 年 3 月 1 日昆明火车站砍人事件；中国台湾分裂问题。而民族冲突一旦发生，常常会导致比较巨大的事件。民族冲突主要表现为族际冲突，而且多为利益冲突、民族自身发展的冲突，如 2011 年 5 月 25 日，2000 多名蒙古族大学生在内蒙古锡林浩特市政府大楼前示威表达民

族诉求与政府发生的冲突。2009 年在乌鲁木齐发生的维吾尔族与汉族冲突事件，其起因也是当年 6 月发生在广东韶关一家玩具厂汉族与维吾尔族工人群殴致 2 名维吾尔族工人死亡的一宗普通事件，继而引发了乌市近 200 人死亡、1000 多人受伤的大事件，而民族宗教间及区域间的冲突主要系一些利益、文化间的冲突引起，但也有一些系历史遗留的原因。

当今最需要引起重视的是境外势力的渗透与参与，利用民族间的一些利益、文化冲突而加以推波助澜，加深加大这种民族间的矛盾与冲突或改变这种矛盾的性质，形成恐怖事件。乌鲁木齐 2009 年 7 月 5 日发生的骚乱事件。除了民族利益、文化的冲突以外，主要还是受到了恐怖分子的利用、怂恿与蛊惑，而且恐怖分子在新疆的活动已不是一朝一夕，从 1990 年巴仁乡暴乱开始，到 1991、1992 年恐怖训练基地的建立，再到 1996、1997 年一系列爆炸案的发生，直到 2013 年，这些恐怖活动制造了极大的混乱与人民群众巨大的生命财产损失。而 2008 年 3 月 14 日，拉萨地区发生的严重打砸抢烧事件，造成了数十人死亡、数百人受伤，多所学校、医院、金融网点、商铺、民房与其他建筑物被毁被抢，经济损失以数十亿计。事后调查表明：这次事件由达赖集团精心策划煽动，境内外“藏独”分裂分子相互勾结造成。从恐怖事件上升到了政治预谋、政治事件。而 2013、2014 年新疆东突恐怖分子在全国多地制造的恐怖事件都有这种政治目的。所以，恐怖事件由于境内外分裂势力的参与，完全有可能演变成政治事件，还可能引发多地区如中国台湾、中国香港与境外分裂势力和敌对势力的呼应，造成更大的社会动荡。

总之，不管是民族、宗教、区域冲突还是恐怖活动，一旦发生，常常事件波及人数多、后果严重，造成区域地区巨大的人员伤亡与财产损失，还有居住地人民心理的极大不安与恐慌，形成局部地区社会秩序的混乱与更大更长期的社会不稳定因素。因此，对这方面的风险，我们应该尽早找到原因，不同情况区别对待，做好全面、科学、系统的规划、预防与应对，从源头上去治理。比如除恐怖事件以外，民族、宗教、区域冲突是否由我们政治、经济、民族、宗教政策方面的失误造成？对他们的历史、文化、传统与风俗习惯我们是否全面了解和予以尊重，是否一错再错？这些都需要全面考察。

五、突发性事件的风险现状

所谓突发性事件，是指突然发生，造成或者可能造成严重社会危害，需要采取应急处置措施予以应对的自然灾害、事故灾难、公共卫生事件和社会安全事件。突发性事件具有发生的高频性，原因、过程、结果错综复杂的综合性，跨地区、跨国界传播的扩散性，信息化社会中的放大性，民众利益诉求的敏感性等特征。突发性事件的发生会直接造成社会的不安全与不稳定感，若是大量的此类事件发生，则会带来所有社会成员的极大生存危机感。刚才所述的民族宗教冲突与恐怖事件与接下来介绍的群体性事件、信访都包括在社会安全事件范畴内，由于这几种事件在我国的严重程度，所以，单独予以重点介绍。而自然灾害方面的风险现状我们在第三章已有介绍，在此我们主要描述与介绍事故灾难与公共卫生事件的风险状况。

事故灾难是人们在生产、生活过程中发生的，造成大量的人员伤亡、经济损失或环境污染的具有灾难性后果的事件。通常包括各类生产安全事故、交通运输事故及各类环境污染与生态破坏事故等。据应急管理部统计，仅 2014 年一年，全国就发生特大事故 4 起，重大事故 898 起，死亡人数共计 3666 人（不含失踪）；而 2001—2010 年十年间，就煤矿事故一项，全国发生事故次数就有 27603 起，死亡人数达 47923 人。其中瓦斯与透水事故最高，分别占总数的 77. 3%与 14. 6%，二者总比例为 91. 9%，火灾居第三为 5. 9%。① 各类交通运输事故的严重性在第五章有专门介绍，在此不再赘述。环境污染与生态破坏的事故方面，自 20 世纪末以来，我国就进入事故多发期，对 1998—2006 年发生的环境污染事故进行统计分析后发现：平均每天要发生 4 起左右的环境污染事故。从环境污染事故类型来看，主要是以水污染事故和大气污染事故为主，分别占 54. 1%、34. 4%。而根据中国环境统计数据，2004 年，全国环境事故造成人员伤亡 339 人，直接经

① 参见应急管理部官网。

济损失 36365.7 万元，近几年，环境污染与生态破坏事故有增无减，严重地威胁着人民群众的生命健康与财产安全。① 据最高人民检察院新闻发言人肖玮介绍，2014 年 1 月至 2015 年 4 月，全国检察机关共批捕污染环境、非法采矿、盗伐滥伐林木等破坏环境资源犯罪嫌疑人 10084 人，起诉 28707 人。而统计数字显示：2014 年以来，检察机关所介入查办的生态环境污染事件累计造成 15 人死亡，直接经济损失 12.9 亿元。② 上述的一些数据表明，事故灾难给我国人民群体的生命健康与财产损失带来的威胁特别巨大，是我国高风险的重大组成部分。

公共卫生事件中最主要的自然是传染病。按照我国卫计委的公布，主要分甲乙丙三类，共 39 种。21 世纪以来至 20 年代中期，乙丙类病占传染病发病和死亡总数的 99%以上，系公共卫生事件中的主要部分。占首位的是乙类病种，主要有病毒性肝炎、肺结核、梅毒、细菌性和阿米巴性痢疾及淋病，后三类的发病数均高居乙类传染病发病报告总数的 90%以上，而死亡数居前五位的病种依次为艾滋病、肺结核、狂犬病、病毒性肝炎和流行性出血热或 H7N9 型禽流感，占乙类传染病报告死亡总数的 98%以上。中国疾病预防控制中心公布的数据显示：仅艾滋病一项，全国 2005—2014 十年间的艾滋病感染者、病人及死亡人数总量就分别达 665839、167382、140900，除了 2012 年死亡人数有少量回落，其余年份都是逐年增长。（见表 6-1）

表 6-1　2005—2014 年全国艾滋病病例及其死亡报告数

年份	艾滋病病毒（HIV）感染者人数	艾滋病病人	死亡人数
2005	40711	7550	2584
2006	44070	7909	1809
2007	48161	10742	5544

① 参见董文福，傅德黔．近年来我国环境污染事故综述［J］．环境科学与技术，2009（7）：75-77.

② 参见最高检：1 年多近 3 万人因破坏环境资源犯罪被起诉［EB/OL］．中国侨网，2015-06-16.

续表

年份	艾滋病病毒（HIV）感染者人数	艾滋病病人	死亡人数
2008	56362	10790	9748
2009	61626	13433	12287
2010	64338	16089	18987
2011	74517	20760	21234
2012	82434	24035	23042
2013	90119	26621	22411
2014	103501	29453	23254
合计	665839	167382	140900

丙类病种居前五位的依次为手足口病、其他感染性腹泻病、流行性腮腺炎、流行性感冒和急性出血性结膜炎或风疹，占丙类报告发病总数的99%左右。死亡数居前三位的为手足口病、其他感染性腹泻病和流行性感冒，占丙类传染病报告死亡总数的99%左右。可见，通过呼吸道、性、血液这些途径感染的肺结核、流感、艾滋病、性病、病毒性肝炎等这些传播迅速、死亡率高的疾病已经成为社会的公害。尽管传染病历史上一直存在，但这些疾病的预防与治理、死亡率的控制与降低，除了我们国家整体的医疗水平，相当一部分原因取决于我们相关制度设置的合理性和监测、执行情况。而且，一些新型的传染病尤其是艾滋病、病毒性肝炎、肺结核、狂犬病、手足口病与性病的高死亡率，构成了我们当今人们生存的巨大隐性威胁与不安全因素。

可见，各类突发性事件，尤其是自然灾害、生产安全与交通事故、公共卫生和社会安全领域的这些特、重大事故，给我国人民群体的生命健康与生存环境带来了重大的威胁，给公私财产造成了巨大的损失，它日益构成我国人们日常生活中的高风险之一。

六、群体性事件与信访的风险状况

20 世纪 90 年代中期以来，全国各地日益增加的群体性事件、信访成为社会“不稳定”的重要标志。所谓群体性事件，按照 2009 年 9 月出版的中共《党的建设辞典》中的定义，是指由某些社会矛盾引发，特定群体或不特定多数人聚合临时形成的偶合群体，以人民内部矛盾的形式，对社会秩序和社会稳定造成负面重大影响的各种事件，属于突发性事件中的社会安全之列。之所以单独将它列出来，是因为 21 世纪初到 20 年代中期这类事件发生的严重性。根据社会科学院发布的 2013 年社会蓝皮书报告，中国近年来每年发生的群体性事件可达十余万起。维权类群体事件居多，其中环境污染、劳资纠纷、拆迁征地占主要部分，其他分散在收入分配、医患关系、基层选举、就业与教育公平等方面。因环境污染问题引发的群体性事件明显增多，在万人以上群体性事件中，环境污染引发的占 50%。较典型的有：2007 年福建厦门“PX 事件”、2008 年上海“磁悬浮事件”、2009 年广东“番禺反对建设垃圾焚烧厂事件”、2012 年四川“什邡反对兴建钼铜项目事件”、江苏“启东事件”、浙江宁波镇海“PX 事件”等等。因劳资纠纷引起的事件也不容忽视，就 2012 年 1 月至 8 月，全国共发生 120 多起围绕工资纠纷、规模在百人以上的集体停工事件，覆盖 19 个省、规模在 30 人以上的有 270 多起。而在千人至万人群体性事件中劳资纠纷占 36.5%。征地拆迁在群体性事件中比重也不容忽略，在某些年高居第一，如据 2013 年社会蓝皮书报告，征地拆迁引发的群体性事件占一半左右，环境污染和劳动争议引发的群体性事件占 30%左右，其他社会矛盾引发的群体性事件占 20%左右。而从地域分布来看，华南地区是高发区，华东与西南分列第二与第三。据中国社科院法学院研究所发布的《中国法治发展报告》2014 显示，近 14 年间（2001—2013 年）发生过的百人以上的群体性事件 871 起，广东居首，占全国总数的 30.7%。2010-2012 三年是高发期。① 可见，群体性事件在当下中国已成为一个不容忽视的社会问题，虽然群体性事件只是人民内部矛盾，多数由普通民商事权益纠纷引起，但由于它的无组织性、人数众多、相互影响与依赖性等特征，若得不到及时、合理、科学的处置，也很有可能酿成重大的社会动荡，引发民怨与众怒，影响社会

① 参见李林，田禾．中国法治发展报告［M］．北京：社会科学文献出版社，2014.

稳定与秩序。

信访针对的多是典型的人民内部矛盾，涉及的都是民生问题与一些基层干部的工作作风与违法乱纪问题。国家信访局原局长周占顺在接受《半月谈》杂志社采访时，将信访所涉及的焦点问题分为九大类：企业改制；劳动及社会保障问题；三农问题；涉法涉诉问题；城镇拆迁安置问题；反映干部作风不正和违法乱纪问题；基层机构改革中的问题；环境污染问题；部分企业军转干部要求解决政治待遇和经济待遇问题。根据国家信访局的统计，“目前信访突出问题主要集中在房屋拆迁、土地征用、劳动社保、涉访涉诉等，这些问题占到了信访总量的70%以上。”可见，信访所涉都与人民群体的切身利益相关，这一方面如胡锦涛所说“人民利益无小事”。另一方面，或这些问题若得不到妥善的处理，很有可能会酿成大的问题如群体性事件或暴力犯罪，增加社会的不安定因素。20 世纪末以来，我国信访量居高不下，“全国信访总量自 1995 年以来一直在持续上升。1995 年全国县以上党政机关受理信访总量为 479 万件，2000 年全国信访总量上升到了 1024 万件；而中央信访机构受理的信访总量在 2000 年达到了 58.64 万件，是 1995 年的 1.46 倍。”① 进京上访数量从 2003 年开始逐年增加，到了 2013 年，虽然各地市县信访量下降，进京上访人次却一直有增无减，非正常的进京上访量一度达到了近 7 年的极值。直到 2013 年 1-9 月，全国信访的绝对数字还处于每月 60 万件次的高位水平。这种种状况证明我国已形成了一个“信访困境”，若这种困境长期得不到解决，人数庞大的信访人群，尤其是人数众多的信访事件，一旦在某些条件下酿成群体性事件，就会催生出严重的社会问题，给社会稳定带来巨大威胁。所以，信访本身所具有的特征和它潜在的巨大风险转变特质提醒我们，若要社会稳定有序，我们必须要对它做出科学的规划，采取全面系统而有效的治理策略。

制度输出的社会效果证明了制度设置与运作的科学合理性，制度输出

① 参见应星. 一种特殊的行政救济［M］//汪庆华，应星. 中国基层行政争议解决机制的经验研究. 上海：上海三联书店，2010.［补页码］

后若社会井然有序还充满活力，人们诚信、善良还心情舒畅，生活的满意度与幸福感高，社会正义之风盛行，说明制度的设置与运作科学合理；反之，则说明制度设置与运作存在问题或漏洞，需要调整与改革。综上所述的在政治、经济、社会与文化领域所发生的六大风险现状，说明我们国家各种相应的制度设置存在不科学或不合理之处，或者是执行得不到位，需要我们对制度设置做出反思、调整或者对制度运作加强监管。因此，我们接下来首先要搞清楚的就是这些制度风险产生的原因与治理困境何在。

第二节　制度风险的成因、治理困境及其对策

第一节我们用一系列文献资料和一些官方网站公布的或学者研究时引用的大量数据，描述和展示了我国当下社会所存在的最为尖锐和严重的社会问题与风险现状。既然是社会问题，自然与人为的制度设置和执行相关。那么，这些领域的风险各自产生的原因是什么，我们既有的治理难道不能有效地解决它们吗？其困境究竟何在？下文围绕这些具体问题展开我们的讨论。

一、贫富两极分化及富裕阶层大量移民的治理困境

这方面的治理困境在于虽然富豪们财富的积聚是利用了国家改革开放探索阶段的经验不足与政策漏洞，但现在不可能再回到计划经济年代去搞平均主义或者一刀切，市场经济与改革开放还得继续。那么越来越严重的贫富两极分化如何去处理呢？如何去平衡改革发展需要与改善巨大的贫富悬殊状态二者之间的关系，如何运用税收、捐助、社保与医保制度等杠杆对收入分配与再分配进行调整，以减少贫富差距，调节仇富心理，缓和贫富矛盾，弥补当初的制度漏洞。如何运用移民政策、国际条约等措施防止财富的大量外流，或者让这些财富中的一部分成为国内环境污染与生态破坏的治理成本，以支付财富攫取时未支付的成本与代价，改变国家与民众单方承受这些代价的不公正与不公平现象。所有这些我们不能再用土改时

的方法或其他强行专制的方法，而只能借助现代治理工具与治理技术进行。当下区域差距、行业差距、企业内部的收入差距通过前几年国家政策的调整正在得到调节，关键是贫富两极分化的调整，极富与极贫阶层之间的天壤之别在许多发达国家也存在，只是基数与比例问题，我国的重点是减少财富往顶端积聚与贫困人口的庞大基数。但在国家仍需要发展的阶段，又不能让这些财富拥有者恐惧与失望，将财富全部外转。因为，在全球化的时代，任何一个国家也不可能用武力或其他强力阻止财富的转移，但这些财富的获取与积聚过程中，由于治理经验匮乏与制度漏洞，它们确实未曾支付相应的环境污染与生态破坏及其他社会问题的成本与代价，给财富获取国留下了极大的损害和待支付的巨大治理成本。所以，要掌握好这个平衡和妥善运用现代治理工具与技术，去科学制订政策与制度，其间的每一环节都需要科学地设置，要有大量具有系统、全面、前瞻的视野与能力的综合性人才与专业人才。

二、黄赌毒黑泛滥与贪污腐败的成因及其治理困境

黄赌毒黑屡打屡旺，犹如野火烧不尽，春风吹又生，贪污腐败也一样，抓了又现，砍了又长，官场贪污腐败，民间黄赌毒黑。其实，这两种现象既与其滋生的社会土壤相关，同时又会成为社会土壤的一部分，所以，对它的治理只能回到土壤中去寻找对策。只有搞清楚组成滋生这些现象的社会土壤的各种成分如黄赌毒黑与贪污腐败现象的本质内涵、历史渊源、社会文化观念及充分认识国情、民情及社会变迁与现状，也就是彻底搞清楚这些毒瘤产生的原因与病灶，才能有针对性地采取措施从源头上予以治理，治标又治本。比如卖淫嫖娼，与国民素质低下和民风蜕变、礼义廉耻丧失、个人追求低级趣味化与侈靡堕落等密切相关，若要源头上治理就需对这些现象采取各种对策进行改进。对贪污腐败，虽然打击取得了一系列的成效，但它的病灶没有彻底清除，就仍有滋生的危险。它的病灶包括：对权力的制度性约束与监督不完善；整个社会的分配不公，公务员与事业单位的工资过低；而毒黑不仅与整个社会的信仰缺失、利益至上、制度不健全有关，还与个人的精神空虚、唯利是图、国民整体素质不高相

关。有人将这种病因总结为：中国失业人口太多，灰色收入来源渠道多，中国人“牡丹花下死，做鬼也风流”的传统，黄赌成为行贿受贿的主要方式，中国人的主要休闲方式就是赌博与嫖娼。其实，这种归因没有深入本质层面，中国人有那么多的优良传统，为什么不去发扬光大？毛泽东领导的时代物质生活远远落后于现代，也同样是文化素质不高的国人，为什么黄赌毒黑几绝？中国一些经济发达地区的民工荒与中国城市的家政服务人员不足，中国农村部分耕地荒山的弃种弃垦，并不意味着中国没有依靠勤劳解决生活出路的途径。而且，从调查来看，中国绝大部分卖淫女系自愿，而赌更是很少有强迫参与的。

总之，黄赌毒黑的泛滥有其复杂的现实与历史原因，但其本质是懒惰、贪婪与愚昧。打击只是治标，治本才是避免高风险的根本途径所在。而治本涉及从整个社会到个人、从制度到文化、从信仰到人性、从价值观到民风等方方面面，都要杜绝或抵制懒惰、贪婪之本性泛滥成风，都要不断文明教化国民素质。这一切不仅需要国家整体上进行全面规划，即刻行动，需要从规划到行动的一整套治理制度与方式的科学合理的设置与确立，需要各部门、各层级、各种社会力量的统筹协调，更需要全民文化与道德素质、崇高趣味的培植与提高，一种全社会正义价值观与信仰的铸造与培植，一种优良民风的培植与弘扬。这些都是任重而道远的任务，又岂是一蹴而就的事？所以，如何在标本兼治的整个计划中确定与实施现阶段的布局与行动，让黄赌毒黑在中国只成为极少数违法犯罪分子所为，而不是有一定普遍性的现象，不会影响到整个社会风气与良序习俗的形成，不是容易的事。

三、金融与投资风险的治理困境

金融在现代经济结构中处于核心地位，它又是潜在风险最大的领域，它的好坏直接影响到一国经济的发展。金融与投资方面的高风险一旦发生，可能使得一国经济陷入瘫痪状态，或一个企业濒临破产、一个家庭家破人亡，无论对国家、企业还是个人都会产生深刻的影响。这种风险的治理难度主要在于它本身的连锁性、迅猛扩散性与后果的严重性等特征和我国当下金融治理人才与经验的严重不足。中国当下该领域存在的风险主要在于中国实体经济的发展存在的问题很多，很不稳定；诚信度差与监管不到位，法律既缺乏前瞻性又缺乏操作性，治理的技术漏洞与法律漏洞多；金融高精尖人才缺乏，对混业经营、互联网金融等新模式缺乏创造性又经验匮乏，总是跟在别国后面跑，还缺乏金融治理与应对风险的经验与技术，更无法把持它的变化莫测；房贷的高比例，证券市场的大起大落，银行、保险公司与证券公司等金融机构的信用度差与治理技术的滞后，全球经济下行与人民币自由兑换所可能带来的通货膨胀，都可能带来巨大的金融风险。上述种种提醒我们，对金融、投资相关的制度设置时，要充分认识到这种巨大的潜在风险性，而这种认识需要具有丰富的金融治理的先进经验与高精尖的金融人才，而我国这方面人才、经验、技术远远不足，今后的制度调整要尽快弥补这些方面的不足。特别是在引进金融高精尖人才时须加以重视的是标准与机制，他们不仅要真正精熟金融原理，掌握国际上既有的金融新模式，还要有强大的创新能力，能创造出一些引领金融转向与金融产品的高新模式。因为我国本身缺乏这类人才，所以，要借鉴国际经验建立配套的人才引进制度与方案，尽可能引进站在世界高处的人才。此外，我们必须对经济结构、产业结构、市场价格与投资比重做全方位的科学预测、预估与调整，保证我国基本经济的高质量增长，以避免这种经济增长的脆弱性所带来的巨大的潜在危机。但这方面的调整面临着一系列的难题，除了刚才所述的人才、经验、技术难题，最重要的是对一国经济的系统筹划、全面把握与科学设置。这是我国金融与投资业存在的最大潜在风险。

四、民族冲突与恐怖主义制造的风险治理困境

民族冲突与恐怖主义制造的风险治理困境，主要在于，第一，我们在制订相关政策时没有充分注意到地区发展的不平衡，尤其是少数民族聚集地区的经济发展；而相当部分的冲突起源于政策倾斜不科学所致的经济发展不平衡。第二，对民族聚集区的各种自然条件、文化社会条件特别是少数民族的生活方式、文化传统、宗教与民族特色、社会现状等没有充分地

了解与尊重或重视不够，使得许多政策不适合这些民族和地区；第三，要严格区分民族习惯的差异、误解与敌对势力的有意利用，当冲突发生时，要搞清状况，区别对待；第四，对真正的恐怖分子要给予严厉打击。所以，对恐怖活动平时的监察非常重要，在恐怖活动频繁的地区要增加监察点，掌握他们的活动规律与状况，事先加以防范；第五，要运用新型的社会治理技术去系统、全面地防范恐怖活动。第六，对恐怖活动要对他们的人员、武器、组织、行为方式、活动区域、支持力量等彻底起底，要当作战争来对待，绝不能宽容姑息，要坚决将他们扼杀于萌芽阶段；第七，特别要注意恐怖组织与恐怖分子对少数民族的煽动、利用、渗透，不能让他们的离间计划得逞，要采取措施防患于未然。上述七点充分反映出对这两种风险治理的难度，它不仅涉及政治、经济、社会、宗教与民族政策等方方面面的事情，要对它们全盘做出统筹安排，还涉及国家与社会对这些方面的治理有巨大的成本投入，关键在于对这两种风险产生的根源与症结所在要有深刻的意识与认知，找到它们，在源头上堵塞或根治它们。除了对这两种风险相关的政策、制度设置时的状况，我们还要充分意识到社会的变化与转型，适时对政策与制度做出科学的调整。另外，在这种风险的治理中，要特别重视制度制造的风险与制度掩盖风险真相所致的风险这些问题。因此，对这两种风险的治理困境由上述涉及的各种情况就可获知它的难度之大、之巨、之艰。

五、突发性事件的风险治理困境

这种困境在此只讨论相应的事故灾难与公共卫生事件的风险治理。公共卫生事件与安全生产事件的产生虽然多系职务人员或相关人员的不负责态度造成，但也涉及多种原因。主要包括：第一，一些地方政府与企业的相关人员只盯着考核指标与业绩的完成，根本无暇顾及政策与法律执行的目的与宗旨何在。有些企业也只顾及企业利润，而将生产的安全、人民群体的生命健康与财产安全置之度外。第二，不管是出于害怕承担责任、政绩考虑还是其他什么原因，隐瞒或歪曲风险事实、掩盖风险真相而导致风险进一步扩大与加深，这在中国已不是新鲜事，典型的有 SARS 事件，许多灾难事故尤其是中、小型煤矿事故等，相关部门隐瞒灾情真相、染病人数与伤亡人数、疫情真相，以致救援级别不够与处理不当，导致事态进一步扩大。掩盖风险真相在我国是致使风险扩大与严重的一个重要原因。第三，无论是安全生产事故还是环境污染与生态破坏事件，由于事故产生原因多与责任单位的基础设施、设备、工作流程相关，具体环节繁多具体，政府监管部门不可能事无巨细都能事先查到，所以，这些事故尤其需要相关部门与责任单位的密切配合，对他们加强培训与惩戒，尤其是易燃易爆与生化产品生产单位。而环境污染与生态破坏事件，它不仅造成直接的人身伤害与财产损失，主要还是它的后果的严重性，它可能会带来更严重的或无法复原的人体健康、自然环境、后代生存条件的巨大损害。所以，对这些单位的监管应从源头开始就实行严密的、长期的、高规格的监控，尽量不让事故真实发生。第四，传染病由于传染源开放，传播速度快，不可知的新型传染病的日益增加，对这方面的监控难度尤甚。对这些事件事先要有一整套的预案，一旦发现，立即根据情况启动相应预案，尤其要对多种传染病同时发生或大量传染源产生时的情况做好预案，以免疫情发生时手忙脚乱。第五，从上述每年道路交通的伤亡人数就可以看出，道路交通事故是我国现代人的一大杀手。事故的原因多系国人交通安全观念与交通文明意识落后，不遵守交通规则驾驶或行走，酒驾与疲劳过度驾驶比例较高，通过制订法规严惩酒驾以后，事故明显减少。行人闯红灯、下车后随意乱走、不按规则骑车也较严重。可见，对驾驶员的规则培训与惩罚措施还是一项有效的治理手段。随着物流业与旅游业的发展，对长途运输尤要重视。而从近几年国际社会航空事故的增多来看，我国也要加强这方面的治理，尤其是对到龄或超龄飞机的使用与检测要加强。随着我国高铁业的发展，铁路运输也要加强风险监测与治理。

六、群体性事件与信访的治理困境

前述中我们已看到，群体性事件及信访问题，涉及的多是一些具体的民生问题，由于政策执行的具体相关人员不负责任的态度或业务水平和业务素质的限制所导致的执行不到位、甚至某些行政人员的违法犯罪或者被某些敌对势力利用，才使得事态扩大酿成巨大的风险。有些问题是在信访过程或者事件的处理过程中再生与锐化的，原本一些单纯的民、商事利益问题演变成涉及行政甚至刑事犯罪等复杂的事件。另一方面是相关政策、措施与具体指标制定得不科学不合理所导致。主要表现为运动型的临时政策过多，而且这些政策缺乏与长期系统规划的科学衔接，比如政绩考核的指标与短期性目标或地方政府的利益挂钩更多，而不是从国家整体、长远利益设置的目标出发，也不是在一个国家范围内所有相关领域的全面系统设计中的某个环节出发，而仅仅从某一领域或某一部门、某一行业、某一地区出发，这种长远与短期、整体与局部、行业与行业、部门与部门、地区与地区之间的断裂所制定出的执行政策、措施与具体指标，不仅不能利于事件的处理，还会导致矛盾扩大、问题复杂化，更不利于事件的处理。再者就是执行机构与执行人员的理念存在很大的问题。由于政绩考核压力大，他们只盯着考核指标与业绩的完成，根本无暇顾及政策与法律执行的目的与宗旨何在。有些地方政府及人员地方利益考虑过多，而对国家整体利益置若罔闻，甚至欺上瞒下、弄虚作假，更有一些基层官僚徇私枉法或者违法犯罪。另有一些与民族、宗教冲突或者恐怖活动有交叉的群体性事件，处理起来会更复杂。因此，群体性事件与信访基本上直接表现为公民与政府之间的互动，它是影响到政权的合法性的事情，所以，必须要采取慎重的态度对待。

下面我们通过一个信访行动的实证事例，来详细了解和深度剖析制度风险产生的原因与治理困境，以此为例，可以用同样的逻辑去深度探索其他领域的风险形成的原因与治理困境，剥离覆盖在真实原因之上的虚虚幻幻，直抵风险成因与治理困境的根本与关键点。

第三节 个体信访行动的实证研究[①]

在这一部分，笔者基于对信访人的访谈资料及其提供的书面材料，讲

① 本节内容中的杨桂元上访的相关资料收集由笔者的研究生刘茂同学完成。

述杨桂元上访的故事，呈现上访者眼中的法律与信访工作状况及其问题，并对上访人的行动逻辑、法律在其中的功能与缺陷做出分析。遗憾的是，本个案的受访者事件大多发生在永州市，访谈者却未能到永州市访谈相关人员与搜集资料，这是本次实证研究最大的缺陷。所以，访谈资料只能用来研究受访者个人态度与一些认知及信访过程中所反映出的问题概况。但杨桂元上访的个案还是向我们深度呈现了信访领域风险与高风险形成的制度原因及治理困境。

一、杨桂元上访的故事

杨桂元，男，湖南省永州市宁远县鲤溪镇尤马石村人，1948 年生，有多年上访经历。访谈者与他相遇是一个偶然的机会，据他所说，这一次进京上访，由于走访多个部门无果，最终选择露宿各大高校周边，向高校师生求助。寻求法律援助，政法大学自然是其必到之处，就在他落脚政法大学东门地下通道的时候，被访谈者所留意。

杨桂元的形象很容易让人想到老实巴交的老农，为了御寒，穿了很多件各式各样的旧外套，但还是冷得直流鼻涕。他的脸和眼神，都透露出一种沧桑感，同时也有一种无力感，平静得几乎死气沉沉。他脸上布满伤疤，鼻梁也严重塌陷，据他所说，这些都是被拘留的时候打伤留下的。时值北京寒冬，寒风凛冽，气温很低。他在地下通道仅仅用一些薄薄的木板靠着墙圈起了一个临时住所，所有的行头不外乎两床棉絮、一些衣物和一个装上访材料的破旧布包，就在这样的环境下，访谈者对他前后进行了两次就地访谈并录音，以下将要呈现的上访故事，是访谈者根据杨桂元的讲述和出示的相应文本资料整理的。

访：你来北京上访，要解决的事情有哪几件?

Y：要解决的事情，第一个呢，就是我的弟弟，我的弟弟的冤案啊，你看我在壁头上贴了的，法院的判决都有的，村支书他们一伙人勾结诬陷的，害死他的。我的弟弟，他才 16 岁啊，还在上学，什么都没有干，他在劳监里写信给我说，哥哥，哥哥啊，我是冤枉的，我没有强奸调戏情节，我没有犯罪；这……第二个呢，就是我的儿子，我儿子被打伤了啊，打成重伤，那边，他还睡在那边的啊，现在成了植物人，只能吃饭，不能说话，我们上访都带着他。这也是村支书那帮人干的啊，说要整死我们一家人。这两个事情必须要解决的啊，我1999年就来了北京，我的弟弟是地地道道的冤案，判了冤案也不赔钱，就给了300块钱，法律都规定了要赔钱，这都有规定的啊！民法、刑法、宪法都有规定的啊，这不是我们断章取义。

起因是1961年，村里推行包产到户，按人分田，但村支书杨远生一家坚持自家要按户分田。当时杨桂元一家有七口人吃饭，村支书家只有两人，如果按户分田，他们家人均所得田的面积就会比村里其他人更多。杨桂元认为这不合理，村里所有人都是按人分田，凭什么你村支书家人少就要按户分田？就多次去找村支书杨远生兄弟理论。结果讲道理不成，一家人反被杨远生兄弟打伤，从此结下梁子。到了1977年，华国锋上台，号召“整顿城乡治安”，杨远生勾结杨凤英再次报复杨桂元一家。杨凤英和杨桂元两家人当时共住一栋房子，共用一个堂屋。杨凤英有一个儿子名叫杨明顺，一个女儿名叫杨再佑，杨明顺和杨桂元的弟弟杨炳祥（又名杨五毛）年纪相仿，是关系要好的同学。1977年4月16日，杨明顺和杨炳祥放学之后两人一起回家，之后杨明顺出门，杨炳祥穿过公共堂屋去找杨明顺，其间杨桂元多次阻止杨炳祥，因为他事先听到了杨远生要整他们家的风声，害怕会出事。但杨炳祥不明就里，坚持去杨凤英家里找杨明顺，当时杨再佑已经睡下，杨凤英在堂屋纺棉花，杨凤英就抓住杨炳祥，说他想要偷东西。令人奇怪的是，在4月14日也就是事发前两天，杨凤英等人已经以此事诬告了杨炳祥，出现了先告状后出事的荒唐局面。事发之后，杨炳祥被带走调查。4月18日，杨凤英等人又再次诬陷杨炳祥强奸了杨再佑。被诬陷的杨炳祥成为众矢之的，他们将他捆起来开斗争大会，在学校、在村里示众。为了替诬告提供更多的证据，这些人还编造了很多假证，编一个，就让杨炳祥抄一次，为的是符合杨炳祥笔者的笔迹。杨炳祥为了家里人，也为了自己活命，不得不从。1978年1月20日，法院根据杨炳祥抄写的犯罪字证，与杨远生等人沆瀣一气，判决杨炳祥有罪入狱3年。之后，杨炳祥被送往耒阳新生煤矿劳改，1978年10月29日，杨炳祥死于矿场，时年 17 周岁，死后至今未见尸体，当时有关部门拿出 100 块钱给杨桂元等人作为路费，逼迫他们签字后即刻离开。

杨桂元回忆起当年杨炳祥被强行带走的情景仍然无限唏嘘。要去坐牢了，杨炳祥紧紧抱住杨桂元的脚不放，哭喊着要哥哥为他申冤，说自己是冤枉的。杨桂元虽然难过，但知道判决已下，凭他们的能力根本无法改变什么。杨炳祥被带走以后，杨桂元的父母跪在了他的面前，也坚持要他为杨炳祥申冤，杨炳祥扶起了他们，答应他们一定要为弟弟讨回公道。从那时开始，杨桂元走上了为弟弟申冤的道路。杨炳祥入狱之后，总是不跟犯人待在一起，监狱的日干事和杨干事问他原因，他说自己不是犯人，是冤枉的。后来，杨炳祥往家里写信，说自己是冤枉的，没有强奸、调戏过人。杨桂元拿着这封信，去了公安局、检察院、法院，都无人受理。去永州市求助，也没人管。1985 年，杨明顺一家为了阻止杨桂元继续上诉上访，殴打杨桂元爱人，并致重伤，他向笔者展示了医院证明材料。1986 年国家平反冤假错案，杨桂元再次踏上了为弟弟申冤的道路。法院在收到杨桂元资料后予以立案，并于 1986 年 10 月 8 日做出如下判决：一、撤销本院（78）法刑判字第 05 号刑事判决；二、宣告杨炳祥无罪。但杨桂元对这一仅仅平反的判决并不满意，理由如下：一、未判诬告陷害杨炳祥的人有罪，并追究其相应责任；二、没有赔钱。他申请再审，但由于二审法院审判庭庭检是村支书的女婿，他从中作梗，再审未能实现。后来法院拿出 300 块钱送到杨桂元家里，并表示现在给你送了钱，你就不要再诉了。但杨桂元并不接受这 300 块的结局，选择继续抗争，后来他还去了永州市，去了地区法院，但都没人受理，还向笔者展示了宁远县人民法院不予受理通知书，言语之间颇为无奈。

一波未平一波又起，杨炳祥的事情还未解决，1997 年杨家又飞来横祸。杨桂元有两个儿子，当年杨桂元夫妇为供两个儿子读书，去广东打工，家里仅剩二个儿子。1997 年 12 月 16 日，杨剑英去河边打水时（家里没水井，都是去河边取水），被看渔人杨金初诬陷为偷鱼，不分青红皂白用扁担殴打，之后更是拳脚相加。之后，杨剑英就卧床不起，成为生活无法自理的植物人；杨桂元夫妇得到消息后，连夜从广东赶回老家。在同一时间，知道东窗事发的杨远生、杨明建怂恿杨金初趁着即将过年，外逃广东躲避风头。杨桂元只好再次到法院起诉。1999 年 3 月 17 日，宁远县人民法院对该案做出如下判决："由被告杨金初一次性赔偿原告杨剑英医药费、营养费、误工费、护理费、后期治疗费 12000 元，限判决发生法律效力后五日内付清。案件受理费 100 元，其他诉讼费 130 元，共计 230 元，由被告杨金初负担，原告已预交待执行时由被告返回原告。"而如今儿子依然瘫痪在床，杨金初依然逍遥法外。

两代人的恩怨纠葛交织在一起，杨桂元走上了上访之路。早在 1978 年，杨炳祥被陷害入狱身死之后，杨桂元上诉无果就开始上访。县里、市里、省里，他曾在各级信访部门多次往返。1999 年，带着杨炳祥被冤死的事、杨剑英被打成植物人的事、爱人被打以及自已多次被拘留殴打的事，杨桂元毅然走上了进京上访之路。截至访谈者访谈之时，杨桂元夫妇说，他们这么多年来，一共已经上访了 36 次。从 1999 年进京上访开始至今日，每次被接访回家都要遭到殴打。他在赔偿申请书里还写道，杨再佑极其嚣张地说"诬告你又奈得我何？整死你弟弟又怎么样?"但这条路，他还会一如既往地走下去。

在第二次访谈中，访谈者询问杨桂元上访期望政府做出怎样的处理，他的回答如下：

第一个是我弟弟的事。第一，我要他赔钱，冤假错案，人死了，尸体没有看到，就给了 300 元，也没有赔偿，这不符合法律的啊。法律写得很清楚的，这个要赔钱。第二，陷害我弟弟的人要判有罪，给我弟弟搞了个冤案，也没有判那些人有罪，我不服的啊。

第二个是我的儿子，我的儿子要治好啊，要让他们出钱治好。你看他还在那边，被打成了植物人，只能吃饭。或者让他们出钱养着。

这是一个对访谈者产生强烈冲击力的故事。但是作为研究者，我们显然并不能满足于情感体验，而首先要对事件的真实性发出质疑。从访谈者阅读过的各种研究资料来看，当事人都倾向于选择有利于己方利益的一套说辞，以期在抗争中占据主动。后来多次翻阅本次访谈内容，对比杨桂元呈现给访谈者的各种资料，虽不无夸大细节、过度诉苦之处，但笔者仍认为，该次访谈所得资料有较高可信度。理由如下：

首先，虽然杨桂元的诉求中有诸多不合法律规定的元素，但这并不代表他就是一个无理取闹没有实际诉求的上访者。在他所讲的所有案件与诉求中，杨远生、杨金初、杨凤英、杨再佑等都未受到法律的制裁；杨桂元夫妇上访多年，每次被截访、接访回家，几乎都要被非法拘禁并殴打（两位老人身上的伤就是明证），但没有任何对上述人员与行为的处理资料。

其次，上访在中国是一件吃力而不讨好的事情，田先红笔下的谋利型上访毕竟占少数。反观杨桂元，由于常年上访，已经家贫如洗，多年风餐露宿，落下一身病根。当问及在京上访如何维持生活，他们告知是靠捡垃圾卖塑料瓶，还有被接访回去之后遭受的人身伤害。这是一项成本远远大于收益的行动，而他们还将持续下去。试问，若不是为讨回公道，是什么支撑一位老人把余生都耗在信访上？

最后，面对面访谈的一个优势就在于可以观察被访者的表情、肢体语言、眼神，分辨受访者的语气。就是这样一位看起来对任何事情都不感兴趣的老人，在访谈者开口问他为什么上访的时候，突然爆发出巨大的热情，不待访谈者提问，就语无伦次急于向访谈者倾诉。访谈期间，说到痛处，他数度哽咽，让访谈者心情也十分沉重。访谈结束后，夫妇俩坚持要送访谈者，也一再请求访谈者要帮他们忙。如果不是真情所致，应也不会这么偏执了。

二、杨桂元上访案的实证研究

这一部分主要动态呈现杨桂元上访过程全景及过程中所呈现出的种种制度困境，并对上访人的行动逻辑、上访人对上访相关部门的认知态度做出有经验依据的分析。虽然，由于各种局限，访谈者未能到永州市访谈相关人员与搜集资料，称幸的是上访者所携带的司法部门、行政部门等对本案做出的处理决定等文书资料弥补了这种遗憾与许多不足。

（一）涉访事件的扩大与问题的再生产和锐化

在第二次访谈中，访谈者特意询问了杨桂元对基层政府人员的看法，他的回答是：

访：来北京接你们回去的，都是信访局的人吗？

Y：嗯，是我们镇里面、县里面的。

Y的爱人：他骗我们嘛，骗我们回去给我们解决。

访：那后来你们不相信了，是强行带回去吗？

Y：是啊！绑架我啊！给手都扯断了，前两年，当时就在办事处就打我的老婆儿子了。（指身上的部位，向我解释怎么施暴的）

据访谈者所言，杨桂元夫妇被接回地方以后，多次被拘禁，遭受虐待和殴打，并没收随身物品。

Y：他们很黑，胆子大得很，中央发函说不许关了，他们不听，还是要关，现在我们那里还关着很多人。有好几个都死了，我都说得出名字的啊！有一个被接回去，被打残了扔到大山里，后来就死了，他的弟弟，把尸体放在路上，也被抓去关起来了。

Y的爱人：搞掉我们好多材料。截到我们，绑架我们，就把我们的材料没收了。有一些稿子都没有了。

Y：没收我好多材料，我的钱，375块钱，我的手套，我的身份证，现在都全部没收。我全家人的身份证都没收。

Y：他们（指杨书记他们）绑架我们回去，回去就拘留我们15天，共拘留了228天呀！给我们端饭吃，我一吃，吃不了啊，我说你这饭是酸的，没法吃。打我们，就说你不让我们活，我就整死你们。在里面，打你，还要让人写，用纸笔写，息访罢诉，写完了要让你签字，跟我弟弟那个一样。

可见，随着上访的增加，在原诉的问题上还会再生出新的问题，让事态进一步扩大。杨桂元原来单纯的二诉，从为弟弟申冤，到为爱人、儿子讨回公道，再到追究地方政府非法拘禁和殴打的责任，杨桂元一路走来所要解决的事情越来越多，也越来越尖锐。胡荣通过大规模的问卷调查，搜集了农民这一最具代表性的底层群众的上访数据，通过因子分析后得出结论，“农民上访的级别每上升一个层次，他们对政府的信任就减少一个档次，即农民上访走访过的政府层级越高，对基层政府的信任度越低。”因此，随着上访次数与层级的增加，最初的简单利益问题得以再生产和锐化，信访的层级越高，再生产的问题也越多越繁杂，我们称之为问题的再生产与锐化。一般而言，越访事越多、越访越严重、越访越要访，从而形成一个恶性循环。

笔者认为，即使杨桂元初次上访的年代并非处于中国的社会转型期，但他的主要信访行动也被社会转型这一时代背景所深刻影响。根据相对剥夺理论，社会的快速变迁是人感受到被剥夺感的重要前提，社会变迁导致了人的期望值与社会供给的不一致，当两者的张力足够大的时候，感受到相对剥夺感的人就会采取行动以释放内心的不满。杨桂元在经济赔偿上的要求，不仅印证了相对剥夺理论的基本假设，也体现了社会转型这一时间变量对问题再生产与锐化的影响。1986 年宁远县人民法院为杨炳祥平反时，赔偿人民币 300 元，杨桂元接受了这笔赔偿款，表明他同意结束弟弟这件事。但他后来多次上访表示对赔偿结果不服，并向政府发出“我弟弟的一条命只值 300 块吗?”的质问。他向访谈者提供的材料中，有两份赔偿申请书，一份写于 1999 年，申请赔偿金额 10 万元；另一份写于 2011 年，申请赔偿金额为 128 万元。暂且不论赔偿申请的合法性，赔偿金额的剧增反映了杨桂元随经济发展而不断提高的价值期望。从 1986 年拿到 300 元赔偿之后的相当长时期内，经济赔偿并不在杨桂元的信访事项当中，只是到了 20 世纪 90 年代，目睹了市场经济的快速发展，他才发现区区 300 元，怎赔一条命，由此在上访过程中增加了经济赔偿这一新的问题。循着这一从无到有、从有到多的逻辑，这就是社会转型导致问题的再生产和锐化的真实写照。若 1999 年没有产生新的问题，那么，上访人弟弟的事已经结束，他们也已外出打工，一切都已过去。但上访人儿子事情的发生，又得不到上访人愿意接受的结果，上访人又开始上访，新旧纠葛交织在一起，按照上述的逻辑，问题就会不断产生与锐化。而地方信访部门迫于维稳、政绩考核压力，对上访人刁难，截访、接访、非法拘禁、人身攻击等，最终再生产出一个额外问题——上访人对基层信访部门的痛恨和畏惧，导致上访人不仅希望解决原始诉求，还出于基层官僚对他们的人身伤害与打击报复考虑，会毅然走上上访之路，随着上访过程中与各级政府、行政人员发生的冲突，事件只会越来越复杂。出现越来越多的问题再生产和锐化现象。

(二) 上访人对各级政府机构及法律的认知态度——二分法

杨桂元，从1999年来京上访至今，仍然相信中央的好，唾弃地方的坏。这种“中央—地方”二分法的观念在许多上访人中都存在，他们都相信上级政府与国家是好的，最终会解决他们的问题，所以，他们不惜巨大代价进行上访。与那些只相信高层而不相信法律的上访人不同，杨桂元将法律与政策视为中央的同质物，或者他相信法律和政策都是中央制定的，中央是好的，所以法律和政策都是好的，反之亦然。一言以蔽之，在杨桂元的观念中，中央和法律互为提供合法性证明。

访：那就还是相信中央的。对吗？

Y：啊，相信的啊，法律和政策都是好的，地方太黑了，从市里，黑到省里，我叫他们地方保护伞。你说是不是，把我的事情打回去办，这不是地方保护伞是什么！

访谈者对杨桂元的第二次访谈，为了避免提问方式误导受访者，访谈者从事情未能得到解决的原因入手来了解受访者对法律与地方政府的认识。访谈者的问题提出之后，他没有经过任何思考，就说地方政府太黑。当访谈者再明确问他对法律的看法时，他不假思索地回答法律是好的，都有规定，只是地方政府有法不依，胆大包天。下面我们来看这段访谈。

访：你看你这个事情，已经这么多年了，从地方到北京，都还没有解决，你认为最主要的问题是什么？

Y：就是黑啊，地方政府就是黑啊，从地方黑到市里省里。

访：就是说基层政府很黑，法律呢，你认为怎么样？是法律没有规定还是有法不依？

Y：法律，法律是好的啊，法律都有规定的啊！就是有法不依，他们不受法律的约束。

正是因为坚信法律是好的，杨桂元自1978年为弟弟杨炳祥申冤开始，总是先求助于司法，当司法之路被堵死，才求助于上访。再来看1997年

12 月儿子杨剑英被打伤致残的事情，杨桂元也首先选择到法院起诉。然而法院立案庭庭检是杨远生的女婿，从中作梗不给杨桂元立案。杨桂元才再次上访，最后去了长沙，四个省级高官亲自给宁远县下达指示，宁远县人民法院才做出了缺席判决，并垫付了赔偿款。

访：所以一般您都是出了事儿先找的法院，法院不给管才去上访的？

Y：诶！对对对。

访：那就是以前先跑的省里、市里，后来到过北京以后，一上访就往北京跑？

Y：是啊，现在都派人盯着我们，我们都是半夜出发的，被看到就走不成了。

杨桂元向访谈者展示的厚厚的一摞纸质材料，包括法院不立案通知、判决书、赔偿申请书、再审申请，还有大量的市级、省级、最高人民法院开具的介绍信，希望宁远县人民法院予以接洽处理的信函，也佐证了他的上访之路。以往的很多研究都表明，上访人之所以选择上访，是因为他们不相信本级政府，在他们眼里，同级信访部门虽然归该级政府节制，但它们沆瀣一气，因此他们希望能借助上级政府的权威来制裁下级。但这种现行“向上负责、下管一级”的信访制度造成了当事人对“中央—地方”的认知态度的二分法关系，对中央政权的信任与对基层政权的质疑，也使得基层政权的合法性流失以及上下级政府间产生张力。更为严重的是，谁又能保证这种对中央的信仰在未来不会土崩瓦解呢？如果说这种二分法关系的最初，巩固了国家政权的合法性，那么，当上访人走到北京问题仍未解决，我们所要面对的，将是这一庞大群体对国家政权合法性的质疑甚至怨恨。

（三）上访人的行动逻辑——情理法的交织

虽然杨桂元在讲述时呈现了事件的大体轮廓，但这并不等于杨桂元看起来合情合理的诉求必然合法，也不能保证杨桂元没有任何心机和利己策略。然而，通过杨桂元上访过程的展示，我们以事件的内在逻辑和理性去考察整个事件，就会发现杨桂元的行动逻辑包含着情理法的交织。

首先，杨炳祥在服刑期间意外死亡，1986 年宁远县法院对该案进行重审，撤销原判，宣判杨炳祥无罪，杨炳祥冤案刑事部分已终结。而二审宣判之后，法院赔偿杨桂元人民币 300 元，杨桂元家接收了这钱，刑事附带民事部分也应已终结。接着再看杨剑英被打伤的案子，根据法院判决，杨桂元接受了 12000 元的赔偿款，民事判决就已经执行完毕。但在杨桂元看来，这存在几个不当：一是法院未宣判杨远生、杨凤英、杨金初等人有罪，追究其刑事责任；二是所判的赔偿款过少或根本不足以支付儿子的治疗费用与造成的植物人后果的赔偿费用，所以法院严重不公正。

访：你上次跟我说，省里四个大官给下面指示，下面垫了钱，垫了多少？

Y：一万二！都是法院垫出来的，对方没出钱。

访：那这笔钱拿到了吗？

Y：拿到了，拿到了的。

按照法律，杨桂元只能通过报案、上诉、申诉或重新起诉后期不够的医疗费用等赔偿部分来解决问题。但杨桂元理不清其间的法律关系，他只能将他自认为不公的事情一股脑儿地全部列入。比如追究杨凤英、杨金初、杨远生等人的刑事责任，但这是否已过刑法规定的追诉年限，他不懂；二是要求赔偿弟弟死亡更多赔偿金的依据，是 1995 年开始实施的《中华人民共和国国家赔偿法》，但此法不溯及既往，他的申请并不能适用，他也不懂；他要求追究相关人员对他上访期间的人身伤害等又是另一种法律关系，他更不懂。他只知道他所经历的所有不公、违法、犯罪都应该得到处理。他既期望由于儿子瘫痪所造成的家庭困境，因得到足够的赔偿而得以解决；同时又希望让他们受尽苦难的犯罪嫌疑人和地方官员得到应有的惩戒。他认为这是合情合理合法的。

所以，他一次次地以情理法交织在一起的复杂的理由求助法院和信访部门，但又并非田先红笔下为谋利而上访的专业户，而是处处体现出科尔曼笔下理性人的行动逻辑。一方面，他一次次大幅提高申请赔偿的金额，并锲而不舍地向法院递交赔偿申请书，追求经济效益的最大化；另一方面，作为上访人，杨桂元有很多实实在在的诉求，他首先诉之于法律，而不是采取过激行为，在他朴素的观念层面，构成了对法律的尊重。他本可将法律作为自己的武器，在制度的框架内安排与铺展自己的行动逻辑的主线。可事实上，并不是遵循法律与制度的安排就可以达到正当的目的，这需要其他行动主体无论是行政、司法主体还是其他个体行动者都遵循法律与制度安排方有可能实现。透过杨桂元佝偻的背影，聚焦庞大的上访人群体，试问，他们中的大多数，有几人能够分清情理法的区别？通常情况下，当上访人觉得某一实体事项得到了不公正的结果时，他所能利用的资源有三种：舆论、司法与国家行政部门。当求助舆论无门、司法成本太高或司法不公时，他们就会求助似乎更为便捷也更有效果的国家行政部门特别是基层行政组织，当其感觉基层处理不当或不公时，他们就会期望以上级来制约下级，这也正是逐级上访所体现的行动逻辑。因此，上访人的行动逻辑让我们看到了黑与白之间的广阔地带。也许还有成千上万类似的信访故事，它们都是情理法的复杂统一，在如此多的故事中，唯一不变的还是对正义和尊严的追求，即使这一追求并不唯一。但这正是反映了我们政权合法性的最广泛的基础。

三、上访加剧的成因与治理困境

杨炳祥的冤案、杨剑英的惨案，本都属于普通的刑事、民事案件，如果最初能通过司法渠道妥善解决，自然不会有杨桂元进京上访一事。当然，若用法律来考量杨桂元的上访行为，也无违法之处，上访是他的权利，问题在于他的上访并不能解决他的实体问题，没有一个单位拥有解决他上访实体问题的权力，而且还增加了过程中的人身伤害。即使他的实体问题最终因上访得到了解决，仍然是在消耗了大量国家行政和司法资源之后。若是上访者与詹姆斯·斯科特在《弱者的武器》中向我们揭示的作为弱者的东南亚农民一样，采用行动拖沓、假装糊涂、虚假顺从、小偷小摸、装傻卖呆、诽谤、纵火、破坏等日常形式的反抗来与利益相对方甚至信访机构、司法部门斗争，或者将原来的实体事项中的相对方转嫁到司法与行政部门，则更会加深这种矛盾与对抗。所以，上访问题的出现与加剧不治，主要的原因与治理困境存在于以下几方面。

（一）制订的政策与制度缺陷及执行不力

首先，在于相关政策、措施与具体指标制定得不科学、不合理。主要表现为运动型的临时政策过多，这些政策缺乏与长期系统规划的科学衔接，而是与政绩考核的指标或短期性目标或地方政府的利益挂钩更多，仅仅从分割的某一领域或某一部门、某一行业、某一地区出发，而不是从国家整体、长远利益设置的目标出发。这种长远与短期、整体与局部、行业与行业、部门与部门、地区与地区之间的断裂所制定出的政策、执行措施与具体指标，不仅不利于事件的处理，还会导致矛盾扩大、问题复杂化。这种不科学政策与制度设置的深层原因是对中国国情、民情与社会变迁现状了解不全面、不深刻或缺乏前瞻性的统筹思考与设计。

其次，政府每一层级的上访部门没有相应的解决实体问题的权力，这也是一个重大的制度漏洞。既然不能解决上访问题也无权或无力解决上访实体问题，那么，设立需要一笔庞大的国家经费支出的层层级级的上访部门与相应的工作人员，目的何在？这岂不是一种巨大的浪费？而对上访者而言，既然问题没有解决，其上访之路就不会终止。

再次，现行“向上负责、下管一级”的信访制度，造成了信访部门的职责不是面向上访者的具体问题的解决，而是程序上的走过场，如此，问题越访越多，事件越来越复杂，上访有增无减。

最后，具体上访制度的执行存在诸多不足。接访、截访等现象就直接缘于信访量排名、维稳的政治高压和政绩考核压力，即使在取消全国信访量排名之后，这种千方百计阻挠上访的风气仍然表现出强大的制度惯性。在官风甚烈的某些地区，上访人更是寸步难行，从而更加剧了双方的对抗与上访者情绪的累积。由于政绩考核压力大，让整个中国的基层信访部门草木皆兵，上访工作人员只盯着考核指标与业绩的完成，根本无暇顾及政策与法律执行的目的与宗旨何在。有些地方政府及人员地方利益考虑过多，而对国家整体利益置若罔闻，甚至欺上瞒下、弄虚作假，更有一些基层官僚徇私枉法或者违法犯罪。另有一些与民族、宗教冲突或者恐怖活动有交叉的上访事件，处理起来会更复杂。

（二）法律法规的不完善和执行不力

这主要反映在：一方面，是信访法的不完善或缺乏操作性，如《中华人民共和国信访条例》的“法律责任”部分规定不得侵害信访人的合法权益，不得打击报复信访人。但缺乏具体明确地对信访人打击报复应受到的各种制裁与惩罚规定。这一原则性规定不仅对打击报复者的惩戒度远远不够，造成许多基层官僚为了政绩考核或私心私利，趋之若鹜去做“不亏本”的买卖，还由于法律缺乏操作化指标，最后导致有法不依，基层官僚打击报复之后仍平安无事。

访：那你们到北京来上访，没有反映这个情况吗？（被基层官员虐待和殴打的情况）

Y：反映了，反映没用啊！反映有用吗？反映没用。

访：您知道信访条例规定不能对你们这样吗？

Y：知道啊！反映没有用，现在反映多了，一个事都没给我解决，我这个事情反映几百次了还没用。我都反映了。

另一方面，即使制订有比较完备的法律与相应的制度，若执行中严重扭曲或执行不到位，依旧无法达到好的效果。如《中华人民共和国宪法》及其他法律都明文规定保障公民的人权，信访条例也明确规定不准对上访人打击报复，可在杨桂元的故事中，他不仅每一次来京上访后都要被关押，遭受虐待和殴打，有的截访人在办事处就对他们拳脚相加，而相关人员并没有受到任何惩戒。即使再完美的法律，如果得不到有效执行，也是一纸空文。执行不到位原因不是单一的，有执行机构与执行人员的理念问题，有执行人员的各类道德与业务素质问题，也有各种客观问题。但不管什么原因却导致了法律与政策的执行不力的事实。再者，反映在与信访实体问题相关的法律、法规的执行不到位。个案中的杨桂元事件，所涉及的所有诬告、陷害、伤害等刑、民事责任，相关法律都有明文的规定，本来，原司法部门只要严格按照法律规定追究相关人员的刑、民事事件，也就不会有杨桂元的上访事件了。可该案中相关人员无一得到刑事追究，而得到的民事赔偿也根本不足以补偿杨桂元一家的惨境。若是法律没有相应规定那是法律的不完善，而法律规定了却没有得到执行，那是执行不力。所以，种种的执行不力加上上访过程中产生的新问题，就会形成久访不决，越访越难治理的信访困境。

（三）我国治理模式的滞后与治理技术的不发达

上访或类似于上访的事情，无论哪个国家都会予以足够重视，都会制订相应的法律和设置一整套的制度予以安排与治理，我国同样也有相应的法律规定与治理制度。但由于各个国家特殊的体制、国情民情、文化与治理模式的差异，导致制度产生的社会效果与治理后果的极大差异。我国是在薄弱的工业革命基础上展开的改革开放与市场经济，同时遭遇全球化与科学革命，产生众多复杂的社会问题属于正常，如此短暂的时间治理经验不足也是正常，关键是我们如何借鉴各个发达国家的治理经验，有机地融合我国的特殊国情，制订出科学、有效的制度与政策，尽可能减少治理代价。

目前我国施行的从中央到地方政府机构内设置层层级级的信访部门与“向上负责、下管一级”的工作制度，信访部门无处理实体问题或监督处理实体问题的工作原则以及与政绩考核相关的治理模式，收买、强行阻挠、截访、收容，甚至人身伤害这些治理技术，都充分反映出我国这些信访治理模式的不发达与治理技术的简单粗暴与不科学。这种工作制度、工作原则与治理模式、治理技术，不仅不能有效地解决上访实体问题，浪费大量人力、物力，还会再生与锐化社会问题，激化社会矛盾，甚至可能导致不正不良的社会风气的蔓延，成为破坏公序良俗的祸根之一。

以上种种，是致使我国多年来的上访治理越治越加剧，形成久治不愈的治理困境与影响社会稳定与安全的主要原因。

四、突破和治理上访困境的对策与建议

上访事件直接表现为公民与政府之间的互动，它是影响到政权与政府合法性的大事情，所以，必须要采取慎重的态度对待。由于上访事件处理中所存在的上述各种制度困境和杨桂元的个案研究中所反映出来的种种问

题，要想从根子上治理和解决上访问题，需要重点考虑的对策主要有以下几个方面。

第一，法律与制度框架的科学设置与完善。在制定《中华人民共和国信访法》和修改相关的法律法规时，要充分考虑执行过程中存在的种种问题和漏洞，制定切实可行、具有操作化的条款与规定，能在保障上访人不受到各种直接与间接的上访阻碍、打击报复及其他相关权利的侵犯方面，在对侵害上访人的人身权利甚至打击报复的工作人员给予严厉的惩罚方面做到真正的在场与不缺位。当然，制度设置还要充分考虑到如何让制订好的法律与制度落到实处，得到科学真实的执行。关键是既有的司法与行政部门的处理决定要公平、公正，相关部门要执行到位，违法乱纪者要得到严格追究与严肃处理。这样既能让上访人心服口服，自觉自愿息访，又能维护社会的公序良俗，节约资源。此外，制度框架的设置还要充分考虑到上访人的行动逻辑和赋予各级上访部门具有督促相关部门或直接解决上访实体问题的权力，制订出能有效解决初访的合理诉求与自愿息访的配套措施与程序。而原来的工作制度与工作原则也要重新进行调整，要制订相应完备的基层工作制度与程序，以确保上访困境的真正突破与治理。上访与政绩考核、维稳挂钩的做法必须得到调整，用政绩考核、维稳指标等去权衡只会导致一些治标不治本的方式的产生与蔓延，增加上访人的“气”的郁积，动摇对政权的合法性信仰。

第二，科学地认知和运用上访者的行动逻辑与他们对政府、法律的二分法态度，因地制宜地从源头上消除涉访事件的扩大与问题的再生产和锐化，从根本上维护对国家政权的合法性信仰。对此，我们首先要搞清矛盾的起源或由来。只要上访所涉的原初诉求能得到比较公正客观地处理，上访人大多能自动息访，毕竟个人上访要付出巨大的成本，如杨桂元，只要最初，给他正常的赔偿与对相关主要人员的相应处罚，他也就罢访了。对此，于建嵘、应星、吴毅等人对农民的维权运动或抗争的研究值得借鉴。他们认为中国的个人尤其是底层农民并不都是科尔曼假设的“理性人”，他们在相当程度上，则是由于遭到应星所说的“合法性困境”或吴毅所强调的乡村社会生活中既存的“权力—利益结构之网”的结构性阻隔，才蓄积起相对剥夺感的“气”，在这种背景下若遭受个人权益的侵犯，他们的气就会膨胀，而个人权益的侵害也会被放大。所以，如何在源头上让上访者的气得以释放，是防止事件扩大或问题再生产的基础与前提。若上访人在原诉解决比较合理的情形下，仍旧坚持上访，也不要动用阻挠、强行截访甚至人身伤害等扩大事态、锐化矛盾的办法，要尽量用情理法相融的办法。动之以情，晓之以理，劝之以法。让他们回归“理性人”思维与轨道。上述研究还告诉我们：很多信访人对基层政府缺乏足够的政治信任，但他们并不质疑国家权力本身的合法性。随着进京上访次数与时间的增加，若诉求长期得不到解决，他们才会逐渐对中央失去信心。于建嵘的调查反映了在京逗留时间越长，上访人对中央的信任度越低。上文提及的胡荣的调查也显示同样的结论。所以，要正确维护对政权的合法性信仰和社会的稳定，关键是要解决刚才提及的在结构性背景中所蓄积起来的“气”和相对剥夺感。“相对剥夺感越大，人们造反的可能性就越大，造反行为的破坏性也越强。”美国社会学家格尔指出，相对剥夺是价值期望与价值能力之间的不一致所致。当然，这种剥夺感的消除或削减是一个关系到整个国家体制与决策的宏大系统工程。但在具体场景下的上访者个体相对剥夺感的消减却是可以努力的。而这种数字庞大的个体上访者的“气”的释放与相对剥夺感的消减才是重建政权合法性与政治信任的地基。

第三，要创新我国新时期的治理模式与提高治理技术。在治理模式方面，既可以借鉴西方国家某些优秀的治理模式，又要充分尊重中国的国情与民情，比如中国的“枫桥经验”与中国人“和为贵、厌讼”的传统文化、熟人社会的社情等。首先，利用这些中外经验创新出适合中国国情的新治理模式。前述的研究告诉我们：现阶段的上访多由一些微小的民事、商事利益引发，由于初期处理不当，形成气，尔后不断累积才逐渐锐化。而气是情绪化的东西，可以由第三方公平协调而得以平复。因此，学习枫桥经验，将矛盾扼杀在萌芽阶段，是从根子上破除上访困境的好方法。其次，学习枫桥经验的时候，不要墨守成规。要善于利用当地资源，广泛吸收卓有成效又被当地群众称道的一些办法与经验，因地因事制宜地解决好上访事件。再次，事先摸清本地可能发生上访事件的行业、地区、人群的情况，总结经验，深入调查与评估，做好预测、预警、预演，制订相应措施，有备无患。最后，要注意在合法的框架内创新。要注意杜绝黑白勾搭的做法，或利用一些无赖、恶棍来处理事务，要慎重动用司法资源。在治理技术方面，不仅要善于利用大数据、计算机技术，还要尽量配备法律、心理学、社工等专业毕业的人去充实这支队伍，另外，要大力培植民间组织和基层社工人才，充分发挥他们的优势，将这支力量纳入对上访治理的策略中去。因此，除了用人制度要完善，还要加强对相关人员的专项培训，培植他们的敬业精神与提高他们的职业素质，以达到更好的工作效果。当然，一些如欧洲社会中的“前瞻计划”、各种动态的因果树模型、过程描述性模型等这些西方治理技术和治理模式也值得借鉴。

总之，关于政治、经济、社会与文化制度制造的风险现状与治理的困境剖析及杨桂元上访的个案研究，让我们看到了这些领域风险的严重性与治理的难度。虽然各个领域风险产生的原因不能一概而论，各有自己相应的特殊性，并且，各个领域、各个方面、各个具体个案都可以层层深挖。犹如我们在杨桂元个案中所讨论的信访问题一样。但上升到总体层面，造成高风险的后果还是有一些共同的缘由与特点。这在后面的研究中将会详尽阐述。

本章第一节所提到的各个领域的风险，无论哪个国家都属于非常重视的领域，都会设置一系列的纵横制度予以安排与治理，我国同样也有相应的一整套制度。但由于各个国家特殊的国情、民情与治理模式的不同，导致制度产生的社会效果特别是风险现状大不一样。尤其是我国在薄弱的工业革命基础上的改革开放与推行市场经济，同时遭遇全球化与科学革命，产生众多庞大的社会问题是正常的；如此短暂的治理时间，经验不足也是正常的，关键是我们如何借鉴世界各国的先进治理经验，有机地融合我国的特殊国情，制订出科学、有效的制度与政策，关键是要充分利用法律的功能和发挥法律的角色作用，制订科学完备的法律法规，用法律去治理这些风险，尽可能减少治理代价。

第七章　中国社会的特殊性、高风险缘由及其治理焦点

从第一、二章的风险社会理论与高风险概念内涵、特征及其表现症状的研究，到前述第三章至第六章，通过大量的二手数据呈现出的我国社会生活中所存在的风险现状、各自的具体成因及其治理困境，以及中国当下高风险实际状况的描述和实证研究可以得出，如果说风险是现代化与科技发展所带来的本体性存在与感受，而高风险却与特殊的国情紧密相关，所谓形成中国社会的高风险缘由主要指将会激活或放大前述的风险现状、加重风险程度的中国特殊历史与现实特征。所以，本章着重探讨中国社会高风险的现状、中国社会国情、民情的特殊性及形成中国社会高风险的缘由与因素。从而为第八章概括出中国社会风险治理的焦点与关键问题，并针对性地提出风险治理对策与措施奠定了基础与依据。

第一节　中国社会的特殊性及其高风险总体表现

一、中国社会高风险的总体表现

改革开放与市场经济建设将中国带进了一个特殊的历史阶段，这是中国历史上从未有过的阶段。近四十年的工业、科技的迅猛发展与现代化过程，无论加工、生产、贸易、投资、销售甚至金融等各个行业，中国成了

世界的一部分，西方理论家们讨论的种种风险不可避免地存在于中国。在经济高速发展、国力与 GDP 大大提高的另一面，却是能源过度耗竭、生态破坏严重、环境污染严重，从水、大气到土壤，从地表、海洋到地下，待人们吃不到安全食品、呼吸不到新鲜空气，人们的得病率（尤其是传统经济下不常见的重大疾病）迅猛提高才幡然醒悟。一方面，这是因为四十年前改革开放初始阶段，没有经验与环保意识，单纯地追求经济发展，追求 GDP，未进行发展与保护的总体设计；另一方面，在粗放型经济发展阶段，一部分企业与商品经营者在逐利或利益至上的市场经济特征的诱惑下，将有毒、有害、危险等警示全部置之脑后，造成了泛滥性的食品、药品安全问题，服务行业更是欺诈成风，遍地陷阱，导致了人们日常生活中的风险灾难。前四章系统描述的一系列源自自然、人为的各种风险表现或症状，我们将之归为公共领域与私人领域来考察。公共领域中的风险主要包括宏观与微观两个方面。宏观方面的风险有：科学技术与经济发展风险，文化与制度性风险，来自公众的主观认知与心理方面的风险，境外风险，客观物化的风险，社会结构性风险；微观方面的风险则有科学研究、产品开发、工程项目、企业与金融治理、教育与文化传媒等领域的风险。而私人领域中的风险主要有几个方面：个体不可控的结构性风险如生态与环境风险、制度风险、科技风险、未来风险；个体可控的生活领域中的风险，通常是选择方面的风险如婚姻、家庭、子女、劳动、职业、教育、投资、迁徙、衣食住行的选择等。无论是公共领域还是私人领域的风险，在中国社会这个特定的历史与现实条件下会呈现出一些共同的特征。杨雪冬曾在《风险社会理论与和谐社会建设》一文中指出，中国目前面临的风险特点是风险来源日益多样化、社会的快速变迁导致了风险诱发因素的大量增加、制度风险日益突出、风险意识与风险观念不断增强、风险影响的普遍性与不平等共存这五点。① 无论具有哪些共同的高风险特征，它们都是在每个社会特殊的语境下形成的，同理，中国社会的高风险也有其特殊的缘

① 参见杨雪冬．风险社会理论与和谐社会建设——杨雪冬研究员访谈［J］．国外理论动态，2009（6）：1-6.

由可循，这就是我们接下来要介绍的内容。

二、中国国情、社情与民情的特殊性

中国由于自身地理位置、气候条件、经济与人种特色、文明的起源等，自秦以来就一直采用中央集权的统一的单一行政体制，朝野分明。民间社会与朝廷官僚等级体制相一致，贵族、平民贵贱森严，朝野均依仗伦理治理。2000多年以来，官方的伦理制度多是以儒学为主线，糅合了儒、墨、道、释、理学，辅之以法制这个工具，但主要还是凭借伦理制度来治理国家；民间则依靠以家庭或家族为中心的伦理制度来治理。这种情形一直延续到清末。中国近代的历史改变了延续上千年的这种状况。先是鸦片战争撞开了国门，让国人看到了西方科技的发展与民主的生活，接着是20世纪初开始延续了数十年的内外战争。接着是共产党领导的数十年从思想、制度、文化、经济、社会生活模式等全方位的社会主义革命，接着就进入世界体系内的市场经济改革。中国特殊的历史传统与近百年的社会现实，决定了当今中国社会具有不同于任何一个民族、国家且是这个历史阶段所特有的性质与特点。

就国家层面而言，中国人口规模巨大，人均收入也处于国际社会的较低水平，中国整体的经济水平尚不高，而且贫富分化相当严重。现代化初始一味追求经济效益而无任何预防策略、制度设置的不合理与诸多弊端，使得具有文明因子的传统文化与伦理体系毁灭，国民文化素质低下，从而导致使人崇高的信仰与价值观的缺失。没有了道德与伦理限制的利益至上的市场规则的泛滥，中国社会的非政治公共领域的不发达，各种社会团体、民间组织无论规模或力量的薄弱，政治体制改革的滞后等种种现实国情，使得中国社会的高风险具有自身的特殊性。从个体层面而言，由于现代化过程的短促与社会的剧烈转型的结构性背景，中国国民的个体素质和思维模式使得其根本没能力去辨别、判断他们所面临的各种风险，更无能力去处理和对抗这些风险。而相当一部分国民文化素质不高，又缺乏信仰，道德诚信缺失，这种现代民情与市场经济伴生的“一切向钱看”的价值观的相互放大所致的后果，成为每个个体所面临的客观风险。而文化素质低下所带来的无知，则更会形成一种对个体而言系无可奈何的结构性风险。因为无知则无所敬畏，无所敬畏则百无禁忌，也越无道德与规则观念和界线。知识越多越有敬畏感，越有敬畏感就越尊重知识和不断学习，也越有礼义廉耻感和越遵守规则。或许有人会说：那怎么解释高知犯罪呢？认为高知与道德良知并不画等号，这点笔者也认同，而且，高知犯罪涉及两方面的问题，一是所谓的高知通常指高学历者，并不一定拥有的知识与学问特别深厚；另一个是，犯罪是一个综合性的问题，涉及诸多因素，就是有道德良知者也不一定不会触犯法律。笔者所说的无知则百无禁忌，也是相对而言。若某个国家无知人数庞大，这个社会确实就会变得风险无限。个体面临着这种客观风险与结构性风险，在生活中要去做出种种选择是很艰难的。这一点在下文我们还将继续讨论。

笔者在以前的一篇文章中指出：中国总体上是一个感性高于理性的民族，① 这样的民族尤其需要信仰、道德、伦理、精神的归依与支撑，若人心失所，无所归依，则后果是极为可怕的。何况，信仰本身会增强意志，而意志是一种巨大的力量，它可以克服千难万险，排除巨大的障碍为实现目标而不屈不挠。不管这种力量被运用于正面还是反面，它的能量是相当巨大的。当信仰与暴力或武力结合的时候，这种力量的可怕性也一样突显；如新疆“东伊”分子蒙上为“圣战”而战的面纱，立马就会产生强大的力量，它的力量就不是一般恐怖分子可比的。在新民主主义革命时期，弱小的共产党力量的壮大与发展，抗美援朝时的中美之战，也是凭借一种共产主义的信仰与武力结合的典型。在此，我们追根溯源中国社会高风险的症结所在，是信仰的缺失、国民素养的低下、知识得不到应有的尊重与地位及制度设置的不合理。所以，在中国特殊的国情条件下，对高风险社会的治理，除要面对前文所述的高风险社会的共同特征之外，还需对中国的这些特殊情况做出有效的应对。

总之，中国作为后发型的现代化国家，社会急剧转型，缺乏循序渐进

---

① 参见何珊君．中欧非政治公共领域的文化基础之比较［J］．学海，2008（4）：84-91.

的价值观培植与相应的文明教化过程，经济发展与价值观不同步所带来的巨大裂口，使得我们这个社会的风险较之早发型现代化国家更加扩大、加深。根据第二章所述的高风险社会的特征与本章中国社会风险现状的描述，不难判断，中国社会已进入高风险状态。

第二节　中国社会高风险的缘由及其症结所在

那么，能否总结出中国各种高风险的缘由与症结何在，让万千乱象归宗？这就是我们接下来要讨论的内容，也是本章的重点。根据第二章诊断高风险程度的症状与特征研究，结合前几章中国社会的风险现状和特殊性研究，我们可以将这些高风险缘由及其症结做一个概括，主要有以下五大方面。

第一，中国改革开放的发展历程与特殊国情所导致的信仰与价值观危机。中国从上述的历史条件下实行改革开放，突然从计划经济向市场经济迈进，从农业国迈向工业国，社会急剧转型，利益最大化的市场规则完全颠覆了中国传统的价值观，原有的传统儒学信仰、新民主主义革命及社会主义革命所建立的共产主义信仰，及在此基础上建立的伦理道德与价值观受到中国式市场经济的巨大冲击与破除，而真正的民主、权利、科学与法制意识与新道德尚未树立起来，其间缺乏循序渐进的价值观培植与相应的文明教化过程和一个有机的新旧价值观衔接带或缓冲带。市场经济的知识易学，而与市场经济相适应的道德难建，冯友兰说“教易而化难”，① 知识靠教，道德靠化。术的发展，无论是科学技术还是专业知识，若缺失信仰与道德的支撑，只会增加后果的风险性与严重性。工业进步与价值观不同步所带来的巨大裂口，传统价值观毁灭所带来的部分人性堕落和人们普遍的无所适从，使得我们这个后发型的现代化社会的风险较之早发型现代化国家更加严重与危险。唯利是图、一切向钱看的价值观的泛滥，笑贫不笑

① 刘梦溪．冯友兰卷［M］．石家庄：河北教育出版社，1996：355.

娼现象的出现，勤劳诚实、真诚善良、努力实干的人没有话语权，而投机分子、流氓、渣滓、混混却在商业、行政甚至学术领域霸占着话语权，使得民众处于高度失望、极度压抑与深切的沮丧之中，这种情绪累积的社会后果是极其可怕的，也是形成高风险的重要缘由。中国是一个国土辽阔、人口规模庞大、多民族的国家，在历史上存在着多个民族替换统治的现象。在传统的伦理观与毛泽东时代培植起来的社会主义伦理观被市场经济改革冲垮以后，中国没有一个普遍稳定又统一的宗教信仰或其他信仰支撑，加之历史的延续与存在的问题，如民族冲突、宗教信仰、文化特色、经济发展的区域性差异，少数民族自治地区、港澳台“一国两制”等在新的历史条件下如何处理的问题等等，使得民族与地区冲突成为新时期的重大隐患，加之周边国家与中国的各种错综复杂的历史与现实关系，这一切若不找到卓有成效的治理方略，风险很有可能会叠加与扩大，这一切势必会成为滋生或催化未来中国社会高风险的重要材料与酵素。

第二，人文社会科学知识与知识分子的地位低下。殊不知，立国之本的新道德的重建与所有制度的设置、思想文化的传播都须依仗这类知识。德国与其他欧洲国家历来重视哲学社会科学与人文学科，所以，他们可以在战败以后又迅速地全方位崛起，在思想、文化、经济等各个方面立于世界之巅。自然科学知识状况在中国虽好些，但至多是技而达不到治国的高度。北京作为首都，集中着中国最好的大学与占据了中国“985 大学”与“211 大学”的五分之一多的比例，而一个国家重点大学的副教授工资还低于北京平均工资。尤其是文科类院校，老师的收入基本上全部源自工资。近三十年中国娱乐界、体育界的政治地位（他们进入政协、人大的比例数）、财产收入、名望及得到重视的程度与知识界形成巨大的反差。知识及知识分子地位的低下，使得知识无法得到整个民族的尊重与崇敬。“臭老九”的称谓有一定的历史渊源。如此的社会基础或社会土壤是无法让思想、知识发达起来的，没有思想不可能有发达的人文社会科学知识，更不会有一流的自然科学知识。这样的社会土壤也缺乏让国人提高文化素质与求知的内在动力，更无从改变民氓状态。人们的心性、道德、义理与心理再次经受这种无信与无德的洗礼与淫浸，使得中国社会的风险火上浇油，更加扩散、严重。与此紧密相关的是中国高精尖人才的严重匮乏和人才选拔制度存在的严重问题。要对高风险有科学理性的总体性认知与思考，必须要拥有对特定社会中的高风险进行科学、系统分类的大量高精尖人才。高风险的表现与症候群林林总总，而要达到科学治理和有效控制的目的，就需对它的五花八门的表象与表现进行层级、种类等泾渭分明、科学清晰的归纳总结，形成纵横交错、覆盖面广的风险网络。只有这样才能循着各自的网络线路追溯到风险源头，找到它们的症结所在，才能采取针对性的策略与措施。其间的每一个环节都需要高精尖的专业知识与专业技术专家的精心负责精神与工作态度，同时更需要精熟各类风险知识的社会科学家、思想家与全社会的协调与配合。例如：在修三峡时，将水利、地质、天文、气候等集合在一起，却没有将洪灾、地震、海啸联系起来系统论证。他们不知道三峡工程的完成对全中国甚至全人类的人而言，对未来而言是否会因地貌结构改变而造成洪灾、地震、高温、气候返暖甚至南北倒置的后果；一次次灾害带来的损失是否可能远远超过三峡兴建所带来的利益，这一切，需要做系统性、前瞻性论证，也需要合作和负责任的态度，需要科学技术的巨大进步与科学知识的发达雄厚，更需要知识才学雄厚深邃的思想家。因此，在每一家企业、每一个项目申请开办时，就需要进行前瞻性论证与保护性设计，需要一套严密的追踪性评估与监督机制。而中国当下来自各个行业、各个领域、各个地域、各种制度、各个产品的风险评估互不相通、相谋，缺乏由制高点引领的系统性和综合评估。这方面的风险表面看来都是可人为调整的风险，但因为它涉及面广、基数庞大、关系复杂，而且与全球化、现代化紧密结合，调整更需要具有战略性、系统性的哲学王这样的高精尖人才，而知识尤其是人文社会科学知识在中国得不到真正的重视，使得这类风险更加的深刻与令人担忧。由于中国的人才制度存在极大的问题，中国当下的高层智囊团、各种人才库并没有让真正有智慧、有才华又品德高尚的精英人才进入，关键的原因就在于当下中国让真正高精尖人才上升的渠道和制度存在严重的问题。千里马常有而伯乐难见，核心是人才选择标准与制度的正确设置。这也是中国社会高风险无法得到科学的预测、评估、预防与有效治理的重要原因。

第三，中国公民整体文化素质与文明素质普遍不高的民情。20 世纪 30 年代学者们所称的民氓、半开化从本质上还未彻底离开我们现在社会的相当一部分国民。我们来看一组中国国民的文化教育的数据：按国家统计局 2014 年 6 岁及 6 岁以上人口抽量调查显示：在 1047090 个人的样本数中，文盲 56255 人，占总人数比例的 5.37%；小学文化 274858 人，占总人数比例的 26.25%；初中文化 420432 人，占总人数比例的 40.15%；高中文化 174847 人，占总人数比例的 16.70%；大专及以上 120698 人，占总人数比例的 11.53%。

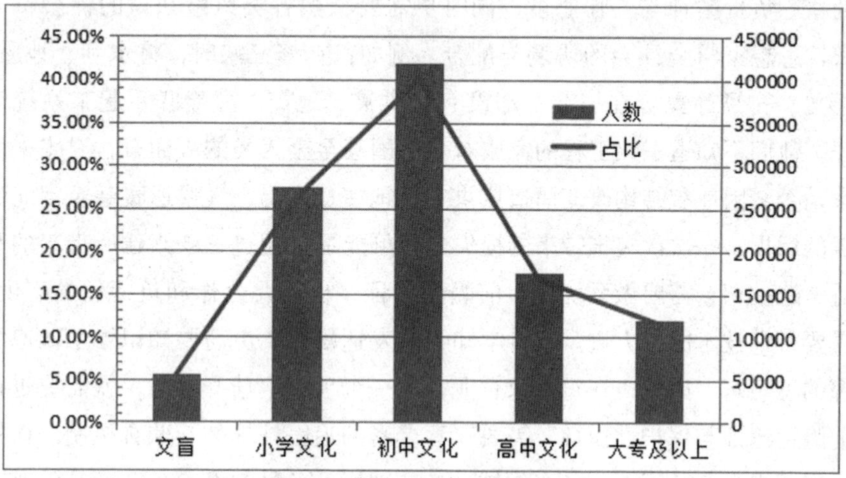

图 7-1 中国国民受教育情况

文化教育不仅能够提高受教育者的文化水平与素质，而且，在现代社会，它还是正向价值观与道德培植及文明开化的重要途径。中国这种文化教育的现状，一方面使得受教育程度低的部分人易与传统宗族文化所养成的“私”合而为一，导致“私利”膨胀与私欲泛滥，无法得到礼义廉耻约束的他们道德与诚信匮乏，在突然的市场化与现代化过程中，会没有底线地追求物质与金钱，造成整个社会的黄、赌、毒、黑泛滥，暴力犯罪与诈骗等经济犯罪频生，无诚信事件遍地，使得部分国民沦为民氓。另一方面，由于文化素质低和旧思维惯性使得其根本无从认知、预测和预防这些突如其来的风险，导致每当风险来临，他们就直接置于风险之下而无从规避。因此，上述工业文明的风险在当今中国国民素质条件下会成倍于发达国家或国民素质高的国家，从而酿成更大的风险。与国民素质相关的现代化过程中的另一隐患，是人们的无助与巨大的心理压力。随着中国改革开放的推进，社会从集体主义迈向个体主义，市场化后的个体在信息爆炸社会中独自面临着种种选择，婚姻、家庭、教育、就业、迁徙定居及日常生活中的产品与服务选择，信息的繁杂与个人认知能力的局限性使得人们陷入深切的无助与彷徨之中。而现代化带来的生态环境恶化、食品药品的不安全（转基因产品及人为有毒、有害产品等）、生产与服务行业普遍的诚信缺失、暴力恐怖事件、居住与医疗保障的不稳定等，使得陷入无助与忧患状态的人们心理负担进一步加剧。这种现代化所带来的客观风险事实给人们心理上造成了巨大压力，人们由于自身的素质局限对这种种风险事实的主观感受与心理承受力也日益脆弱，一旦这些心理底线被突破，动荡的社会必将势不可挡地来临。

第四，在工业化、城市化的浪潮下，大量的进城农民工现象也呈现出这一历史阶段特有的重大隐患。农民工进城现象造成了两方面的后果。一方面，是他们改变了城市人口、生态环境与从业结构，他们在城里从事着低技能、产业低端的劳动，如各类制造业工人、建筑、餐饮、家政、个体小商户及无证摊贩等，还有相当一部分从事着性交易及违法犯罪活动。给原有的城市居民生活既带来了多方面的便捷，又造成了巨大的社会隐患与破坏。另一方面，农村因这些正当劳力的离乡，从事农作物耕种和其他农业生产的人员大大减少，留下老弱幼残，造成了农村经济结构与人口结构、婚姻家庭的巨大改变。若对这种现象没有一个切实对应的系统科学的配套制度与全面规划，会给中国的粮食储备、农产品供应、婚姻家庭、老人赡养、儿童健康成长都将带来巨大的风险隐患。中国改革开放三十年，最大的变迁当然还是经济领域，中国的经济所有制结构发生了很大的变动，国有经济的比重已大大下降，而民营、个体经济比重不断上升；产业结构也发生很大改变，重工业比重下降，第三产业不断上升，但第三产业的服务质量、人员素质与治理存在极大的问题。主要原因之一是这两个层次中的从业人员主体是进城农民工，他们文化素质低，又没有受过良好系统的行业培训，即使短期训练，也是技能方面而缺乏行业道德培训。国家与社会又缺乏相应的管理部门或行业规制组织，立法也明显落后。而这些行业却与城市居民的生活息息相关，如理发、买菜、停车治理、家政、保安物业、物流交通、日用品维修、商场服务、城市与市场监管、餐饮、旅游、金融保险及其他形形色色的中介服务机构等，正是这些围绕着居民衣食住行的第三产业构成了城市居民的重要生态环境之一。而这些行业中的低诚信或无信用危机，构成了城市居民日常生活的风险来源和人们心理焦虑的重要缘由之一。而与上述紧密相关的劳动结构与劳动方式的巨大变迁，也是当今中国重要的风险来源之一。由于中国产业结构的重大调整，从业人员结构势必随之发生重大变化。但第三产业的工作弹性同时也带来了失业风险的大增，社保与医保的覆盖率目前只能普及城市居民而无法普及广大的农村人口。即使按照今年五月人社部通知，若干年后，社保与医保实现全国100%的覆盖率，但城乡差异与不同群体的基数差异依然存在，相当比例的失业与医保风险还是将来中国社会面临的风险隐患之一。另一个重要变化是，随着电子工业与互联网的发展，劳动时间与劳动方式发生了很大的改变，尤其是第三产业的工作灵活性大大增加，这就使得有闲暇时间的人口规模庞大，如何让这部分人口有一个精力出处，这是未来应对风险的一个重要着力点。

第五，中国体制与相应制度的结构性漏洞与弊端，不科学、不合理的配套制度与措施也是高风险产生与存在的缘由之一。这些制度是全方位的，包括政治、经济、社会、文化等各个领域，也包括从中央到地方的各个层面。中国社会不断加大的贫富两极分化，中国政治体制内官僚们的贪污腐败与相当一部分富豪阶层的富裕手段、富裕路径的卑劣龌龊及富裕后不道德或挥霍的生活方式与不负责任的逐利方式，给普通民众起到了负面的表率作用，而且，我们国家的巨富们所拥有的财产与西方国家财产等量的富豪比较，他们经历了上百年的累积，而我们只有短短的三十年，并且，这些富豪大多在原初既不拥有特别的天才或者对国家社会做出杰出贡献，也不是品德与人格特别崇高者，他们的发迹过程与手段也不为人称道，因此，这就更加激发了民众的仇富心理和抱怨政府的制度漏洞与制度不合理。政府与社会的制度不公、监管不力，对富裕得更加富裕、贫穷得更加贫穷的状况任其发展和蔓延，或者束手无策，加之富豪们在财富积累过程中所造成的生态环境的严重破坏与给人们日常生活所带来的种种危险与隐患，也就是说富豪们财富积累的代价与成本却由普遍民众来买单，这使人们处于一种高度失望、愤怒甚至怨恨之中，最终势必导致人们心理崩溃。这也是造成中国社会高风险的一大症结所在。另外，当下的制度设置并不利于中国民间社会力量或者说非政治公共领域力量的增强，而这种力量是预防风险、实现社会有效治理的重要力量与平台。长期的中央集权模式下，中国社会力量原本就弱小，突然的改革开放还来不及培植这股力量；而政治公共领域由于政治体制改革的滞后，旧体制与管理模式无法适应这种风险社会的需求，更无法抵挡或避免这些风险的降临与侵蚀。正如鲍曼所说："那些过去常被认为是由人类集体性天赋和财富的人类理性来完成的工作，已经被打碎了，被分派给了个体的勇气和力量，听任于个人的管理和个人性的控制谋略。"① 伴随现代化过程而来的这些风险与威胁，在这些条件下只能化成碎片，变成个体化，由个体直接承受风险的降临；家国天下的传统使得中国容易形成家族式的小组织，而不易形成现代意义的社会组织或非政治公共领域。这类家族式小组织从根本上仍然属于私人领域，它的"私"易造成宗派斗争，内耗严重，使得民主与自治的基础薄弱，在迅猛的社会个体化进程与社会生态环境的恶变过程中，无法形成对整个社会的风险进行有效认知、预测、预防、监督、分散的中坚力量，更无法凝聚成与国家权力抗衡、促进社会自治与民主的社会力量。

在此，我们追根溯源中国社会高风险的表现及其症结所在，除了高风险本体性不安全外，主要还是民众信仰的缺失与一切向钱看的价值观的泛滥，知识尤其是人文社会科学知识得不到应有的地位与尊重、高精尖智囊团与思想家的匮乏，部分国民文化素质与道德素质的低下，持续的个体化进程与个体日常生存环境的恶化，大量的农民工进城与贫富两极分化，产业结构与劳动结构调整的副作用与配套措施的缺失，非政治公共领域与社

① 鲍曼. 流动的现代性［M］. 欧阳景根，译. 上海：上海三联书店，2002：44.

会力量的弱小，中国体制与相应制度的结构性漏洞与弊端、各项执行制度设置的不合理等中国当下社会所存在的重大问题所致。正因为这些高风险特征及其缘由的存在，使得对高风险的治理、控制与采取相应对策又有了可能性。但首先，我们要对高风险社会有个系统的、清醒的认知，它既是不可知、不可测、不可控的，同时又是可知、可测、可控的。这听起来似乎很矛盾，其实它与毛泽东所说的“战略上藐视它，战术上重视它”同工异曲。它本质上有不可控的趋势，实质上还是有迹可循、有路可走的。这就是对高风险的认知须回到每个国家的具体场域中去的原因所在。因此，在中国特殊的国情条件下，要实现对高风险社会的科学有效治理，除全面掌握相关理论外，更需要深刻地透视与系统掌握中国社会的这些特殊症结才能做出有效的应对。

第三节　中国社会高风险治理的焦点

既然我国当下高风险形成的缘由已经基本找到，那么，只要对这些缘由采用针对性的措施与策略就可以解决问题了吗？事实没有那么简单，前面反映出的高风险缘由林林总总，有的确实在找到缘由以后采取针对性的措施可以解决，有的困境不是一下子就能突破的，因为涉及面广，许多种缘由胶着在一起，风险会叠加，缘由也有可能叠加，比如价值观、敬业精神与国民素质就是相互影响的几个因素。比如制度的科学设置与治理模式创新及治理技术提高又有许多相互影响之处。所以，我们需要在这么多的缘由中梳理出中国社会高风险的焦点与瓶颈所在，予以重点突破与治理。结合第二章提出的理论上的高风险治理的瓶颈所在，可以总结出中国社会实际上存在的高风险治理的焦点与关键，主要集中在以下几个方面。

首先，是信仰与优秀价值观的塑造与重建。前文已述，中国在急剧的现代化过程中，传统价值观已被荡涤，而新的未成。信仰与一种积极向上具有正能量的价值观的培植，可以解决或突破上述多项高风险问题与症结。那么，如何去重建新时期这些信仰和优秀的伦理观呢？这正是中国社会当下高风险治理的焦点之一。

其次，自然是体制与制度的改革与重建。风险社会的到来和高风险的存在，要求所有的体制与制度须以它为中心进行安排与设置。而我们刚才所述的政治制度、经济制度、文化教育制度、人才与劳动市场制度等许多方面之所以成为我国高风险的缘由，是因为这些制度设置还停留在工业化的早期，不能适应风险社会的要求。如此，若不进行全面调整与重建，势必会成为酿造高风险的原因。然而，中国的社会主义市场经济体制改革，虽然说是一场前所未有的尝试，直到目前的实践证明它总体上还是可行的，但不少政治、经济、社会与文化教育等正式制度仍无法达到能“促进一切创造性的东西，从而减少围绕着占有的冲动和愿望”的高度①和激发人们的最大创造性、容纳千千万万个小背叛，让人们在创造中感到骄傲与快乐，保持他们内心的自由，从而将围绕着占有的冲动与愿望引入利于社会生长的方向上去。相反，相当一部分制度还会压制人们的创造性与内心的自由，人们失去应有的幸福感与快乐感，而让占有的冲动与愿望无限膨胀，这些制度本身就埋下了高风险的导火索，也是刚才所述的高风险缘由存在的多种症结所在，是将来政治改革的重点之一。体制与制度改革的难题究竟集中在哪些方面，下章我们还将专门讨论。

再次，需要哲学、社会科学知识与自然科学知识齐头并进，全民受教育程度与文明素质的亟待提高。上文所述，已让我们认识到社会科学知识在一个国家的全面治理与繁荣昌盛中的重要作用。而我们国家几千年来对科学知识的追求缺乏普遍的重视，近百年耻辱的历史让我们明白了自然科学技术的重要性，但社会科学的重要性尚未能成为全民共识，因为这需要更高智慧、更长时间的社会实践才能让人明了它的价值与重要性，而我国人民整体文化与文明素质都还不高，思想性与理性智慧还比较欠缺。尤其是我国人文感性思维发达与缺少社会科学知识中理性思维的传统和白话文改革与“文化大革命”的破坏，致使我国易将文科与政权挂钩，而缺乏将重心放在社会科学的基础，因而缺少哲学王、思想家和综合型系统人才。

---

① 参见罗素．社会改造原理［M］．张师竹，译．上海：上海人民出版社，2001：157.

当然，这也涉及国民文化与文明素养。这两方面其实互为因果，相互影响。当全社会重视各种知识的普及，国民的素养也就能得到提升，而全民文化与文明程度的提高，自然也就重视哲学人文社会科学知识与自然科学知识。只有这些知识的重视与国民素养的极大提高，刚才所述的诸多项形成高风险的缘由才会得到根本上的突破与解决。

最后，国家、社会、个人都要以风险为核心进行全面启蒙。国家需要以风险为核心重新思考与全面安排新时期的政治、经济、社会、文化及国际关系，需要对体制与制度进行以风险为核心的重新设置与规划。社会则要从风险出发重新组织与安排，家庭与个人层面也要在风险的基础上去考虑学习、职业选择、婚姻、子女教育、健康养老等各种问题。要让各个主体、全社会都有忧患意识，做任何安排与行动前都能理性思考，对风险做出全面预测和心理准备。只有这样，才有可能减少与防止许多盲目冲动、非理性行动与实践，才能从源头上预防和减少高风险的形成。所以，忧患意识并不是让人消极颓废，更不是堕落意识，相反，它能促进人们更积极、不懈怠，理性地思考问题，有忧患意识的民族才真正不会故步自封，才会不断要求进步，国家才不会腐朽衰败，才会不断地去探索强大繁荣的模式与机制。社会才会积极广泛地动员起来去防范风险，人民也不会在风险到来时惊慌失措，处于恐惧或不安定之中。所以，以风险为核心的全面启蒙在我们国家也是风险治理的一个重要的基础问题。

总之，只有突破这些高风险的瓶颈与焦点问题，才是解决高风险的症结所在。那么，如何才能真正突破，这就是接下来两章我们要重点研究的课题。

第八章　中国社会高风险治理的困境及其对策

前一章，笔者在此前几章中国社会高风险的现状描述与各领域各层次治理困境的挖掘及相应的代表性个案实证研究的基础上，探讨了中国社会的高风险表现及中国国情、民情的特殊性，寻找与挖掘中国社会高风险的症结和缘由所在，并在找到这些缘由与症结的基础上，概括出中国风险治理的焦点与关键问题，这正是我国风险治理需要突破的难题所在。本章是在第二章高风险治理瓶颈的理论思考与第七章中国社会高风险治理的焦点研究的基础上，深入地探讨中国社会高风险治理的困境与难题究竟有哪些，它对中国社会的风险治理提出了什么样的要求与期待，然后提出相应的风险治理对策与措施。

第一节　中国社会高风险治理的总体性困境及其具体难题

一、高风险社会治理的总体性困境

高风险社会治理之难，是基于这种风险的内涵与它的自反性、不可知性、突发性与后果的严重性等各种特征，以及它在特定社会中所表现出的种种症候群。正因为高风险具有风险来源、风险过程、风险后果的不可测、不可控、流变与不确定性等特征，尤其是高风险所具有的本体性不安全的本质，使得对高风险的治理与控制难度系数很高，但也正因为高风险所具有的诸多特征、表现与症状，使得对高风险的治理、控制与采取相应对策又有了可能性。首先，我们要对高风险有个系统的、清醒的认识。科技进步的同时制造着它或明或暗的风险，但风险总是会以某些症候或表现呈现出来，所以，它是可以被认知的，但须对这些风险本性有足够的认知，因为这种风险是由它的本性决定的。其次，对高风险社会治理的难度有一个科学的认知和思考。高风险的认知之难必然导致对它的治理之难。既然有路可走，那就意味着对它的治理与控制也是有可能性的，关键是如何找到它们。科技带来的风险怪物，一旦生成，就会自我生长，不受控制甚至反控制制造者。对它们的治理除了依靠科技自身，还得依靠探索治理的新模式与新技术，如亚政治，NGO，社会文化，挖掘精神的新能源等，在一国的特殊国情基础上创新治理与治理模式。中国的高风险治理与社会治理模式创新自然要建立在中国特殊国情的基础上。民族的才是世界的。而中国社会的治理创新模式也将成为世界治理新模式的一部分。这一点也曾经得到贝克的肯定。贝克于2007年访问中国以后，在接受德国媒体采访时说，“首次中国之行令我感慨万千，彻底改变了我对中国的认识，从日常琐事，直至我的社会学说都有必要进行修正。”。① “中国将资本主义和个人自由的有机组合或许会成为另一种现代组合模式。它比欧洲，乃至世界对中国未来走向的推测要稳定得多。”② 在另一场合，贝克再次指出，“我认为，原因是多方面的。比如我坚决反对那种将西方现代模式作为他人效仿榜样的看法。我提出的模式是反身现代化，它要求人们重新修订最基本的社会框架，比如人们应重新对家庭模式进行思考，因为在现代化的进程中，传统的家庭模式在逐渐解体。我认为，这样做有助于完善西方的思想体系，西方社会学应参考中国的经验，从而开创一个全新的发展空间。”③ 那么，如何去探索中国高风险治理的有益经验，开创对中国有实效、对世界有启示的新模式呢？前一章我们讨论了中国高风险治理的困境及其缘

① 参见梁利文．中国社会的巨变［J］．天涯，2007（6）．

② 2007年的首次中国行，贝克回到德国后接受《德国之声》媒体采访时所言。

③ 2007年的首次中国行，贝克回到德国后接受《德国之声》媒体采访时所言。

由，而要突破这些困境，实现有效治理，还任重而道远。但它们给我们进行针对性的有效治理提供的重要的启示，下面我们分别予以阐析。

首先，科学地认知它。对风险的认知要分两个层面，一个是对风险本质有基本的认知和理性的思考。贝克与吉登斯等风险理论家都认为，任何工业文明迈进与现代化的同时，都会伴随着风险。风险本质上是现代化与生俱来的另一面。从这个意义上而言，风险永远不可能被完全认知。而且，科技进步与潜在风险的缺口在实践中永远地打开着。因为，科技进步是工业文明与现代化直接追求的结果，风险是衍生的，衍生总在原创后，也常常被忽略，所以，对现代化可能伴随的风险要有预先的思考与准备。第二个层面是，风险既有可预测的、实在的、可计算的明的风险，也有难以确定的、潜在的、未来的、暗藏的风险。即使是明面上的风险，认知也不是那么容易的。而潜在的、未来的风险，就更不能显而易见地被人认知，它不仅需要一个过程，更需要知识、智慧和技术。而且，明的或暗的风险并不是那么泾渭分明地存在，而是胶结在一起。甚至还有如物理学发现的暗物质或暗能量那种仍不能被现代人觉察或感受到的如量子纠缠一样的其他风险。那么，如何去认知或明或暗的风险及寻找这条认知之路呢？若是不能科学地认知，那就更谈不上治理。所以，高风险治理的难度首先是认知之难。

其次，除了对高风险有科学理性的总体性认知与思考，还要具有对特定社会中的高风险善于科学系统地概括与分类的能力。高风险的表现与症候群林林总总，而要达到科学治理和有效控制的目的，就需对五花八门的风险表象和表现，区分层级与种类并进行科学合理、清晰的归纳总结，形成纵横交错、覆盖面广的风险网络体系。然后，循着各自的网络线路追溯到风险源头，找到它们的症结所在，才有可能采取针对性的策略与措施。由于许多表象、表现或症状错综复杂，只有做出科学的剥离与归类，才能真正认知风险的本性，找到风险的真实源头。而其间的每一个环节都需要渊博的学识、高深的智慧、厚实的专业知识与精熟的专业技术及所有相关人员精心负责的精神与工作态度，同时更需要精熟风险知识的社会学家、思想家与全社会的协调与配合，个中难题由此可知。

最后，提高应对高风险的实际控制与有效治理的行动能力。这种行动力的考量是对整个社会主体无论是治理层还是普通公众的实践能力的考验，这里存在一个悖论。国民素质的高低、信仰的强弱、道德的高尚与沦丧等文化因素构成了风险强弱的重要元素，而这些元素又是影响高风险的控制与治理能力的重要方面。其实，高风险中的许多构成元素同时也是影响高风险治理与规制能力的重要因素。科学认知、清晰分类、准确定位是有效行动的前提，而有效行动却受着其他许多因素的影响。因果关系的不断倒置转换，或者互为因果，也为行动增加了许多难度。这是治理与控制的行动力与实践能力方面的难度，也是对国家能力的考验。因此，高风险的种种两面性构成了高风险的治理之难。而无论是认知、分类还是行动力都要落到具体的国家、民族与社会场景中，因此，我们接下来讨论在当下中国场景下的具体治理难题。

二、前四章研究得出的高风险治理的主要困境

前四章的中国当下人为的自然风险、产品与服务风险、制度制造的风险现状描述及北京 C 区垃圾焚烧厂环境污染、杨桂元上访个案、药品风险治理的实证研究昭示我们，中国社会风险治理的困境很多，而且各有其不同的特点，这在前面四章中已分别做了阐述。从这些困境中总结出高风险治理的重心有如下几个方面。

第三章环境污染与生态破坏的现状及治理困境告诉我们：高风险治理的焦点一是原生风险的及时、准确、全面系统的把握与治理，这一方面涉及对原生风险的预防系统的科学建立，如何在源头上预防或扼杀风险的诞生；另一方面涉及风险发生后的各种数据的及时、准确、全面把握，治理过程的科学性与有效性，如何对风险实现有效控制或治理。包括有效解决各种具体治理场景中的种种困境和采取的治理对策与措施的科学有效。这一切牵出了一个重要的法律问题，就是如何让法律在其间发挥重要的角色作用，法律能否对这一切做出卓有成效的规范。

第四章的产品、服务风险的现状与治理困境研究告诉了我们一系列高风险治理的焦点，除了刚才所述的源头问题，它还涉及整个国家的科学技

术发展水平与政治、经济、社会与文化体制和制度设置问题。包括全社会的文化、道德、制度安排、全体公民的价值观、综合素质等等。因为产品与服务直接与民生相联系，是生命攸关的事，所以，对它的风险治理关键是将事后的罚变为事先的防，防比罚更重要。要对从源头到最终消费者手中的各个中间环节进行有效的预防与监督，一有投诉立即处理，这些研究牵出了一个重要的问题，就是法律可否对它产生有效的影响与作用，法律如何在一个防与罚的制度设置与安排时发挥作用与影响。

第五章药品安全风险治理的实证研究本应属于第四章产品风险之列，之所以将它另列一章，不仅是因为它篇幅长且具有产品风险治理困境的典型意义。在药品安全风险治理中，关键是防，因为药品关系到人的生命健康，待到风险发生一切已晚，而且成本巨大，所以，防的重要性远远大于事后的罚，而罚需用重典，重罚还是为了威慑，为了更好地防。而罚与防本来就是法律的重要内容，那么，如何让法律在这种关系人民生命健康的领域发挥真正的风险治理功能，这是我们法律社会学今后面临的重大课题，也最能体现出法律功能在新时期的重大变化。

第六章对于政治、经济、社会与文化制度设置不科学、不合理或制度缺陷造成的风险现状研究让我们明白，对这些高风险的治理焦点要从高风险形成的源头去思考相应制度设置的缺陷或不科学、不合理之处，重新设置科学合理的各种制度。另外，也反映出制度执行与监管的重要性，及新时代下治理模式的创新与治理技术的提高的重要意义。这些研究牵出的一个重要问题是，法律在其间的角色作用与重要意义何在？

总之，前四章用大量的文献数据对中国社会的主要风险现状做了全面描述与一些代表性领域的实证研究，让我们对中国当下社会的风险现状、高风险焦点、治理困境有了较全面的了解与把握。这些领域反映出来的问题是我国当今社会亟须解决的焦点问题，也是我国社会治理要突破的瓶颈所在。

三、中国场景的具体治理难题

按照风险社会理论的观点，科技带来的风险怪物，一旦生成，就会自我生长，不受控制直至反控制制造者。对它们的治理除了依靠科技自身，还得依靠探索治理的新模式与新技术。中国社会风险的有效治理与治理模式创新自然要建立在中国特殊的国情、民情的基础上，因此，搞清楚中国场景下具体的风险治理难题，是实现风险有效治理的关键所在。

第一，信仰与伦理价值观培植的难题。怎么去重建风险社会的信仰和价值观，这正是风险治理的焦点之一。借用吉登斯的研究成果，在传统的程式真理的捍卫与现代化自反性的对话中去重建，未尝不是一条有益的探索之路。但哪些是应该捍卫的传统，捍卫的程式真理有哪些，每个国家的现代化自反性表现有哪些，如何去对话，怎样的风险社会的信仰与伦理观才是未来希望所在，诸如此类的问题都需要一一搞清，而要理清这些问题必须得回到纷繁复杂的现实世界中去。鲍曼提出的确认文化多元主义，保存差异权，仅是一种意识形态终结的意识形态，目的是从这种孤立、分散和被人类忽略的保存中寻求对话和找到与风险社会相适应的促进人类幸福与人性光明的信仰与价值观，这更是一种瞬息万变、不易捉摸、不易抓住的路径，唯一确定的方法也是回到每个特定社会的场景中去。在贝克的视野下，风险就是风险社会的信仰，无论是将风险视为一种客观存在，还是一种看待客观存在的方式，风险就是自反性现代化本身和你的认知、你的行动的核心。这与拉什用结构、阐释学、社群来阐述风险社会的一切异曲同工，因为在风险社会中，对原有结构与专家系统的信任被一切本体性的不安全与不信任所取代，一切未被考虑到的范畴都将作为这些认知、阐释、反思、实践的本体性基础，反思、实践性与阐释性成为一种信仰，风险成为一切价值观的核心，用通俗的话表示，忧患意识是风险社会价值观的核心。由此可知重建这种信仰和价值观的难度，它是一种动态的思维方式，而且其间的要素也不是固定的静止物。

观察当下中国社会，在四十年改革开放取得成就的另一面，是各种社会问题频生，不良现象沉渣泛起，如从各种形式的赌场豪赌到蔚然成风的民间小赌，从贪懒奢靡造成的形形色色的卖淫嫖娼，从汽车的碰瓷人群体到商品打假人的职业群体，从传销到打着各种正规职牌的诈骗群体，从劣质、毒害产品的生产售卖到生态环境破坏，为富不仁，为贫不义，民间诚信普失，唯利是图，等等。最为严重的是相当一部分人为追求自身的利益、局部的利益、眼前的利益，不惜牺牲社会公共利益、整体利益、长远利益，造成制度与道德、文化的全面败坏与社会伦理价值观的溃败与堕落。从治理层到民众都开始意识到，一种积极乐观向上的信仰与正义向善的伦理价值观培植的重要性。近几年，执政党和政府采取了一系列的措施去培植一种核心价值观，效果并不理想，问题出在哪里呢？作者认为，这种价值观的培植不能是自上而下宣传型的、社会运动型的和形式化的，这对社会有机体而言是外来的，很难融入社会成为有机的一部分，而是要让它从社会现实中内生出来，存在与弥散于切切实实的民风之中，成为全社会都能感受到的现实之中，成为社会的有机部分。这一切，需要各种技术和相应的配套措施，如何设置与实践是关键，也是难题所在。核心价值观的确立也是信仰培植的重要内容。同时，它也是涵养优秀伦理观的土壤。如我国封建社会伦理观中的"三纲五常"，就与传统价值观中的"仁义礼智信"相得益彰，共同维护着封建社会秩序的良好运行。然而，百年多来的现代化进程与改革开放近四十年来，相对稳定的传统价值观早已破坏，几种混合的价值观暂时找不到比较稳固的支点与重心，加之部分国民文化素质和受教育程度低，结合贫富两极分化、行业产业与地区差异等结构性因素所带来的影响，因此，短期内重建一种适合于风险社会的、具有积极意义的信仰与相对稳定的价值观，难度相当大。这是一个系统工程，它不仅需要改变一些体制与结构性因素，还需大幅度提高国民的教育程度和文化素质，培植全社会的正气之风，但不是不可能。当官员清廉尽职，民风淳朴敦厚，全社会正气之风弘扬，才是打造新时代优秀伦理观的前提与土壤。如此方有可能打造出一种优秀的价值观与伦理观，达到教化人们的目的。

第二，体制与制度设置与执行的难题。科学地设置某种适应于风险社会的制度是一个难题。这种制度设置需要把不可预测、不确定性的未来风险和潜在风险都纳入其中并以对未来开放的形式而存在。贝克感兴趣于个人通过抽离与嵌入，形成一个从下方塑形社会的亚政治形式和用新的理性形式即编码合成创造出一种新政治的形式来探索新治理机制。吉登斯也倡导一种从家庭、社会组织等各种具体领域自下而上的亚政治形式中，去探索和创造风险社会治理的新体制。鲍曼则寄希望于保存差异与文化多元主义及不同文化之间的对话，从填补法律意义上的个体与事实意义上的个体之间所存在的鸿沟出发，去寻求各种制度的科学设置。这些风险理论家提出的所有设想，都是从对风险社会的深刻思考出发的。他们研究得出的一个共同点就是：现在与将来的社会，应以风险为核心全面组织新的政治、经济、社会与文化制度。现在世界各国都已意识到风险治理体制与制度设置的重要性，哪个国家越早意识到就会将社会治理得更好。体制与制度改革是一个牵一发而动全身的重大事项，它直接关系到一个国家的生死存亡与发展方向。这种体制与制度的设置是全方位的、高瞻远瞩、系统性的。它既能有效治理风险，又能很好地安排与组织社会。由于风险社会的特殊性，这种体制与制度设置的同时，就要虑及制度能否得到和如何得到有效的执行落实，这也正是制度设置的难题与焦点所在。

我国特有的历史、文化使得我国的政治制度、经济制度、社会与文化制度都带有明显的农业文明、工业文明早期与中国独有的百年历史造成的混合文化的痕迹，在现代化、全球化、社会急剧转型期，所有的制度尚未做好充分的准备，又遇上风险社会的来临，所以，各种制度在面临自然生态风险、产品服务风险、各种人为风险时会遭遇各种冲击与阻碍，使得一些制度在治理这些风险时失灵，更无法去主动自觉地预防和将这些风险纳入制度控制的范畴。在风险社会中，以风险为核心全方位更新与设置政治、经济、社会、文化教育等各种制度，从设置到执行都要进行全面统筹、高屋建瓴、科学系统的筛选与设计安排，这就需要统治层做整体规划和及时调整，这是一项系统性的高难度工程。即使设置了科学合理的制度，而制度的执行也是一个重要方面。制度执行涉及所有主体的行动实践，而文化与民族心理涵养成的思维惯性也会深刻地影响主体的外在行动。这就是我们接下来要讨论的难题。

第三，文化与思维惯性所带来的难题。若不涵养成一种优秀的文化与一种科学理性的思维，最完美的制度设置与安排也是空中楼阁。所以，文化也是将来要进行改革的重点领域。文化不仅指有形的体制性文化，如大、中、小学学校教育，报纸、影视、网络媒体的设置与运作等，更重要的是指无形的思想文化。在现代化过程中，除却前面所述的信仰、价值观以外，更指包含着各类人文社科与自然科学技术的工业文明文化，而要涵养和培植优秀的文化和科学理性的思维，就需要在经济和科学技术发展的每一进程和具体环节中，让它们同步行进和相互形塑。毫无疑问，传统文化中的优秀部分不仅应该保留继承，还要弘扬光大，但与现代工业文明尤其是现代化风险不相适应的部分就要调整与改变。思维模式也一样，新的情况、新的问题就要用新的思维模式来处理。假如不突破原有的文化与思维惯性，就很难去突破这些高风险治理的瓶颈。一个民族的传统文化与思维惯性因为有其深厚的且源远流长的民族心理与文化支撑和辅助，改变不是朝夕之间的事，它需要时间的推动。一种新型制度与行动模式，推行伊始不仅可能遭遇社会惯性的抵制，也可能引起人们主观或心理上的抵触与地震，所以，如何实现文化与思维惯性的转变也是治理的难题所在。

科学技术的进步与经济的发展，风险围绕与弥散在我们生活的方方面面，无论国家、社会还是个体都面临着风险的威胁。所以，在风险社会时代，开启以风险为核心的全面启蒙是文化与思维惯性转变的核心。风险启蒙不仅指国家与社会中所有的组织、制度与安排都将以风险为核心，也指企业从生产、劳工关系与利润追逐到未来发展，家庭与个人对婚姻、就业、财产、子女教育、健康维护、养老的选择都要以风险为核心进行安排与组织，所有的主体、所有的行动都要有风险意识。在国家与社会层面，以风险为核心去重新审视我们的文化、政治、经济、社会及个人的生活领域，去思考我们的信仰、意识形态、现行的一切制度、理论与实践。在个人层面，我们要拥有这样一种意识：未来风险、潜在风险、风险的不确定性始终存在，我们要一直保持对它们的警觉与忧患。风险能让我们保持一种对人性的反思与对心灵完善的警觉，在社会生活实践中，用风险意识去重新安排我们的生活与未来。所以，如何开启这种新时代的启蒙是文化与思维惯性治理方面的最大难题。

第四，人才选拔标准与用人制度的难题。正如前一章所述，高风险的治理尤其需要各类专家型的精英人才，更需要能够前瞻未来、统筹兼顾、系统设置的思想家。由于中国人文学科的薄弱与中国用人制度存在的巨大问题，致使现实生活中一些真正的人才埋没在民间和底层而缺乏上升渠道，精英人才没有进入相应位置的机制与途径，使得战略层、有话语权层和其他各种专业领域的领导层精英人才相对稀缺，造成这种状况的关键在于我们选拔和考察人才的制度、评判人才的标准存在着很大的问题。暂且不论中国社会特殊的人情关系与潜规则，由于受传统的帝王之术“贵曲不贵直”的观念影响，中国的用人标准无论是行政领域还是其他专业领域，提拔与选择领导层的专业水准与业务水平的考量向来靠后。因为，通常情况下专业水准高、业务好的人才说话直接，不会圆滑、投机。得到启用的常是善于驾驭人际关系、谙熟一套圆滑原则的人，甚至一部分是不学无术却善于溜须拍马或耍奸使滑、贪婪谗佞之徒。风险社会的有效治理所需要的精英人才，应该是具有学识上的高瞻远瞩、理论水平与思想的高超深邃、专业与业务能力超强，他们拥有这种心智能力去评判当下尚不能使普通民众明了的风险及其症结所在。因此，要建立一支拥有专业知识、能够预测风险并治理风险的精英人才队伍和风险治理智库，关键要确立与设置一套科学的人才选拔标准与用人制度。

所以，高风险社会的人才选拔标准与用人制度的难题尤其说是精英人才的匮乏，还不如说是对精英人才的评价使用和用人标准与制度的严重缺陷。因为原来的人才标准不重视真才实学，只要会溜须拍马和谙熟一套圆滑的处世原则就能一路高升，而不学无术的人正工于此。导致处于权力链条上的很多人功夫都下在这上面，不圆滑的变圆滑，圆滑的更圆滑，表面讲忠诚，行动另一套。这从前十年全国所处理的贪污腐败、违纪的干部统计数据也可得以佐证。这也是中国一度出现买官卖官的根本原因所在，因为不需要真才实学，只要工于圆滑与处世，上行下效，企业仿照行政机关，全社会就会蔚然成风，买官卖官现象的出现也就不奇怪了。这已成为我国人才制度与用人标准的一个积弊，此弊不除，我国高精尖人才难涌，买官卖官现象也就难以从根本上得以杜绝。事实上，真正的精英人才大多都希望做出有利于社会发展、促进人类进步的研究和决策，而且，他们拥有这种心智能力去评判当下尚不能使民众明了的研究和决策对人类与社会是昌明进步而不是祸害，所以，精英人才的第一操守为学识上的高瞻远瞩，理论水平与思想的高超深邃，而风险社会非常需要有一批这样的学术精英或思想精英存在，并给予其应得的地位（包括声望地位、经济地位和相应的权威地位）。这种人才网络不是横断面的职业分工，而是要纵向的层次梯队，它的标准只能是天赋、才学、心智、努力与品性。所以，要确立和设置一套科学的人才选拔标准与用人制度，还要将执行落实的问题也设置在内。而积弊深厚的观念与标准不是那么容易就会被所有的执行者摒弃的。因此，这个瓶颈的突破，会有一系列的难题要解决。

第五，治理模式与治理技术的难题。贝克认为在风险社会，决策非常重要，它更需要决策者能够充分利用法律与系统工程、自然科学、社会评估机制等工具，将风险与威胁纳入预警与防范体系加以规范，形成一种生态民主政治。在决策过程中，公共治理层、技术专家与公众之间会产生冲突，如何去平衡它们对决策的影响力呢？实践中存在技术专家实际架空政治家决策权的问题，在梅赫塔看来，更存在缺乏与公众沟通协商的结构性民主机制的缺陷，所以，如何行使决策权才能使得决策科学化、民主化，无论在理论上还是实际操作中难度都很大。吉登斯倡导从更加灵活的、中心分散的、个体化的生活政治中去寻求公共权力关系新模式，从而创新这种“明显表现出自治原则”的新型治理机制。鲍曼则将减少人们的不安全感作为起点，去寻求现代及将来社会治理的有效模式。哈贝马斯更是从如何克服现代技术系统与政治统治系统的非理性，控制全社会在治理技术的知识和能力的潜力上去寻求治理的模式。拉斯马森提出了建立在对各种危险源进行分类治理基础上的综合型的动态治理模型。这些风险治理理论家从各自的经典研究中得出的建议与方案无疑为我们探索与创新治理模式提供了指导。

在中国场景下，这方面的难题主要来自两方面：一是对客观风险的全面认知与把握。这需要我们能够洞悉世界格局中中国社会的风险现状与特征，需要将中国社会现存的各类客观风险、潜在风险及将来的各种风险有充分的认知与把握。但由于我们经验有限，各类高精尖人才匮乏，尤其是哲学、社会科学与自然科学的精英统才的稀缺，使得我们对风险的认知与把握处于非常薄弱的状况。二是采取什么样的模式和技术去治理。我们国家治理模式从战争年代转向经济建设时代，从计划经济转向市场经济，从强调专政到强调法治，从独立自主到改革开放，在这么短的时期内，要想一跃而成为治理上发达与先进的国家也是不现实的。但我们如何在面临这社会变迁与急剧的转型期，在全球风险社会来临时，科学有效地治理各种高风险和采取积极的应对措施是我们要努力去做的。面对现代化过程中出现的这些从未有过的种种新问题和高风险，我们需要做的就是借鉴国际社会的丰富治理经验、各种先进的治理模式和技术，有机地融合中国社会的特殊国情，创新出不同于以往传统社会和西方社会的全新治理模式和一系列科学有效的治理技术，每一环都不能出错，其间的难度也就可想而知。

总之，高风险社会治理的难度既在于风险症状、风险过程、风险程度、风险后果的严重性及来源的多样性，又在于它的不确定性、不可治愈性的本体特性。还在于它的认知难度，更在于对它的驾驭难度。相比较现代化较早的国家，中国防范风险的体制与制度设置尚不完善，治理技术落后，治理经验不足，国民素质较低，全社会的思维惯性与用人制度存在很大的问题，信仰与价值观重建更是急迫而任重道远。这一切都对高风险社会的治理提出了更高的要求。

第二节　风险治理的难题向风险治理提出的期待与要求

一、对中国社会风险治理的理论研究与一般要求

国内学者针对中国社会的特殊性从不同角度探讨了对这种高风险社会治理的特殊要求。杨雪冬在《改革路径、风险状态与和谐社会治理》一文中，通过对中国1949年以来1978年前后中国社会风险现状、衍生过程与风险类型的分析，提出了公共责任与复合治理的重要概念；① 在《风险社会理论与和谐社会建设》一文中，他总结出了中国目前面临的五大风险特

① 参见杨雪冬．改革路径、风险状态与和谐社会治理［J］．马克思主义与现实，2007（1）：17-24.

点，认为中国需要复合治理，它的重点是加快现代治理机制的构建，再次强调复合公共责任与公共治理，但对如何构建这种责任却无讨论。① 陶建钟在《风险社会的秩序困境及其制度逻辑》一文中曾经借用韦伯的工具理性与价值理性的矛盾指出这种风险的内在逻辑，认为这种风险本质上是一种社会秩序的风险与困境，而治理这种风险与困境依靠的还是制度，尽管他认为“风险社会下应对风险的制度恰恰成了风险的寄舍”，但通过制度的理论自觉、文化启蒙与生态政治还是可以达到风险治理的目标。② 李路路教授认为：由于现代化和体制转型的双重过程，中国社会所面临的风险是叠加的。现代社会的“时—空延伸”特征，以及中国体制转型所带来的多元化、市场化、非集中化、流动性特征，使得重建共享价值观体系、弹性社会结构、国家与社会的组织化体系、法治及社会信息沟通体系，成为当代中国社会控制体系所面临的巨大挑战。③ 张文显教授从法治对构建和谐社会的作用视角，提出了构筑民主与共和机制、尊重与保障权利及人权机制、激发活力和创造机制、重建确保社会信用机制等十种法律机制；④ 刘婧从对风险的不确定性因素的考察，提出了责任伦理的确立是人类应对风险社会挑战的有效途径。⑤ 另外，李志华、温志强、王陈、黄庆军、李明强、岳晓、冯云廷、骆德武等都从不同的视角提出了建议与对策。纵览这些策略措施，都从不同角度提出了对风险社会的治理与控制策略和措施，经过近十年的努力，它们都从一定程度上发挥了作用，但由于风险的流动性与随社会、经济、技术发展而变化，在新阶段和未来一段时间内，还需要提出对中国社会更有针对性、更有实践意义的方略与治理机制。

---

① 参见《国外理论动态》编辑部．风险社会理论与和谐社会建设：杨雪冬研究员访谈［J］．国外理论动态，2009（6）．

② 参见陶建钟．风险社会的秩序困境及其制度逻辑［J］．江海学刊，2014（2）：95-100.

③ 参见李路路．社会变迁：风险与社会控制［J］．中国人民大学学报，2014，18（2）：10-16.

④ 参见张文显．构建社会主义和谐社会的法律机制［J］．中国检察官，2006（4）：58-59.

⑤ 参见刘婧．风险：当代社会的重要特征［J］．东岳论丛，2005，26（1）：193-196.

高风险社会治理难度的研究向我们提出了高风险治理的一般要求。首先，要有风险意识，即风险启蒙。所有的主体、所有的行动都要有风险意识。风险将是全社会、全民未来生活的核心意识。要明白强调风险意识并不是让全社会陷入恐慌，而是具有忧患意识，能更好地防患于未然，这是一种积极的态度，掩耳盗铃是愚蠢，亡羊补牢是下策，只有防患于未然才是一个能强大起来的国家应有的姿态。其次，对认知、分类与实际治理能力的期待。认知是分类与治理的前提，但人才、知识、制度方面的要求是它们共同的期待。因为：第一，或明或暗的风险特别是高风险实质上就是社会存在的重大问题，由于高风险的本性使得它不能直观地被人认识，对它的认知需要学识上的高瞻远瞩，理论水平与思想的高超深邃，专业知识的厚实与精深。它可以是科学技术的原创者用它的专业知识推导与演绎出来的，也可以是各个社会主体通过高风险的表现与症候群识别出来的，也可以是社会治理者通过对风险知识的本质性认知探索出来的。但它们都共同要求具有这样的人才。第二，要求社会具有发达的人文社会科学知识和自然科学知识。因为，对各种风险的认识、辨别、判断，都需要广博的各类专业知识作为基础，否则一切都无从谈起。但一个社会知识的发达需要国家与全社会的共同努力，它不仅要求统治阶层能够高度重视全社会的教育与知识普及，国家的体制和制度设置也被要求能够全面提高与促进知识与教育的发达。所以，体制与制度的设置是至关重要的一个环节，它要求制度能够有助于对高风险的科学认知、分类与治理的实现。因为没有制度的保证，所有人才、知识方面的要求都是一句空话。以上是我们对中国当下风险治理的一般要求。接下来我们更详尽地讨论对具体治理难题的特殊要求和期待。

二、中国社会的具体治理难题向高风险治理提出的特殊要求

首先，是信仰重建与价值观培植的要求。它的重心是整个社会正气之风的弘扬，公序良俗的普遍存在，国民文化与文明素质的极大提高。有人会提出异议，过去毛泽东时代我国全民文化素质与受教育程度比现在低很多，但全民社会主义信仰和为人民服务的价值观极为普遍。为什么现在受教育程度与文化素质提高了，反而信仰缺失、价值观衰败，这是否意味着

信仰与价值观和国民素质并无关联？答案当然是否定的。之所以出现这种情况，是因为现在科学技术的发展与整个国际社会形势和格局的变化。通信、信息、交通技术的发展导致了中国成为世界的一部分，国家已无法通过闭关自守来获得安全感，闭关只会导致国家的全面落后，全球化的时代也已无法闭关。只能是迎头赶超才能实现国家的强大与真正的安全。所以，改革开放是必经之路，而随着改革开放的推进，百年历史形成的混合价值观全面打碎，现代西方价值观也伴随这些科学技术、市场经济、治理知识涌入，在特殊国情的发酵下形成现在中国特有的价值观。风险社会的到来要求我们运用风险意识，启动我们的理性对这种价值观进行全新思考与设置，从未来和文明昌盛出发，综合考虑中国的传统与国情，以风险为核心，切实打造出弘扬全社会正义之风、公序良俗、文明进步的价值观，符合老百姓的心愿又要能促进人们的心灵向善这方面的期待，关键是如何打造与行动。它不能是运动式的一阵风，或者停留在宣传与理论上，而是要进行系统性的设置与长期的实践中的卓著努力。

其次，体制与制度设置方面的要求。主要在于事先必须有一个卓越深远的前瞻性论证与规划，要将它放置于风险社会中如何让民族真正强大的链条上去考量。这种体制和制度不仅能激发人们的创造性和保持他们内心的自由，让人们在创造中感到骄傲与快乐，遵循社会生长的原理，还能培植一种让国人诚信文明、正气向上的文化和价值观；在经济保持不断增长的基础上，生态环境、资源消耗都能得到很好的保护，让人与自然、自然与社会和谐共存；让真正有创造力、有才华的人进入精英层的开放性渠道畅通，和让绝大部分国人到达与其聪明才智相应位置的机制普及与常态化。诸如此类都要求统治层做整体规划和及时调整，将不适应风险社会治理和无法达成上述目的的体制与制度做全面的调整。

最后，治理模式和治理技术方面的期待，主要在于系统科学地认知风险社会的特征，全面创新与风险社会相适应的治理模式与技术。从实践来看，这方面最重要的创新在于公民参与。笔者已在多篇文章与著作中论述之。风险社会的到来和高风险的存在，使得旧的治理模式再也不适应新境况、新形势，无法解决前述的种种社会问题，必须创新。但如何创新呢？

近十年，我国不断地在为此努力着。比如打破传统的科层制下级仿效上级、上级向下级层层传递的治理模式，实现中央与地方的分割式的治理，地方重社会广泛参与式治理，而中央则重决策型治理；对社会各行各业、各地区各领域的治理实行合而有分、统而有筹，围绕风险来布局；要将现代的通信技术、信息技术、传媒技术、交通技术等现代科学技术的发展及时吸收进治理技术的创新之中，等等。

第三节　中国社会高风险的规制与治理对策

高风险为我们创新社会治理模式提供了本体性的认知和基础。换句话说，现代社会的治理创新就是高风险的有效治理或形成以它为核心的治理模式。要真正实现对高风险的规制与治理，自然离不开中国特殊国情、风险现状、高风险特征的全面把握。药品风险治理个案与前三类风险治理困境启示我们，中国当下高风险治理与规制的重点聚焦于如下四个方面：

一、打造风险时代的核心价值体系和进行道德重建，培植整个社会的正义之风

回顾我国近四十年的改革开放，最主要的成就就是推行市场经济，而全社会信仰的缺失与价值观的真空也是伴随这个过程产生与蔓延的，因此，要打造这种核心价值观就要紧紧围绕市场经济，从中去寻找发现。市场经济自有它自身的规律和一套与之相适应的规则理念，违背它就要遭受惩罚。其中比较重要的就是它的职业伦理观。假如将这种职业伦理观与核心价值观很好地融合起来，或者借助于这种职业伦理观来打造全社会的核心价值观，是否可以找到对失范社会进行有效整合的良方呢？国内许多学者也从不同的角度探讨了这些问题。如刘婧认为建立责任伦理是应对中国社会风险的有效办法，① 李建华认为在风险社会中建立伦理秩序不但可能，

① 参见刘婧．风险社会与责任伦理［J］．道德与文明，2004（6）：34-38.

而且必需。在风险社会中建立伦理秩序，关键是要理顺社会的交换关系。[①]笔者早年提出打造一种新型的“等级精英理念”的伦理观。需要加以说明的是该等级理念并不是封建社会中那种与制度化和结构性相连的等级制度的理念，而是世俗价值体系中的精英意识、精英理念的示范作用，这种精英意识渗附在这些精英的职业实践中，用他们的行动诠释着这种理念，即通过优秀职业伦理观打造一种新时代的核心价值体系进行道德重建也不失为一条好的途径。

笔者早期提出“法德并重，内外兼修”，因为，法律重在对人们外在行为的制约与调整功能，而道德强调对人们的内在涵养与规训。在当下风险时代，道德重建的关键，首先是打造新时代符合全体公民的心愿又能促进人们心灵向善的正能量的伦理道德和核心价值观，自上而下形成一种官员清廉尽职、民风淳朴敦厚的全社会浩然正气。无论是组织还是社区，在社会的最基层中出现的任何与道德伦理相关的所有大小事务，处理与评判时要给予一种正向的倡导，对正能量事件要及时予以总结、弘扬，负能量的也要及时予以阻止与惩罚，扬善惩恶。官场要打贪反腐，民间要扫黄赌毒黑，清除民氓与社会败类。在广阔的社会基层每天发生着的成千上万的大小事务都能得到这种对待。否则，真正的正义只能在这个社会的缝隙间生长，全社会的正义之风是不可能形成的，而丧失了正义和正气的社会是真正的高风险社会。其次，要培植与弘扬全社会与全体公民的社会责任感、正义之风、勤勉节俭之风、诚信之风、公益心与礼义廉耻之心，要让全民懂得懒惰、贪婪、无信、奢侈浪费、沉湎感官享受与刺激的可耻，崇尚节俭勤勉、诚信高尚、言行有度、生活有方，重塑全新的唾弃低级趣味的社会文化与社会意识，以勤勉为荣、以诚信高尚为荣、以礼仪温良为荣。这种礼义廉耻之心能被赋予普遍性的形式，能被“描绘成唯一合理的、有普遍意义的思想”，[②] 从而铸造出一种能够促使中国全面复兴、真正强大的核心价值体系和民族精神。再次，要提高整个社会的文明程度与全

① 参见李建华．风险社会中的伦理秩序［J］．中国人民大学学报，2004（6）：62-67.

② 参见马克思．德意志意识形态［M］//马克思恩格斯全集（第三卷）．北京：人民出版社，1960：54.

体公民的文化素质与科学涵养，提升人们辨别“正义”的智慧与能力。因为，人们若没有能够辨别“正义”的成熟智慧，他们会被表面化的、虚假的“正义”迷惑，使得这种非正义的“正义”大行其道，真正的正义只能如悬崖边开放的红梅一样凭借顽强意志在隙缝间生长，全社会的正义之风就不可能形成。而智慧的成长与知识的掌握很大程度上与受教育程度或文化程度成正比关系，而道德素质与诚信度在普遍意义上也与受教育程度成正比关系。在全国约13.705亿总人口中，初中文化程度的人口占5 1965 6445人，小学以下（包括小学）文化程度达4 1342 0576人，而文盲有5465 6573人的国家里，[①] 去谈掌握风险的知识和辨别正义的智慧是一种天真和幻想，因此，要培植整个社会的正义之风，就要提高全民的受教育程度和文明素质。最后，要综合考虑中国的国情，进行系统性的设置与长期的卓著努力，切实打造出稳定的文明进步的价值观，而不是运动式的一阵风，或者停留在宣传与口头上。若是能与现存的社会结构与社会制度相适应或相互促进则更好。

二、充分利用与培植非政治公共领域的力量，增强全社会与公民个人的风险意识

首先，应该充分利用非政治公共领域的力量来分担部分社会治理事务包括高风险社会的治理事务，非政治公共领域平台具有多种优势，适宜于风险治理。这一点在以前笔者的系列论文与著作中有重点论述与多次强调。中国社会由于特殊的传统和文化，长期以来都是国家权力统揽一切，社会力量向来薄弱。如此造成：一方面，国家与政府负荷很重，不免会顾此失彼。而现代社会中不确定因素所致的风险最初都是萌动于社会之中，社会力量薄弱，新生的风险和潜在的隐患就无法及时得到反映与防范。所以，最好的措施之一就是培育与加强非政治公共领域内的组织，建立横向的组织网络和类似于科层制的垂直组织体系。由这些组织来分担不确定性

① 参见中华人民共和国国家统计局公布《第六次全国人口普查主要数据公报第1号文件》，2010年。

风险的发现、预测、防范。这些组织来自民间与社会之中，它们与社会有更紧密的联系，容易发现和及时反映风险源头，也更容易化解一些社会矛盾与排解隐患，将风险扼杀于萌芽阶段。同时，又发展了非政治公共领域的力量，缓解了我们国家与社会转型过程中的结构性矛盾。另外，在市场经济条件下，人们以追逐利润最大化为唯一目的，此过程将人性中“私”“利己”部分无限放大，而由文明孕育出来的那部分维护社会共同利益应有的道德被挤压到狭小的角落。非政治公共领域的基本精神正具备拾遗补阙的功能，它能有效克制市场经济中这种弊端，而将道德、人性、公部分放大，与“私”“利己”抗衡，也有利于培植社会的正义之风。

其次，发展仍是我们国家现阶段的一个主题，但这种发展不能再以损耗资源、牺牲后代甚至当代人的生命健康为前提，而是要在安全和可持续发展基础上的发展。因此，制度设置与治理模式创新必须有一个远见卓识的前瞻性论证与规划，要将它放置于在风险社会中如何让民族真正强大的链条上去考量。体制与制度设置，要做到不仅能激发人们的创造性和保持他们内心的自由，让人们在创造中感到骄傲与快乐，遵循社会生长的原理，还能培植一种让国人诚信文明、正气向上的文化和价值观；在经济保持不断增长的基础上，生态环境、资源消耗都能得到很好的保护，让人与自然、自然与社会和谐共存；让真正有创造力、有才华的人进入精英层的渠道开放畅通，让绝大部分国人到达与其聪明才智相应位置的机制健全完善。诸如此类，要求统治层做整体规划与科学设置，将不适宜风险社会有效治理的体制与制度做全面的调整。此外，还要大量扶持与风险社会相适应的治理模式。还有长效机制与灵动机制联动模式。所谓长效机制，主要是指国家与政府设置的相对稳定的治理机构与程序，在现代社会主要指从基层到中央的科层化设置。其中的相关部门中的专门针对各个部门业务范围内的社会风险事务防范与处理的具体机构与程序、机制。另外，还有一些按照国家意志设立的或者能够贯彻国家意志的风险处理的常设性机构。如媒体、事业单位和企业内的工会等一些设置。灵动机制主要指根据需要或者预测而设置的具有相对时效性的或局部性的组织与机制，包括一些即时性的机制。常设性机制主要针对一些比较确定的风险事务的防范、预警和事后处理，而灵动机制则主要面向不确定风险的预警、防范与处理。将这两种机制相结合，能够更好应对确定性和不确定性风险的防范与处理。尤其是后一种风险，若得不到及时处理，在现代性社会下它会迅速放大与扩散，危险性特别巨大。所以，针对不确定风险处理的灵动机制建设更有实践意义，也更需要加强。所谓长效机制与灵动机制联动模式，就是事先经过充分的论证与设计，两种机制分工负责，针对不同的特点分担不同的任务，最后信息互通共享，资源配置合理，以最小的成本达到最好的效果。例如：对公共食品的治理，既有相应的政府机构或事业单位如卫生局、质检局与防疫站，对生产商资格审批许可的工商局，流通与销售阶段的治理监督部门，这些部门都是常设性机构，有一整套制度与流程。但更需要灵动机制的配合与补充。比如相当一段时间内不断发生的地沟油、瘦肉精、三聚氰胺、苏丹红工业明胶、事件等等都是在常设机构正常运作的情形下发生的，所以，启动灵动机制会有意想不到的收获与效果。若由非政治公共领域的力量按区域、按行业组成监督小组，定期或不定期地到区域内的商场、饭店、农贸市场及其他食品销售点检查，这样可以及时发现问题和反馈信息，及时采取对策，以免危害扩散。在拆迁、农民工、信访、劳资关系等形成的群体性事件的治理与防范也同样如此，若充分利用非政治公共领域的力量，让社会基层组织、民间组织去处理，利于发现矛盾，及时处理，避免事态激化。家庭与个人层面在衣食住行、教育、就业、婚姻、子女、健康养老等各个方面都要有风险意识，要在做出风险预测以后做抉择与安排。在这些前提条件下的社会治理模式与制度的创新对我们将是前所未有的挑战。

再次，要唤醒国家、全社会与公民个人的风险与高风险意识，即进行风险启蒙。强调风险意识并不是让全社会陷入恐怖或恐慌状态，而是具有忧患意识，能更好地防患于未然。这是一种积极的态度，掩耳盗铃是愚蠢，亡羊补牢是下策，只有防患于未然才是一个能强大起来的国家应有的姿态。有了风险意识才能科学地去认知风险，才能进行治理模式的创新与治理技术的提高。从长效机制与灵动机制联动模式、硬设置与软设置相互补充、法律功能的扩张与社会治理机制的创新、道德重建中打造新时代核心价值体系等方面，创新社会治理模式。创新社会治理模式与社会制度的关键，就是要以风险为核心对政府、社会组织、家庭、个人和对体制、制度重新组织与安排。无论政府、社会、个人都要培植起高度的风险预测、防范、规制与治理意识，构筑一种新型的风险文化，使得各种主体既能对风险高度警觉、敏感，心理上接受与不恐慌，还能在更高的理念与象征意义上对风险治理有着文明、美好的追求。

三、充分利用大数据与专家技术，创新社会治理模式与机制，提高治理技术

科技是一把双刃剑，既给我们制造了风险，但也可用于治理风险。风险社会的形成除了市场经济贪婪的资本逻辑，还在于工具理性与价值理性的此消彼长的社会演变过程中工具理性的膨胀结果，① 但我们也可借助这种工具理性，将现代的通信技术、信息技术、传媒技术、交通技术等现代科学技术的发展，及时吸收进治理技术的创新之中。对高风险进行规制和治理，具体措施有：第一，充分运用现代科技手段来改革治理模式与治理技术。要充分利用现代高科技产品、新型的数据库、通信与传媒技术、信息科学与新基建等用于监管各种领域与场景，充分利用计算机与信息平台，建立从地方到中央，覆盖各行各业的科层化的这种信息中心网络与数据库，启用大量的这类专业化人才，及时收集社会与民众中的各种需求、诉求及动态，并迅速对各类信息和数据做出科学分析，建立一个全面、系统、开放的具有前瞻性的自顶层到基层、跨越各行各业的风险治理网络系统，在网络系统的每个节点上都有决策中心，使看似无序的、不确定性的各种社会转型过程与市场经济改革中出现的问题，能够快速地被纳入有效治理的范畴，这是治理格局与机制的巨大创新。而且，覆盖全国范围的纵横交错的信息网络，能够为政策制定或采取相应对策提供科学、有力的依据。第二，利用传统媒体与新媒体对治理技术进行改造。首先，网络的普

① 参见陶建钟．风险社会的秩序困境及其制度逻辑［J］．江海学刊，2014（2）：95-100.

及使民众可以在全国乃至世界范围相互沟通，并通过有效的网络平台表达自身意愿和需求，社会治理层可以对网络上的舆情进行定期梳理，及时了解普通民众对社会治理的要求和动态。在特殊时期或紧急事件发生时，不间断地持续关注网民发表的言论，可以有针对性地思考、改进应对处理社会事务手段的有效性。其次，除了单方向接收、分析网民的舆论民意，社会治理层还可借助微博、微信等新媒体与民众进行即时性的强互动和交流。一方面，通过注册官方微博，第一时间发布社会治理方面的政策、举措与动态，让外界及时了解最新的治理资讯；另一方面，通过民众回复微博信息表达对新举措或新设计的感想和建议，增大民主参与的广度和宽度，对补充完善社会治理的思路和视野提供有益的社会营养。最后，虽然网络带给社会治理新鲜的血液，但是网络也是一个无形的筛选机制，把一些社会底层无法接近或不能上网的民众排除在外，为此，社会治理层还不能忽视传统媒体，如电视、广播、纸媒的作用和影响力，通过传统媒体的覆盖率将社会治理的理念和举措公示于众，从而为积极配合社会治理打下坚实的群众基础和心理基础。

四、善于提炼与总结改革开放中累积的经验，充分发挥民主党派、人民团体、政协等在社会治理中的综合作用

处在社会转型期的中国市场经济改革是一场前所未有的事业，其间不可避免地会出现大量的新问题与复杂事务，我们要及时总结和善于提炼这些处理新事务、新危机的成功经验与失败教训，让它们转化为社会治理的新模式与新机制。这是我们面对新兴的市场格局所必需的。尽管我们可以借鉴西方发达国家在历史进程中取得成效的社会治理模式与治理技术，但我们不能一味模仿、复制西方的成功做法，而是要在做好扎实有效的本土调查和总结自身的经验教训基础上，因地制宜地开拓出符合中国特殊国情与文化、历史和现实环境、顺应中国人民愿望与需求的新型社会治理路径与模式。所以，善于总结与提炼中国本土改革过程中的经验教训是社会治理格局与机制创新的重要途径之一。

第一，在风险社会的治理中，要充分发挥民主党派、人民团体与政协

在社会治理与社会建设中的作用。民主党派作为参政党，无党派人士作为我国统一战线的重要组成部分，这是我国独一无二的创造。如何让他们有效分担部分社会事务的治理工作，发挥参政党的作用，不让统一战线这支重要的社会力量浪费，这是我国治理模式与机制创新的重要途径。运用民主党派与统一战线的力量去化解社会矛盾与危机，不仅可以避免执政党与民众的直接对立和矛盾激化，达到更好的社会治理效果，还可以让政府与执政党集中时间与精力来处理重要的国家和社会事务，比如外交、国防、军队、经济与科技发展规划、政治变革、主流意识形态与核心价值观的打造等等。

第二，充分发挥法律在治理模式创新中的作用。重点是如何让法律功能在新的社会情景中扩张或调整，以满足风险社会的治理所需。宋华琳在《风险规制与行政法学原理的转型》一文中专门讨论了风险规制下行政法学原理的转型，他在文中还指出："传统行政法学的体系建构是围绕行政处理这个兼具行政诉讼法、行政程序法和行政实体法三重功能的精致概念展开的，但在风险规制过程中，是为了实现防范或减轻风险，保护公共健康、安全和环境的规制目标，而综合搭配运用了各种崭新的规制形式。"①其实质是反映了在风险社会的治理中，传统的行政法律功能已无法满足新的需求，须有一些新的功能才能达到目标，而行政法也因此开始了其功能的扩张。劳东燕在《公共政策与风险社会的刑法》一文中重点讨论了在风险社会中，刑法由于风险控制的工具需要，公共政策作为刑法解释的目的论大行其道，还对构成要件解释具有指导作用。凭借这种技术，刑法的功能也实质上得到改变与扩张。② 以上讨论是就法律的规范与惩戒功能出发，去讨论法律如何对现代社会中诞生的风险进行规制与治理。而且，这些法律的功能的发挥主要是通过法律规范的制订与实施去实现的，是从规范内部去讨论如何对风险进行规制的。笔者特别强调从规范外部去思考法律对

---

① 参见宋华琳．风险规制与行政法学原理的转型［J］．国家行政学院学报，2007（4）：61-64.

② 参见劳东燕．公共政策与风险社会的刑法［J］．中国社会科学》，2007（3）：126-139.

风险的有效治理，然后通过制订相应的法律规范去实施，比如在对风险的类型、风险产生的源头、风险过程的监管与控制、风险的排除与有效治理中去扩张法律的功能。犹如接下来我们要专门进行讨论的药品风险治理的实证研究一样。

第三，如何在披露与屏蔽中赢取公众的信任。所谓披露，是指各种民生产品、技术、服务、项目的信息要充分披露，其中的风险隐患、技术缺陷、不良后果尽可能让公众知晓，风险的承担由民众自己来选择。另外，有关国防建设、国家基本建设、尖端技术、重大经济发展所可能带来的工业和技术风险隐患，除了涉及国家机密的，信息也要尽量披露，特别是涉及普通民众生存环境、生命健康安全的信息。而涉及国家机密的，或者涉及国家重大预算、长远规划与统治者整体利益的部分，这些本就需要系统眼光与专业知识、高超的智慧与深谙策略者方能辨识和透视，光凭海量信息中的一部分，普通人根本无法认识。即使有些模糊认识，也能因对民生信息的充分披露而予以理解。所以，有关民生产品与服务、各种传染病、灾难事故及其他突发性事件、生化产品生产企业及易燃易爆企业、生态污染严重的企业、金融投资贸易领域等相关信息的充分披露，既能赢得公众的信任，减少了治理者与被治理者的敌对意识和人为风险的发生率，又很好地屏蔽了治理者重要的治理策略。法律可在承担这种责任的过程中扩张自己的新功能。

第四，诉诸公众与理性的艺术。它强调的是一种政治艺术与法律技术有机融合的治理术。即使有诸多的工业与技术风险、劳资关系或拆迁上访等群体性事件所致的制度风险，若治理者能执着于这种信念，将相关信息迅速尽量地披露，惩治相关责任人员，并将这一切诉诸公众，调动他们的理性，相信事态一定能向好的方向发展。因为公众的理性告诉他们：有序一定强于无序，风险既然已经发生，理性处理是最好的选择。而对公众理性的调动需要一种技巧，而且是一种高深的技巧，可称之为政治的艺术。这种艺术在风险发生的时候行使未免突然与生涩。最好是在和平时期深思熟虑地安排与设计，将上述的一切做出远景式的展示与统筹规划，剔除个别现象，找出同一性，然后未雨绸缪，做出决策。而法律恰好具有这种事先预测功能与理性特性，可承担这项重要任务。因为法律呈现在人们眼前的则是一种客观、公平、实在、可计算的规则，人们自然愿意遵守。当然，这种法律家需要通晓哲学、政治学、社会科学，而政治家由这类法学家来充当。这才是风险社会治理创新的一条重要途径。

第五，将包括社会组织与公民个人的民间力量、专家学者的力量聚集起来，充分吸收人民群众的智慧结晶如枫桥经验与群众实践路线，与国家和政府力量相辅相成。

总之，前述的种种风险已昭示我们，必须进行治理模式的创新与治理技术现代化。首先，要充分利用现代科技手段来革新治理模式和治理技术。其次，要积极学习别国的先进治理经验与治理技术，比如起源于巴西的阿来格里港而在美国得到广泛实施与推行的参与式预算,① 英国、德国、荷兰等国家正在推行的“前瞻计划”治理模式,② 与詹·拉斯马森在《动态社会中的风险治理：一个模型化问题》一文中提到的工作流程的安全控制模型、泽布吕赫事故的因果树模型、深度防护模型等各项技术,③ 德国学者约万诺维奇提出的对风险进行数字化治理和根据风险的不同特点采用不同治理技术的办法,④ 以及国际社会普遍采用的各种形式的公众参与、社会力量动员等治理技术。最后，要充分利用非政治公共领域的力量与人民群众的力量进行治理。中国的非政治公共领域的力量还很薄弱,⑤ 但风险社会的治理恰恰需要这种力量，所以，中国应加大力度培植这种力量来实现治理模式或治理技术的创新。而人民群体的参与在中国有广泛又深厚的基础，在风险治理中要充分发挥和利用起来。

---

① 参见李凡．全球治理创新［J］．世界与中国事务，2016，夏季号（总第8期）．

② 参见韦伯斯特．技术转型，政策转型：风险社会中的前瞻［M］//郄卫东，编译．薛晓源，周占超．全球化与风险社会．北京：社会科学文献出版社，2005：410-426．

③ 参见拉斯马森．动态社会中的风险管理：一个模型化问题［M］．孙艳辉，编译．薛晓源，周占超．全球化与风险社会．北京：社会科学文献出版社，2005：216-255．

④ 参见 A. Jovanovic．*Risks of innovation*：*technology and economy vs perception*［D］．2013-11-27．

⑤ 参见何珊君．法与非政治公共领域［M］．济南：山东人民出版社，2007：188．

第九章　高风险社会治理的理论、实践与创新

第八章第一、二节对中国社会高风险治理的难题和因高风险社会对治理所提出的特殊要求所导致的对中国社会高风险治理的期待和创新的阐述中，我们已经得知风险社会的治理创新的重心是要求以风险为核心重新对社会做出全面的组织与安排。在第八章的第三节中，我们也针对中国社会的高风险状况提出了规制和治理的对策，其实这也是治理创新的一部分。本章在前面八章尤其在第二章风险社会与高风险社会概念、特征、治理瓶颈研究的基础上，归纳出中国当下社会治理创新的重点是以风险为核心对政治、经济、社会、文化及一系列的制度重新做出组织与安排，并且对高风险社会治理的中外经验展开全方位的探讨，最后，我们将以更开阔的视野、更系统全面地对整个中国高风险社会的治理理论与治理实践创新提出自己的设想和研究。

第一节　经典理论的启示

一、高风险社会治理的理论探索

正如大卫·丹尼在《风险与社会》一书中所言："现代资本主义未曾意料到的一个后果就是它增加了健康、就业、技术以及通信领域中的

不确定性。”① 因此，“风险治理已经成为后现代社会的一个中心问题。所有个人和组织都建立了一个基于程序、进程以及行为反应的应对感知风险的框架。”② 而且，某种程度上，这种对风险的感知已成为联合治理的正当性基础。比如全球治理，但它也遭到了各种诟病，尤其是为了减少风险而采取的所谓单边行动主义策略，更是被指责为高风险的渊源之一。而在地区层面上，以风险政策的民主化和创造社会共识的方法为趋势的治理自治形式正在不断扩大。但“在一个把某公民描绘为处在不断增长的内外风险中的社会里，由无数源头提供给消费者的信息必然会相当复杂和烦琐”，③ 因此而导致的治理自治形式也会出现千奇百怪的差异。

贝克从风险是一种危险更是一种机遇，是一种事实更是一种文化，是一种虚拟更是一种现实；风险是我们知识扩展的动力，而知识则是我们风险的源泉；风险是一种拓展未来的方法，更是不可控制的未来这种种二律背反定律中得出，对风险的治理，政治与道德取得了对科学的优先权，同时，从“风险本身清扫了政治精英与专家控制的尝试”等观点出发，④ 提出了未来风险治理的新路径。他认为基于“传统社会中的责任与因果关系的可确定性”、⑤ 工业社会中风险的可计算性到风险社会的不确定性、无可预测与计算性，国家、政治、科学的合法性与权威受到了质疑，因此，风险社会的治理转向“法律、认识论和文化矩阵，在矩阵中操作风险政治”，“包括确定和评估风险的规则、制度和能力”，⑥ 它使全社会的决策领域转

① 丹尼．风险与社会［M］．马缨，王嵩，陆群峰，译．北京：北京出版社，2009：187.

② 丹尼．风险与社会［M］．马缨，王嵩，陆群峰，译．北京：北京出版社，2009：208.

③ 丹尼．风险与社会［M］．马缨，王嵩，陆群峰，译．北京：北京出版社，2009：221.

④ 贝克，郗卫东．风险社会再思考［J］．马克思主义与现实（双月刊），2002（4）：50.

⑤ 贝克，郗卫东．风险社会再思考［J］．马克思主义与现实（双月刊），2002（4）：47-48.

⑥ 贝克，郗卫东．风险社会再思考［J］．马克思主义与现实（双月刊），2002（4）：50.

向政治化方向发展，我们的社会与制度将以风险为核心重新组织与设置，我们人类的历史需要“第二次启蒙”。① 贝克认为的启蒙，“‘并非’一种历史观点或一套思想，而是一种以批评、自我批评、嘲弄和人性为中心的历程和动力”。②

其他风险理论家或社会学家也一样，从自己的理论视角提出了风险治理的各种策略。吉登斯认为应从与制度的自反性联系在一起的民主、自由、权力中心分散的亚政治形式中去探索高风险社会治理机制的新模式。鲍曼对高风险社会治理的特殊要求的寻求，一如既往地建立在现代社会的流动性与个体化过程的基础上，他认为应以减少人们的不安全感、保存差异性和多样性的存在及不同文化之间的对话为原则去创新现代及将来社会治理的模式。哈贝马斯及其他社会学者都从不同角度指出了高风险对社会治理的特殊性。它要求治理者探索最佳人-机系统的模式，以保证统治系统与制度框架在自我客体化的过程中，人类能理性地驾驭这部机器的生长与运作和避免非理性所带来的风险与危险。在世界范围内，哈强调要形成风险共同体。克里斯托弗·胡德认为要将既存的风险规制的所有系统和要素综合起来进行分析。詹·拉斯马森提出要建立一种能识别各种危险源及其特征、约束条件和安全边界，并与人文科学范式中的决策研究、组织理论、职业安全研究、重大事故研究与人类行为控制等结合在一起的综合型的风险治理模型。迈尔克·梅赫塔强调公众参与决策的重要性，而要排斥仅依赖技术专家决策的做法。皮特·斯特赖更是从当代社会的动态特征与自然、责任与生态公民现象的深刻变化，寻找与发现适应人类社会发展与世界治理的新制度或新政治。总之，上述风险理论家从各自对高风险的认知与特性研究出发，对如何科学采取正确高效的治理模式提出了各种独特的建议和策略。

根据这些风险理论家的理论思想，我们可以得出：对风险社会的治理

① 贝克，郗卫东．风险社会再思考［J］．马克思主义与现实（双月刊），2002（4）：51.

② 贝克，郗卫东．风险社会再思考［J］．马克思主义与现实（双月刊），2002（4）：147.

或管理将以人类以往的历史上从未出现过的全新的制度、文化、方式来进行，风险启蒙是前提，启蒙越早越深越全面则治理也会越先进、科学、发达和有效。正如贝克所说，由于风险社会中工业、科学技术的发展所造成的现代化具有自反性，而这种自反性现代化则使社会进入一种功能性系统分化、职业化、个性化，打破明晰性、确定性与垄断性的社会，各种社会组织与亚政体不断繁生，社会被重新塑形，社会的不确定性成为常态，形成一种事实上的亚政治与政治共存状态，从而使社会治理模式也随之迈向一个新型的与这种风险社会相适应的新阶段。

二、西方社会风险治理的经验与实践探索

西方社会因为现代化比我们早，风险的出现和他们对风险意识的产生也比我们早，自然，他们的风险治理经验也要比我们丰富与成熟。通过对发达国家风险治理模式及其经验的探索与研究，总结与概括出以下几个方面，并对它们的利弊分别做出阐述。

（一）开放政治也称亚政治模式

这是贝克提出来的一种新的政治形式，是一种社会实践或社会运动的形式，是公民的广泛政治活化这样一种事实形态的亚政治模式，这种模式要注意的是边缘社团群落或底层人群的反制度化的运动形式。风险社会由于对风险潜在的副作用和未来风险的预防焦虑的原因和需要，以及政党、议会或国家官僚机构等工业社会民主政治的衰微，人们自动团结起来形成一种政治力量或者称“开放的政治”。它的重心转向了“公民的广泛政治活化”或“亚政治”，包括技术专家系统、“技术-经济”政策、公民抗议团体。① 对此，贝克希望“通过对某些亚政治的可能性加以扩张和进行法律保护以施加影响，”② 特别是通过独立的法庭、媒体、公众抗议以及所有领域（尤其是医学、化学等职业实践）的自我批判和广泛的公众参与来保

① 贝克．风险社会［M］．何博闻，译．南京：译林出版社，2004：231.
② 贝克．风险社会［M］．何博闻，译．南京：译林出版社，2004：231.

护风险承受者和受害者权利及人类生存环境。与此同时，福利国家由于其技术-经济的发展而导致的国家干预力量的衰弱和集权命令式政治在面对风险时所遇到的困境，要求某种新的政治形式如民主政治或开放政治可以通过创设司法、法律条件来巩固它本身所具有的保护、决议和论证等功能，为“亚政治”提供条件以相互促进和应对风险及其治理。而事实上，这种亚政治以一种社会实践的形式通常以社会运动的形式，悄悄地侵蚀传统工业社会的政治模式而存在，它能让私人领域的一些反制度、反规范的无序的做法转变成公共领域的可制度化和规范化的东西，用贝克的话来说：“新兴政治的性质能够在某种存在意义上改变社会”。①

这种事实形态的亚政治在风险社会确实显示出它独有的魅力，它为风险社会中寻找风险制造者，察觉和认知风险类型、风险程度提供了很好的途径，尤其是种类繁多的社会运动形式为技术专家与决策层设计预警、防范与化解风险方案和风险控制与善后处理措施提供了前提与基础性条件。但这种亚政治运动形式尤其是边缘社团群落或底层人群的反制度化、反规范的运动形式，遭到了道格拉斯与威尔德韦斯等人的厌恶与批评。所以，为了克服它所具有的缺陷，为风险社会所用，人们开始探索一种改良的方法，那就是与主政治一起形成一种新的政治形式，期待它们分别以自下而上的分散多中心的、对未来开放的形塑社会的实践形式和以自上而下的决策型、综合型的人-机系统模式共同实施对风险社会的治理和管理。希望这种新政治模式不仅能够适应不断变幻的风险生活，还能散而不乱地始终把握着整体的方向。所以，这种新政治模式在西方社会治理实践中已有广泛的应用与实践。这种形式与我们接下来讨论的公民参与形式也有着本质上的联系。

（二）公民参与模式

这种公民参与形式已经在国际社会实践了一段时间，而且取得了相当

① 贝克，吉登斯，拉什．自反性现代化——现代社会秩序中的政治、传统与美学［M］．赵文书，译．北京：商务印书馆，2001：59.

的成效。它的理论基础源自德国社会学家哈贝马斯（Jürgen Habermas）提出的民主商谈理论，他认为应该构建一种沟通协商的民主，在多元主体之间展开对话，表达自己的利益，然后在讨论的基础上相互妥协并达成一致，以避免强烈的冲突。① 对此，笔者已在早期的著作《法社会学》与《法与非政治公共领域》中比较详尽地做了介绍。另外，斯科克波（Theda Skocpol）与菲奥里纳（Morris P. Fiorina）曾经概括了西方公民参与的三种理论模式。一是以帕特南为代表的社会资本理论。该理论的内容包括个人之间通过信息网络、互惠或合作、共享规范、社会关系等参与社会行动，产生社会信任和社会资本，小群体内的社会信任能扩展至对政府的信任，促进有效的公共治理，活跃的公众参与是民主政治的保障。二是理性选择理论。它关注的问题是：什么类型的公民参与？参与目的是什么？分析制度与组织如何为个人参与提供激励，然后探讨这种制度安排是否能达成社会最优产出。三是历史制度主义理论。该理论意指，民主在历史上产生于不同社会群体之间以及国家权威与其治理对象之间长达一个世纪的斗争，自由议会制度和民主都是有组织的冲突与不信任的产物，公民志愿参与是作为对政治施加影响来理解的。这三种理论模式下的公民参与在西方环境保护、消费者权益保护、公民生存权利保护等行动中产生了广泛的影响。在当今转基因技术风险、食品安全风险、大气污染风险以及恐怖主义风险等诸多风险面前，我们需要了解的是如何疏通政府与公众之间的关系以共同去应对这些风险，尤其是落实到法律层面的公众参与中去。这种参与的性质是作为法律共同体或政治共同体的成员所行使的政治参与，它的价值在于为民主法治国提供了一种程序正当性与合法性的依据。最终通过这种公共参与来实现民主政治的目标。

以上的研究脉络有助于我们更好地把握公共参与的重心所在和提供理论上的解释框架，但也存在“只见制度，不见个人”的问题，即便是有关公众参与的研究，也更多偏重于制度和宏观层次的叙事。但在实践层面，

---

① 哈贝马斯. 在事实与规范之间 关于法律和民主法治国的商谈理论［M］. 童世骏，译. 北京：生活·读书·新知三联书店，2003.

这种公共参与在风险治理中的作用主要体现在决策与执行方面。西方社会的公众参与产生了许多模式，在风险治理中也发挥了有效的作用。如世界各国的参与式预算,① NGO 与各个领域各种形式的保护性运动，政治与司法参与，美国的地方治理模式如威斯康星州的欧克莱尔市规划、纽约市的参与式预算、波士顿的选民关系治理系统（简称 CRM 计划)、俄勒冈的厨房餐桌项目等等，还有非洲，中国台湾地区及跨国形式的参与式预算等都突出了地方政府、社会组织与公民个人的合作，尤其强调社会组织与公民个人的作用，这是突破原有结构与制度局限的很好的制度性创新的范例。当然，这些范例由于不同国家与地区的特殊性都会显示出其各自独有的特色，这不足为奇，而恰恰说明了这种模式的开放性和弹性而具有广阔的前景。

（三）风险文化模式

这种形式用拉什的话来说就是“依靠一些带有象征意义的理念和信念”来治理社会及其成员,② 而且它们“依存于非制度性的和反制度性的社会状态之中”。③ 按照道格拉斯与威尔德韦斯的风险文化类型学而言，风险文化主要来自社团群落之边缘主义文化，尽管道格拉斯对这些反制度、反规范、处于混乱无序状态的边缘社团群落表示出厌恶与反感，但她也不得不承认是他们最先感受、察觉到风险，并迫使社会其他成员察觉和认知到这些风险。而拉什批评这种将社团群落妖魔化的原因“应归咎于我们的核心制度未能将他们融入社会秩序和社会规范的主流”,④ “他们并不是自

① 辛特默教授（Yves Sintomer）等主编的 2013 年版的参与式全球报告统计显示：全世界五大洲的各大城市实施的参与式案例数 2010 年为 1500 件，2013 年近 2800 件。

② 拉什．经济全球化时代的风险文化与风险社会［M］//薛晓源，周占超．全球化与风险社会．北京：社会科学文献出版社，2005：148.

③ 拉什．经济全球化时代的风险文化与风险社会［M］//薛晓源，周占超．全球化与风险社会．北京：社会科学文献出版社，2005：148.

④ 拉什．经济全球化时代的风险文化与风险社会［M］//薛晓源，周占超．全球化与风险社会．北京：社会科学文献出版社，2005：151.

私自利的个人主义者”，还“常常热心于关注社会公共事务”。① 正是因为全社会对风险察觉和认知能力的加强，使得我们认知的风险大大增加，风险文化也因此得以浮现。若按照贝克与吉登斯的观点，用制度性和规范性的框架去解决，无非是更加民主化的形式和发达的技术专家系统，但它们的副作用和负面效应则会产生更加巨大、更不可控的新的风险。而风险文化体现的是对制度性与规范性结构的否定，它“是从要确定出谴责谁而开始的”，② 去寻找谁应为风险负责任。这就使得拉什从康德的审美判断、道格拉斯的反思性判断中引申出审美的反思性判断与崇高的反思性判断之说，因为拉什认为在未来社会，建立在确定性判断的逻辑基础上的信息数字化处理与传输及其他各种门类的专业系统程序，不仅无法消解以价值为中介的未来风险，而且这种治理技术本身还可能衍生出更复杂的巨大风险。因为，未来风险是没有固定范式、流动的、散漫的、不确定性的且是主观认知的，未来的社会“不以某种规范性的结构为基础，也不是以实用的功利主义政治为先决条件，而是以人类生活更美好等一系列带有主观性判断的价值标准为基础建立起来的。”③ 所以，在这样的社会，“人们更多地不再是通过理性的精确计算和颇具规范性的假定来排除风险，而只是通过具有象征意义的运作方式，特别是通过具有象征性的理念和信念来处理好涉及风险文化的种种问题”。④

所以，用这种形式来规制和治理风险，自然就会转向贝克所称的“法律、认识论和文化矩阵，”⑤ 比如有组织的不负责任的讨论与实践，并且

---

① 拉什．经济全球化时代的风险文化与风险社会［M］//薛晓源，周占超．全球化与风险社会．北京：社会科学文献出版社，2005：153.

② 拉什．经济全球化时代的风险文化与风险社会［M］//薛晓源，周占超．全球化与风险社会．北京：社会科学文献出版社，2005：158.

③ 拉什．经济全球化时代的风险文化与风险社会［M］//薛晓源，周占超．全球化与风险社会．北京：社会科学文献出版社，2005：176.

④ 拉什．经济全球化时代的风险文化与风险社会［M］//薛晓源，周占超．全球化与风险社会．北京：社会科学文献出版社，2005：177.

⑤ 贝克．风险社会再思考［M］//薛晓源，周占超．全球化与风险社会．北京：社会科学文献出版社，2005：147.

“可能会导致我们在文化框架内重新定义风险和风险治理的社会结构”。[①]在前文中介绍的克里斯托弗·胡德、詹·拉斯马森、迈尔克·梅赫塔、皮特·斯特赖敦等人所探索的种种风险治理模型，都含有风险文化的考虑。在一些发达国家的经济、社会众多领域的风险治理模型中，也都融合了风险文化的理念。比如针对“有组织的不负责任”的讨论与实践。所以，风险文化的形式不仅是针对未来风险时代，它也已在当下风险社会广泛地渗透在风险治理中。而各个国家在运用这种方式面临客观风险和治理风险时，要真实地了解自己国家特有的国情与民情。

（四）大数据与专家技术系统模式

这种风险治理模式主要是伴随着科技的发展和风险的诞生出现的，用发达的科学技术去治理科技发展所带来的风险，这是一种无可奈何又自然而然的选择。因为这种风险的认知首先需要大量的专业知识、借助于科学技术工具，否则，连风险都认知不了又何谈治理。比如国际社会的 RMS（风险治理方案），它所设立的 ASA，“作为综合的、跨学科的与全球变化相关的社会和经济风险研究中心”[②]，它所设立的每个阶段性目标无非就是两个，第一个是充分运用大数据对每个阶段的社会与经济领域的主要风险进行治理，第二个就是“增强 RMS 及其合作机构在先进模式化方法和工具领域的容量”[③]，包括“增强 ASA 在开发解决复杂问题的先进模式的方法和工具方面的能力”[④]，以应对越来越复杂的风险治理。这就形成了一个治理对象与治理工具之间要求其不断精密完善的循环。同时，也牵出了一个它们相互之间风险越来越大的趋势，因为对象与工具越复杂，各自的风

---

① 贝克．风险社会再思考［M］//薛晓源，周占超．全球化与风险社会．北京：社会科学文献出版社，2005：147.

② 贝克．风险社会再思考［M］//薛晓源，周占超．全球化与风险社会．北京：社会科学文献出版社，2005：180.

③ 贝克．风险社会再思考［M］//薛晓源，周占超．全球化与风险社会．北京：社会科学文献出版社，2005：189.

④ 拜耶．风险、模式与社会［M］//薛晓源，周占超．全球化与风险社会．北京：社会科学文献出版社，2005：180.

险也就越大。所以，借助专家技术系统与大数据是必然的选择，但是，这些专家技术系统与大数据本身又存在着风险，系统与数据越复杂，风险就越大。因而，从信息领域、生物技术领域、通信与软件领域、市场经济领域等各种门类的专业系统程序，以及日益复杂化的防范与化解风险程序与机制，定位与控制风险的各种集团与机构范围和数目的扩大与增长，“可能会牵扯出新的进一步的风险，可能会导致更大范围更大程度上的混乱无序，可能会导致更为迅速更为彻底的瓦解和崩溃”。① 所以，这种形式虽然是现代化阶段风险治理的必然选择，事实上它也在世界各国广泛地应用着，但它也有一种无可奈何。这种治理工具与治理对象之间的相生相克与风险与现代化的关系一样，我们对它应用的同时还要时刻保持这种警觉与意识。

在这种依赖大数据与专家技术系统控制风险的社会里，除了前述的系统与数据本身所存在的客观风险外，主观认同也是一大风险。这主要源自一是对专家和专业知识的不信任，二是对生产出专业知识的源头——物质世界的确定性条件的质疑与否定。“亚政治运动将可能把注意力集中在风险制造者身上，集中在新浮现的各个领域中技术科学家和技术艺术家身上。这些风险社会的亚政治形式，这些由于风险社会而造成的瓦解和崩溃过程，将会一幕幕地上演出来。”② 而这些技术科学家与技术艺术家的专业知识又常常不可信任，不仅因为不同领域的专家会发生争论，而且知识的损耗与重新累积、矫正也会导致对专业知识的怀疑，何况生产出知识的源头——物质世界的确定性条件正在不断受到拷问与否定，因此，一旦这些专业知识与技术受到质疑，那么，这种治理形式就会从根子上受到怀疑与否定。所以，这种治理模式虽当今在广泛应用，但它只是具象与动态的，是在不断否定中前进的。正是因为这种与风险的不确定性特征相吻合的特点，也符合现在这种不确定的风险治理特点与趋势，所以，它还会是未来

① 贝克．风险社会再思考［M］//薛晓源，周占超．全球化与风险社会．北京：社会科学文献出版社，2005：172.

② 贝克．风险社会再思考［M］//薛晓源，周占超．全球化与风险社会．北京：社会科学文献出版社，2005：178.

风险治理的重要模式。

(五) 制度与规范的模式

西方社会法治历史本就比中国长，在社会治理中他们善于运用法律或者说制度与规范性的工具，已拥有这方面的丰富经验。而风险社会的到来更促使他们用这种形式去治理和管理社会。因为，现代社会的治理本就无外乎两种途径：一种是正式制度途径。它是用法律来架构正式制度并保障其运行的，实现社会正义与社会目标。所谓的社会正义是在庞德所指的意义上使用，即以最小的代价、浪费与阻碍去最大程度地满足最大多数人的需求与利益的方式来安排人们的关系，组织社会，规范人们的行为。另一种是非正式制度途径。它是通过宗教、道德、民俗习惯、社会文化、人们意识心理的塑造与调整等软制度，部分依靠法律来推行、保障与引导，部分依靠公民的自由理性的选择而生存下去，或者二者相得益彰。而风险社会就是要尽可能地以控制、减少、避免以风险为核心去重新组织安排社会，规范行为。这两种途径不仅都有规范行为、控制风险的功能，而且都与法律紧密相关。所以，现代社会，这两种方式都离不开法律的规制与保障。事实上，上述国内、外学者对高风险社会治理新模式的探讨都落到了制度与规则治理的层面，制度治理在现代社会最重要的是依靠法律，而规则治理本身就是法律治理。所以，新时期的治理模式创新，也被称作社会治理新模式，自然离不开法律这个现代社会的治理工具。运用法律去对风险社会进行有效治理是国际社会的一种共同趋势与发展前景。

第二节　中国社会高风险治理的实践与经验

高风险社会的治理既要针对高风险的共同特征又要根据各国的具体国情下的高风险症状来采取相应的策略与措施。笔者曾从长效机制与灵动机制联动模式、硬设置与软设置相互补充、法律功能的扩张与社会治理机制的创新、道德重建：打造新时代核心价值体系等四个方面对中国社会的风险治理做出了自己的探讨。① 高风险情形下，社会治理的传统模式已不再适用，因此，它呼吁一种能有效治理高风险的治理新模式的诞生。这也是社会治理创新的时代需要与社会基础。中国社会风险治理的理论与实践由于特殊的国情与民情，所积累的经验教训也具有自身的特殊性，为了对应西方社会的治理实践并与之相比较，我们从以下五个方面来讨论中国社会的治理实践。

一、在公众参与方面

笔者曾在 2007 年出版的《法与非政治公共领域》一书中，指出了这种公民参与的民主价值与法治意义，后在 2014 年出版的《法社会学新探》一书中，直接指出了公众参与的法律程序与民主价值。西方的公民参与理论有其制度和文化背景，不能直接拿来解释中国的公民参与。大多的中国公众参与理论主要有两种模式，即国家动员下的群众参与模式和精英动员模式。许多国内的学者都是通过某个具体问题研究来展开对公众参与的讨论。比如：把 NGO 行动模式归纳为“嵌入”在政府正规体系和大局目标之中，即 NGO 组织必须在具有体制资源的情况下，才能很好地实现其公众参与的目的。② 还有些学者的研究通过生动描述了水电库区移民在移民精英的动员下，参与到争取经济补偿乃至告倒贪官的上访大剧中，在这个过程中，政府和村民们展开了对补偿款进行讨价还价的拉锯战。而具有知识和阅历的上访精英们则运用“问题化”“行动姿态或仪式”等策略技术，达到自己的目的又保证自己的人身安全。不过，从民众和国家的关系来看，“合法的反抗”形式下充斥的是农民的“中央是好人，地方基层是坏人”的认知，这种反抗是对权力体制合法性的一种再生产。③ 笔者所做的

① 参见何珊君．关于社会治理格局和机制的创新［Z］//民革中央．加强和创新社会治理专题研讨会论文集，2012. 内容也已收在第八章的第三节中。

② 玉苗，慈勤英．“倚靠体制，面向社会”：体制外公益组织“准社会化动员”的个案研究［J］．甘肃社会科学，2013（4）：65-68.

③ 应星，晋军．集体上访中的“问题化”过程［J］．中国社会学年鉴，2002，1：213-214. 晋军．两种环保小世界：社会转型时期的民间环保组织［M］//郭于华．清华社会学评论：面向社会转型的民族志．北京：社会科学文献出版社，2012.

杨桂元上访个案的实证研究，也反映出这种二分法认知态度对基层政权的合法性流失以及上下级政府间张力产生的阶段性存在。① 所以，国内的公众参与理论都指向，公众参与既不是对抗权力体制，也无法影响公共决策，而是对权力体制的建构和再生产。中国的制度背景与国民、文化背景下，要实施公众参与，道路与方式和西方会有很大的不同。

在事实层面，中国的公众参与还是面临着许多困境，笔者曾从一个垃圾厂的环境污染治理这样一个微观具体的视角，立基于受害者的苦难与其行动逻辑，原生态地还原受访者心态、所受的苦难，以及环境治理中公众参与的困境和环境保护工作的尴尬所在。② 国内的许多实证研究，通过类似的一个个案例深度挖掘这种公众参与制度不能得以落实的真正原因所在，从而去了解中国公众参与的困境与解决路径。而既有的公众参与除了体制性的或者说国家动员式的，民众自发的或者说自下而上的形式主要还是运动式的、临时性的，如甲苯（PX）化工项目。而在其他许多领域的风险治理中，尤其是那些本可由许多公众参与的领域如环境生态保护、食药品公共安全、服务等民生领域、艾滋病等公共卫生领域，公众参与的身影并不是很常见。而司法、行政、立法领域的公众参与则更似是一种半行政活动，体现不出公众参与的价值。或许基层组织的公民参与虽然问题众多，但在性质上倒还是有公众参与的价值与意义。其实，中国的文化传统中有比较深厚的公众参与基础，比如民主革命时期广泛发动群众依靠人民群众打一场人民战争，社会主义建设时期动员全民建设，等等，虽然叫法不同，但是有公民参与的类似性质与成分。参与式治理包括笔者以前的著作与文章中提出与强调的公众参与，现在要落实到更具体的层面，参与式预算也是值得借鉴的一种模式。总之，在中国社会急剧转型进入高风险的时代，如何去充分利用公众参与的形式治理各种风险，这是我们的时代课题。

---

① 何珊君．我国上访治理中存在的制度困境及其对策——以杨桂元上访故事为个案［J］．福建论坛（人文社会科学版），2016（9）：106-114.

② 何珊君．城市大气污染治理的困境与路径——以北京市C区垃圾焚烧厂的个案研究为基础［J］．社会建设，2016（2）：66-78.

二、在制度和法律规制层面

中国在制度与法律层面存在的最大问题并不在制度的设置与法律的制订方面，而是执行。因为中国特殊的国情、民情与文化，对实体性治理的法律与制度制订得最完善，执行起来也常常会大打折扣，所以，将来风险治理的重点之一是对法律与制度的执行要严格落实。除了从立法上堵塞各种程序、治理与技术漏洞，还要对实际的执行有一套严密的监督体系。比如：在金融的监管技术与治理水平、诚信度方面，要加强立法与治理机制的科学性。在具体的治理能力与技术水平上要加强学习金融治理强国的先进经验，提高自身的各种实质性素质。诚信度是一个综合治理的问题，但从制度上建立严格的各项诚信考核制度与惩治办法也是其中一项重要的手段。有人提出建立有效的风险内控机制，比如以准入条件为手段的终端安全控制机制和以数据恢复审计和信息泄漏审计为基础建立安全防范体系等，都是一些好的设想。此外，是否从国情与民情入手，思考法律与制度的执行问题。如何让科学制订的法律与制度在中国的特殊文化背景下的执行不会变异，这是将来我们应该进行重点研究的课题。

中国特殊的国情和造成高风险的缘由告诉我们，中国风险治理的重心必须从事后的罚变为事先的防。无论是生态环境、产品服务、劳动教育、社会保障等所有的民生相关的领域与行业，还是国家层面所出现或面临的各种风险治理，都须将治理的重心前移。因为当代中国的国民文化素质低，崇高的信仰与价值观缺失，而且感性高于理性，缺乏冷静、科学的思维与判断，所以，事先的预防极其重要。当然，事后的罚也要严厉，因为罚能起到防的作用。这些都需要法律与制度来规范。法律与制度既要完善，又不能朝令夕改，要稳定。要让制度与法律相得益彰地为风险治理服务。总之，法律与制度方面除了要加强从国家体制、宏观调控到具体操作性的科学完备的法律体系的建立和科学、有力、正确到位的法律执行，重点还要将所有的一切包括执政者的权力都纳入法治域内，法治才会直指它的核心——权力约束与正义弘扬。这对立法与执行要求也更高，除了治层面的法，还要求有融合了伦理道德的法或者说包含有自然法思想的法。执行除了要依靠先进科学的配套制度，还要仰仗各种执行主体的行动。而这些行动与制度设置也要纳入法律规制范围内，而且还要受到蕴含在法律内的道德条件的检视。

三、风险文化层面

风险文化层面治理的重点在于对文化与认知方面的要求的改变。也就是说，对将来风险社会的治理需要的是相互促进、相互制约的法律、制度与重点是认知的文化的三足鼎立。这在中国尤其有意义。因为风险社会的来临，使得全民对中国过去、现在与未来社会有全新的思考，从而对科学技术的发展、现代化过程与现代政治、治理体制、中国的传统、国民的素质等挂起钩来进行系统、全面、深刻的认知，这自然也会对科学的批评与质疑持有宽容与开放的态度，也会正确区分善意的批判与恶意的捣乱，也会对那些寻找制度为风险买单的群体与个体采取更加容忍和包容的姿态，如此，才能对流变的、不确定的风险寻找相对确定的责任主体，才能创制出对中国未来风险社会的治理有着美好理念引领结合科学严谨的治理举措的制度与方案，法律也才能科学地发挥作用。所以，以各种包容和开放的姿态去接纳千千万万个细小的反叛与异议，去倾听各种不同的声音，是将来中国风险文化方面要解决的关键之一。

中国在这方面的治理实践则明显滞后。原因事关两个方面。一方面是因为中国的体制和意识形态中存在的问题，另一方面是民众对风险的辨别能力很弱和对公共领域关注度不够。就第一方面而言，我们的体制对一些针对根本制度或政治领域的重大质疑持敏感态度，对意识形态领域出现的批评与质疑不够宽容，当然这与批评、质疑的声音科学性匮乏、蛊惑性过强有关。第二方面，我们要做的除了增加风险在社会上的透明度，还要提高民众的辨别能力、认知能力和对公共事务的参与热情，公民不能只关注自己的那份私利，还要对社会公共事务积极参与和关注，这方面特别要注意的是公民们常态性的非理性思维惯性和乌合之众的心理。只有这两方面都得以改进，政府、社会、公民才能对未来风险转向理性的认知与治理。而不是依靠风险社会之前的信息、通信封闭时代的单方面屏蔽或强压的方式来治理，更不会采用掩耳盗铃式的治理。

四、全民忧患意识方面

这一点其实也是从公共参与和风险文化中引申出来的。风险文化要求我们时刻警觉现存社会中的各种漏洞与问题、潜在与未来风险的可能性，所以，需要这些千姿百态的批评、质疑、反叛，需要各种边缘群体作为社会问题与漏洞的温度计、测量仪、敏感器，更需要普通民众的广泛参与，去感受社会的脉动，去汇聚起自社会基层的千千万万的微弱的声音。这就要求我们从组织到个人、从政府到社会与私人领域、从精英到底层都要有这种忧患意识，忧患意识的实质是风险意识。忧患意识会导致前瞻性、系统性、科学性的产生，它能够促使人们从意识、文化到实践方面未雨绸缪，防患于未然。没有远虑，必有近忧。我们的家庭、社会、个人、政府都需要这种意识和准备，这正是风险社会的内在要求之一。个体的风险感知虽然源自自身的日常生活经历与情景知识，但媒体的风险沟通与表达在现代社会是重要的影响因素，不管是新闻、纪录片、电视剧和其他剧目形式，还是报纸、新媒体、自媒体等形式，它们通过对处于风险之中的戏剧性事件的夸大报道、通过提供资讯引导对专家或专业知识的质疑、通过选择性表达对犯罪与越轨所引致的焦虑的制造等来影响人们的风险感知与风险意识。正如大卫·丹尼所说："通常说来，媒体总是倾向于将危言耸听与制造恐惧和安慰混合在一起。国际比较显示，很难断言媒体只关注那些罕见的戏剧性事件。媒体越来越关注风险事件中警告不被关注的责任追究问题，而在追究责任时又有制造阴谋理论的嫌疑。"① 媒体具有话语表达权力与定义风险的能力，他们的沟通与表达会成为民众的风险意识的一部分，所以，媒体如何理性、克制地区分真实的风险知识，以免误导公众是媒体的新道德，对媒体的风险治理也因此进入了国家的规制范畴。

风险社会的另一内在要求就是导致规制国家的诞生。国家与政府作为规制的重要角色作用大大增强，因为公共参与的扩大与风险文化的原因，

---

① 丹尼．风险与社会［M］．马缨，王嵩，陆群峰，译．北京：北京出版社，2009：92.

导致公共服务私有化趋势也加强，而企业分担部分社会福利的政策也使得风险增强。当然风险治理与规制也能使政府从无能与失效的指责中解脱出来，这种治理与规制的核心是预警，即在风险发生前对风险做出预测与评估，对健康与公共卫生、生态环境、犯罪、社会福利、生产安全、食药品安全、交通服务等方面的风险事先做出评估，以将风险降至最低。但大量的实证研究告诉我们，中国现阶段急需的是全民要有忧患意识，无论是作为风险的制造者还是风险的承受者，用这种忧患意识去指导与感受所有的行动与实践，民众的行动就会谨慎，风险就会降低，个人在生活中居安思危，才能做好各种准备，在风险来临时不惊慌失措，从容应对。而国家的规制压力也会大大减弱。国家的忧患意识会促使国家时刻保持着国际视野的警觉，不断去学习国际社会的一切先进经验与技术，不断提高本国的科学技术与社会科学思想水平，不断增强本国的各方面实力，不断去培植与争取各种精英人才，才能在关键时刻力挽狂澜，才能去强有力地应对各种风险的挑战。而在风险治理上表现为严格的准入制度或者标准化制度与事后的严罚相结合，所以，全民要有忧患意识是我们风险治理中得出的重要经验。

五、大数据与专家技术系统方面

运用大数据与专家技术系统治理风险社会，这已是国际社会的共识。但这种形式需要大量的专家人才尤其是高瞻远瞩的精英人才，而中国的人才制度存在的问题使得这类人才远远不足。这类人才不是一些工匠式的技工，即使在分工剧烈的现代社会，需要的是除了掌握某一方面的专长和专业知识，至少还得是某一领域的统才。而精英人才更要求是能够站在世界的制高点上，对国家、民族的整体发展具有深刻的洞见和前瞻能力。中国当下的人才制度存在的最大问题聚焦于两个方面：一方面是人才培养与教育制度的缺陷。当下的人才主要出自教育系统。比如当今清华、北大学子现象。由中国完成全部的从小学到大学的基础培养，家庭与国家都投入了极大的成本，在成为人才可用时却多为他国所用。他们中的相当一部分去了国外的一些名校留学，学业特别优秀的回国极少。① 而这部分人正是中国政府与家庭花了十几年的精力（小学、中学、大学）培养出来的智商极高的一批人才，因为他们是每年从全国精选出来的优秀生源，大多都是各地的高考状元与各类比赛冠军，也正是精英人才的来源。这就意味着，许多西方国家将我国投入十余年的巨大成本培养的优秀学子，通过他们硕士、博士几年的栽培掠走了（其实大部分人海外留学的经费还是由各自的家庭承担的）。在全球化的时代背景下，我国成了他国精英人才培养的摇篮与基地，若全世界的人才生产是一个产业链，中国则处于这条链条的低端。这对一个国家来说，不能不说是重大的损失和悲哀。另一方面也是更为重要的就是前文提到的人才晋升制度与用人制度的巨大缺陷。因为这些各领域的专家人才尤其如苏步表、束星北这样的天才，用传统用人标准去衡量，他们都有一些与常人不同的怪癖和言行，其实这是最正常的事情。因为他们将巨大精力与主要精神投注在专业领域中，就不可能与世俗中人一样生活言行，若以世俗尤其是传统的行政人员的标准去衡量、提拔，那么，这些精英人才就会被否认流失，甚至一些单位用行政标准去要求他们修正言行，则更会导致这些天才的才华与能力因日积月累的侵蚀而耗尽。这是我们社会的最大损失与悲哀。另外学术界搞帮派团体，同一派别或团体就相互包庇、吹捧、护私护短；相反，则群起而攻之或将其抹黑，这都是妨碍精英人才培养的巨大障碍，这些制度性缺陷不纠正，中国就出不了真正的精英人才。

运用大数据与专家技术系统的治理，除了需要大量的精英人才以外，还有重要的一个缘由就是要处理好治理技术的前瞻性与即时有效治理技术之间的关系。安德鲁·韦伯斯特曾经将这种关系之间的张力拆解为三种因素，一种是面对建构未来创新议程的反思的、后现代的策略，在非直线式的、管制学派的滚动式规划和创新战略由中央操纵的直线式的、操纵式的途径之间所存在的张力；另一种是在需要促进新的网络与不得不利用原有的研究体制的基础结构与机构之间所存在的张力；再一种是前瞻对推动创

① 笔者在另一篇文章中对此有较为具体的数据呈现。

新议程具有重要影响，它会将新的发展不断从未来推向未来，但它在不同的时间区间，影响程度与效果是不同的，那么，创新体制内研发参与者对项目的优先选择之间就会产生张力。① 而“技术前瞻的这三个因素与控制形式有关，短时间的网络和时间区间的调整意味着前瞻会打破涉及研发协调与治理的习惯、形成制度的结构和程序。”② 这就意味着在风险时代前瞻决策的重要性，当这些张力存在时，要尽力满足前瞻性的需求而调整另一方面，若是为了当时的效力考虑，也要将之放在前瞻性链条中，而不能与前瞻性背道而驰。但风险社会的前瞻性犹如沙漠中西沉的夕阳所散发出来的阳光，它总是在急剧的滚动中，那么，治理技术也要随之快速的变迁，所以，这种治理技术须是开放的、流动的，而不是凝固的。这是风险社会的特征所共同要求的。中国在这方面现在还远远落后于西方发达国家。尽管有一些具体的风险治理技术如风险评估、闭路电视与摄像头监控、社区安全治理、私人保镖、各个机构的风险预测系统、社区治理等的运用，高科技互联网与新媒体、云计算等技术的利用，但在国家层面的前瞻性决策与治理技术方面还远远不足。

第三节　我国风险治理创新的畅想

通过上述中外高风险社会治理的实践与经验的研究与阐述，我们对中国未来社会的治理创新做一番畅想。在第八章我们所讨论的治理对策是目前就可以付之于实践的方案，而畅想是希望将来能做的事情或方向。所以，我们可以突破现有的局限展开我们社会科学的想象力，对中国社会的未来风险治理做出前瞻性的、大胆的探索。

（1）人们文化与文明素养高，诚信善良，全社会正气弥漫，随处可见

① 韦伯斯特．技术转型、政策转型：风险社会中的前瞻［M］//薛晓源，周占超．全球化与风险社会．北京：社会科学文献出版社，2005：420-421.

② 韦伯斯特．技术转型、政策转型：风险社会中的前瞻［M］//薛晓源，周占超．全球化与风险社会．北京：社会科学文献出版社，2005：421-422.

人性的美与光辉。这需要国人绝大部分都接受了九年制甚至十二年的义务教育，也就是国民99%都能达到中学毕业水平，国民的文化素质大大提高。因为在接受教育提高文化知识的同时，也在接受道德伦理包括礼义廉耻与文明的熏陶，因为人类的知识中始终包含着文明与道德伦理的进步，如此，让接受教育者懂得与遵守基本的伦理道德、文明内涵与法律规范。无论是从事最基层的低技能的工作还是拥有很高的位置与权威、高深的技术性工作，都能拥有相同的文明底线与基本品德。虽不能达到路不拾遗、夜不闭户的程度，但也可有一种人们和睦相处、相互尊重，人与自然及社会和谐的状况出现。当然，从个人来说，社会化过程是伴随一生的，从社会与国家角度而言，制度的科学设置、执行、监督与调整是必不可少的。如此，才会有全社会的诚信普照、正气浩荡、人性的美被倡导的基础。这才是从根本上解决我国国民优秀伦理价值观与诚信缺失的关键所在。在全社会拥有优秀的价值观与普遍的诚信时，中国的文化与国民的思维习惯、行动模式都将得到极大改善与调整，这可以从根本上改变产品、服务质量与生态、环境质量，也可以从源头上具备改善制度的执行与监督的条件。只有国民绝大部分都拥有中学毕业以上的水平，全社会的文明程度才会大幅度提高，在高风险来临时，可以在意识和技术上打有准备之仗。也只有全民的教育程度大幅度提高，人们才会普遍的对知识重视，才会有哲学人文社会科学与自然科学知识的发达，也才会对品德、业务水准、职业素质有普遍的正确判断与评价，对社会风气与行为模式有正向的倡导与维护。在上述各种条件具备的基础上，才会有真正人才的聚集与高水准知识精英层的形成，才会带来治理模式的创新与高深技术的大突破，才会始终立于风险治理的前沿与高峰。所以，国民文化与文明素质的提高是风险治理的前提与基础。

（2）在解决了文化教育、文明与诚信、伦理价值观与社会风气等基本问题的基础上，才有可能形成一个全社会良好的社会生态与政治生态，为创新风险社会的治理模式提供一个优良的土壤与基础条件。因为随着人类知识的快速增长、个体的不断解放、现代社会结构与功能系统分化的加速，人们为了生存的需求，会形成各个社会生活领域中的亚政治。当各种具体的亚政治开始活跃并成为社会结构的一部分时，旧的权力关系模式就会受到冲击，从而形成一个灵活的、多元化的权威系统构成的权力关系新模式。人们出于安全稳定性的需要，会积极理性地去与存在各种差异性、多样性的文化与亚政治进行自由又普遍的沟通与讨论，当然，这种讨论还要有意识地摆脱由技术系统构成的所谓“第二自然”的非理性的控制与渗透，从不同层次去设法填平法律意义上的个体与事实意义上的个体之间所存在的鸿沟，从而建立一个良好的共同体或生态社会。这种社会的实质是在自然、技术系统、文化差异性、责任与生态公民现象、何为普遍理性间的持续讨论，和对权力关系模式、制度框架、决策的不断反思，这种讨论与反思的结果才有可能导致一个与风险社会相适应的新的政治形式的诞生。而这个过程就是形成一个有益的政治生态的过程。中国社会由于历史与现实的特殊性，亟须在这方面努力，它可以从根本上解决前面所述的在公众参与和风险文化两方面所存在的问题。

（3）基本解决制度设置与制度执行问题。本研究已一再显示，中国社会高风险的，一部分原因是制度失灵、制度设置不合理、执行不到位，所以，首先，应该加强制度的科学设置对文化、社会风气、公民素养及人性的正向培植的影响力的理论自觉。风险的出现一部分缘于制度，而风险的治理同样也要借助于制度才能实现。陶建钟在《风险社会的秩序困境及其制度逻辑》一文中曾经指出风险社会的到来一部分原因是现代社会过分追求工具理性而忽略价值理性的制度性缺陷所致，风险的治理要依靠制度的调整与创新。① 这种制度要求不仅能够有效治理或者防范或控制风险，还能保证刚才所述的各种基础的建立。也就是说，在这种制度下，人们文明有礼、诚信勤劳，从民间到政场，从普通民众到高官富豪，都恪守道德底线，人们普遍地为自己的工作而骄傲，社会正气浩荡。其次，在当下中国，这种制度设置的核心就是要尽可能地保证公平。如让富裕阶层多纳税；让破坏了生态环境与消耗了过多资源而获得巨额利润的企业与个人来

① 参见陶建钟．风险社会的秩序困境及其制度逻辑［J］．江海学刊，2014（2）：95-100.

为保护与恢复环境和再生资源买单，让损害了别人生命财产与健康的人支付相当的报酬，承担相应的代价；让全社会按照能力与付出来公平分享教育、劳动、福利资源，不能让一些个人以远低于资产的价格获取国有或集体企业，却将贡献了四五十年劳动的工人的养老扔给个体家庭或社会，导致他们老无所依。这种情况最突出的就是三线企业的改制。那些为新中国建设做出了重大贡献的三线企业的老员工，是当时中国工业建设的主力军，到 20 世纪 90 年代初企业改制时，他们大多已经到了退休年龄，他们都工作了三四十年甚至五十年，当时退休工资本就不高，而在全国范围内的退休工资由企业改社保后，经济不发达地区的社保工资与医保都不足以保障这批老年人的生活，因为 20 世纪 60 年代，这些三线企业根据国家策略性安排，都搬迁到东三省、西南地区、江西、安徽等高山峻岭地区，这些地区也正是现在经济不发达地区，当年的这些老人们都已到了八十以上的高龄，现在面临着严重的养老与医疗问题。若让那些低价获取了企业经营权的所谓能人们，享受着这些老人们为之贡献了一辈子的庞大企业所带来的巨额利润，而无须承担这些工人的养老、医保等责任，这些企业家们则任性地养二奶、三奶，甚至海外巨赌，黄赌毒黑，或任子女肆意挥霍。这种制度如果普遍长期存在，则人性会扭曲，社会文化与风气则会败坏堕落。

总之，从体制到各个层级与各个领域的制度的科学、公平、合理设置是关键。而制度的执行同样重要，除了执行时的监督，制度执行还要依靠配套制度的科学设置来保障执行，以制度来保障制度，听起来是个怪圈，但这就是这个时代的选择，实质上还因制度的多元化和广义的制度内涵而存在，其中包括以法律来保障这种制度设置与执行，这种制度实质也包括法律制度。让所有的这些制度设置能够达到罗素所说要满足两个总原则，即“①个人和社会的生长与生活力要尽可能地加以促进。②一个个人或一个社会的生长要尽可能地少侵害到另一个人或另一个社会。”① 所以，这样的制度它不会让人向真善美追求的理想与努力受到阻碍与压制，它不会让堕落、人性的邪恶得到张扬与满足，它“能够产生最大可能的创造性和最

① 参见罗素．社会改造原理［M］．张师竹，译．上海：上海人民出版社，2001：150.

少的适合于保全自己的占有性",① "创造的重量会完全胜过占有，而且分配的公平会作为不受注意的当然之事而存在"，所以，"在政治和私人生活里的最高原则都应该是促进一切创造性的东西从而减少围绕着占有的冲动与愿望。"② 也就是说要围绕这样的最高原则来科学合理地设置制度。这就促使法律在风险社会中诞生出一些新的功能。因为，这意味着法律若要在风险社会中继续拥有它应有的地位，扮演好它的角色，就需要它能够满足这样的功能需求，保证制度设置与执行能够实现这样的初衷，即保证与促进创造性，减少占有的冲动与愿望。

（4）治理模式的创新与治理技术的极大提高与人才制度紧密相关。国际社会所有成功的创新模式与技术都是一种植根于其社会现实又有深厚的理论渊源的基础上，不仅需要高超的智慧，更要有广博的理论知识。不管是亚政治形式、公民参与形式、还是 ASA 等大数据形式，它们除了需要对衍生它的共同体有强大的观察力与透视力外，更是具有知识精英所共有的理论的厚实度与高度或深度，这些治理创新模式都是建立在这二者的基础上，通过不断的反思与探索才能形成的。前几章的讨论已经证明这类知识精英的出现与人才制度紧密相关。中国要想立于这种风险治理的潮头，驾驭着风险这头庞然大物而畅游在风险治理的海洋中，那就需要汇聚各方面的精英人才和得心应手地运用各类风险治理技术，而不是跟在别人的后面跑和复制别人，却不知道别人为什么这么做。这一切的关键都是人才。当专业人才与综合治理人才按真正的能力层级依次进入相应的位置，并且整个社会有着以前一章所述的才华、能力与成绩为标准向上晋升的畅通渠道，那么，这个社会的人才制度就进入了良性运转的轨道。此时，最高层级的精英层也会是真正的精英，人们会心情舒畅地努力工作，在才华与能

---

① 因为在罗素的观念中，人的有活力的冲动包括二部分，一部分是创造性的，它用同样的冲动或同样的情况之下使一个人自己的生活和别的生活都得到促进；还有一部分是占有性的，它用不同的冲动或在不同的情况之下阻碍了某一群人的生活。参见罗素．社会改造原理［M］．张师竹，译．上海：上海人民出版社，2001：154-155.

② 参见罗素．社会改造原理［M］．张师竹，译．上海：上海人民出版社，2001：154-156.

力上不断提升自己，而不会将时间浪费在其他方面。如此一来，社会治理的创新与治理技术的提高也就成了顺理成章的事情。真正的精英人才他们不会去一味地追随别人后面跑，只会模仿与复制，而是会洞悉和掌握自己的国情与民情，在自己特有的社会现实研究的基础上去高瞻远瞩地制订各种策略，创制有针对性的各种治理模式，并适时地调整治理策略与治理技术，以达到效果的最优或最佳。也只有在这样的基础上，才会全面提升治理水平，甚至成为别人学习的榜样。所以，用人标准与人才晋升制度直接关系到一国人才的质量，也直接关系到国家与社会的治理质量。当然，人才的大量涌入与得到真正的尊重与使用，主要还在于这个社会有否让精英人才心情舒畅地工作的社会生态与环境。这是一项综合性的工程，前面两章已多次阐述，不再赘述。

当制度与体制的设置能够促使人们在工作中享受创造的美，而不是享受本能或欲望扩张、欺骗与不诚实的成果，当整个社会洋溢着人性真善美的光辉，正义与公平风气旺盛，那么，那些产品、服务、生态环境、制度执行等方面的风险将会大大降低，勤勉与节俭之风也会盛行。在这样的基础上，人们自然会努力地工作、不断学习进取，那么，知识也会越来越得到尊重，人们也会努力去争取受到更好的教育。当教育程度得到大幅度提高，国民的素质也会随之普遍得到提升，社会对知识的尊重的良性循环也就产生了。只有在这样的社会环境感召下，四方英才才会涌入汇聚，全世界精英人才聚集中国与治理模式的创新又何愁之有？之所以称为畅想，是因为这只是一个理想的方案，能否成为现实，需要各方面的努力，要做的太多，环节也多。但理想能确立一种方向或者一种目标，促使人们向它努力。所以，治理创新的畅想，就是可以暂时地撇开现实的制约，大胆地假设前所未有的治理模式与方式，然后去不断地求证与修缮。它需要国家、社会、全体公民的共同努力。

第十章 高风险治理与法律功能扩张

孟德斯鸠、萨维尼等思想家认为，法律精神与民族历史和现实生活之间存在着有机联系。一定意义上说，法律是从民族精神与社会生活中内生出来的，由每个特定民族的地理位置、气候条件、自然资源、人口规模与素质、政治与其他各项制度、传统文化与民俗习惯等所有的主客观因素所导致的必然需求。所以，法律的功能自然就是要满足每个特定时期特定民族的社会需求，并随着社会的变化而变化。而法社会学基本理论也告诉我们，法律镶嵌在社会母体之中，法律系统是社会的子系统之一，它受整个社会结构的影响与制约，社会的变迁促使法律的变迁。因此，要探求法律的任何现象包括法律功能的演变就势必要回到它所寄居的社会中去，去认识这个特定社会的各种主客观条件与特殊性。现代化过程中风险社会的到来和与各国特殊的国情联结在一起的各种特有的高风险的存在，迫使我们去思考如何有效治理这些特定社会的高风险。法律如何发挥其应有的功能才能满足这个特定阶段的社会有效治理的要求，这是法律功能存在的前提条件，也是法律功能扩张的前提条件。假如说 19 世纪“法律的中心功能就是法律对社会变化的作用”,[1] 那么，从 20 世纪下半期到 21 世纪的上半期，法律的中心功能可以说是为了风险治理。因此，中国法律功能的扩张与演变就要回到中国当下社会风险状况及其治理的内在需求中去，这是当下历史阶段中国社会的特殊性所内生出来的必然要求。

---

① Sharyn L. Roach Anleu，Law and Social Change［M］. Thousand Oaks：Sage Pubilcation，2009：4.

第一节　法律功能理论概略

法律功能理论研究是法社会学的一项重要内容。传统法律功能思想或理论研究的代表性成果有：马克斯·韦伯（Max Weber）关于法律的政治与经济功能论，迪尔克姆（Emile Durkhem）的压制与恢复型功能思想，[①] 帕森斯（T. Parsons）的结构功能主义思想，[②] 奥斯丁实证分析学派的功能理论，边沁功利主义的功能理论，耶林（Rudolfvon Jhering）的社会利益功能思想，[③] 庞德（Roscoe Pound）的社会工程功能理论，[④] 斯通的社会控制功能理论，[⑤] 卢埃林（Karl Llewellyn）的法律基本职能或法律工作的功能理论，[⑥] 丹麦乔根森的维持社会秩序和公民价值追求的内外部功能理论，英国拉兹（Raz）的功能类型理论，卢曼的功能分化理论及弗里德曼的功能与效果理论等。将这些功能理论总括起来，法律功能主要包括以下这些内容：社会统治的合法化，社会控制，争议解决，社会融合，保障公民权利与自由，生活条件的构造，教育等。[⑦] 此外，还有意识形态、行为引导、安排与制约，规范社会关系，调整各种利益，保障社会秩序，促进社会变迁与社会整合，形塑社会结构等。所有的这些法律功能理论总括起来可以分为两个层次，第一个层次是在国家或社会治理的整体意义上的功能，比

---

① 参见涂尔干．社会分工论［M］．渠东，译．北京：生活·读书·新知三联书店，2000.

② 参见帕森斯．社会行动的结构［M］．张明德，夏翼南，彭刚，译．南京：译林出版社，2003.

③ 参见耶林．为权利而斗争——梁慧星先生主编之现代世界法学名著集［M］．梁慧星，编．北京：中国法制出版社，2000.

④ 参见庞德．通过法律的社会控制［M］．沈宗灵，译．北京：商务印书馆，1984.

⑤ Julius S. The Province and Function of Law：Law as Logic，Justice and Social Control［M］．Sydney：Associated General Publications Pty Ltd，1946.

⑥ 参见卢埃林．普通法传统［M］．陈绪刚，史大晓，仝宗锦，译．北京：中国政法大学出版社，2004.

⑦ 参见莱塞尔．法社会学导论［M］．6版．高旭军，等译．上海：上海人民出版社，2014.

如韦伯、涂尔干、帕森斯、边沁、庞德等，第二个层次是从法律的具体职能意义上而言。在高风险社会的治理过程中，当然需要充分发挥法律的这两个层次的功能。

上述传统的功能理论在国家管理或社会治理的历史进程中发挥了重要的作用，它对法律自身的发展有着举足轻重的影响。但它们也存在着一些不足：一是它们大多是针对现代化早期与中期的工业社会中的法律功能理论，尽管卢曼、庞德与弗里德曼等人的研究已是针对晚期工业社会，但他们对现代及未来一段时期的社会风险没有加以足够的考虑，所以，法律的这些功能已远远不能满足风险社会的治理需求。另外，这些法律功能理论家研究的出发点，是基于法律功能本身的抽象研究，而不是对应每个特定社会的现实需求，去思考如何从法律有效地服务于社会治理中扩张其功能。第二个不足很明显，这些研究都是基于每个特定的西方社会的相应特征，难以涵盖中国社会尤其是当下中国社会的风险状况。但是，上述理论无疑为我们研究法律对社会治理具有怎么样的功能，在变化了的社会状况下法律应该如何改变它的功能，在高风险社会情形下，法律又怎样去扩大它的功能等诸如此类问题，提供了知识与理论基础和有益的指导框架。另一些社会学家如福柯、布迪厄、哈贝马斯等人对法律功能的研究则立基于对社会透彻地解构和研究的基础上，但他们过于宏观与抽象，并不是从具象的法律功能或者说效用的角度来研究的。本书所指的法律功能则更多的是从实用主义的视角与意义而言。这种意义层面的法律功能研究在西方法社会学理论研究中也属于一个重大的研究课题，尤其在人类社会进入剧烈分化的现代社会和风险社会以来，法律应具备哪些功能才能充分展示法律存在的目的和满足社会的需求，这种立基于某个特定社会而产生的法律实在功能研究在法律的功能理论体系中将占有重要的一席之地，国际社会对这方面的理论探索也因此处于如火如荼阶段。这种法律功能的探讨关键是要将法律为之服务的某个特定社会研究清楚。本著作中的法律功能研究正是从此出发，当下的中国社会所存在的种种风险，使得我国原有的法律发挥不了应有的效用与功能，因此，才会导致法律形式窄看很完备，但社会效用较差，才会导致本研究中存在的种种法律缺失与不足问题。

针对中国当下社会现状，法律的传统功能如惩罚与补偿功能、教育与控制功能、指导行为与预先安排功能、利益与权利保护功能、意识形态功能等远远不能满足风险社会所需，因此，它们强烈呼吁一些新功能的诞生。一些学者在某些具体领域也提出了不少建议与措施，比如劳东燕认为："风险社会中，刑法变成治理不安全性的风险控制工具，公共政策由此成为刑法体系构造的外在参数。凭借诸多制度技术，公共政策对刑法规范的塑造产生重大影响。作为刑法解释的重要工具，公共政策不仅促成目的论解释大行其道，还对构成要件解释具有指导作用。政策导向的刑法蕴含着摧毁自由的巨大危险。有必要借助刑事责任基本原则对风险刑法进行规范与制约，合理处理原则与例外的关系。"① 这个研究对刑法在风险社会中的治理功能提出了新的期待与要求，同理，在民法、行政法、经济法、国际法等领域，付子堂、史际春、宋华琳、秦国荣等学者都从某个特定的专业视角出发讨论了相应的法律对风险规制与治理的功能拓展的期许与希冀。② 本项目的研究则是从整个社会风险治理的视角，在当下中国风险现状与治理困境的全面阐述中，重点落在中国高风险现状、成因及其治理困境的研究，探索这些治理困境的瓶颈与焦点所在，从法律上寻求治理之道，而法律功能也在风险社会与高风险的治理过程中得以扩张与拓展。接下来我们重点讨论风险治理中法律功能发挥的实际情况。

第二节　中国社会高风险治理困境呼唤法律功能的扩张

基于本著作的第三章到第六章对中国社会的风险状况研究可以获知：

---

① 参见劳东燕．公共政策与风险社会的刑法［J］．中国社会科学，2007（3）：126-139.

② 参见付子堂．对利益问题的法律解释［J］．法学家，2001（2）：29-35. 史际春，张扬，冯辉．论和谐社会语境下的地方经济法治［J］．法学家，2007（5）：92-101. 秦国荣．维权与控权：经济法的本质及功能定位——对"需要干预说"的理论评析［J］．中国法学，2006（2）：174-181. 宋华琳．风险规制与行政法学原理的转型［J］．国家行政学院学报，2007（4）：61-64.

传统的法律功能已不能满足高风险治理的需求，否则也不会导致这四章所述的风险现状。那么，我国当下社会中存在着哪些方面的社会风险？如何去正确认识社会风险的成因及其治理的困境所在？如何有效治理这些社会风险等等，是新时代我们必须要面对的重大课题。在当下这个依法治国的时代，我们很难撇开法律去研究或提高社会治理的科学化水平。那么，法律在有效遏止、削减、控制风险或实现有效治理方面究竟有什么功能呢？法律的传统功能如何在高风险的有效治理中扩张或裂变出新的功能？这些都将是我们当下法社会学者所要承担的时代任务。本章重点讨论高风险治理与法律功能扩张之间的关系。接下来以现代社会风险存在的三大领域为代表，讨论当今中国社会风险治理中法律的主要缺陷或者传统法律功能的不足。

第一，自然环境与生态领域。第三章环境污染与生态失衡的现状及其危害后果的展示与分析表明了对自然风险治理的严重缺失或无效。这一章从展示人为破坏所致的中国自然风险的现状及其危害后果出发，以北京市雾霾与空气污染治理的困境为例，并以北京市 C 区垃圾填埋场的实证研究为个案进行深度挖掘，然后扩展至自然风险的治理困境讨论，我们可以看到法律功能的缺席与不在场的主要方面。首先，对治理困境突破难度最大的原生风险治理过程的规制来说，法律是缺席与不在场的。要实现对自然风险的有效治理，就要对原生风险与再生风险或次生风险进行有效规制，尤其是对原生风险的各种数据特别是社会源的数据，治理过程中的各种主、客观影响因素与困境，各种治理的技术数据等都需用法律来加以科学系统的规制。其次，从北京市雾霾与空气污染治理的措施与效果来看，治理并不理想，原因之一是这些治理措施没有提升到法律层面，得不到法律的全面系统的规制。现行的《环境保护法》虽然明确了保护优先、预防为主、综合治理、公众参与、损害担责的基本原则，① 还专门单列一章规定公众参与和信息公开。但从北京市 C 区垃圾填埋场的个案研究中可以发现，很大一部分原因是法律执行不到位，即使完全按照环境法的规定来做，由于法律规定的抽象性，对于身为受害者的村民来说还是无可奈何

① 参见 2015 年颁布施行的《环境保护法》第六条规定。

的。之所以治理效果不理想，另一部分原因是许多环节的具体规定要由地方政府制订，配套机构与机制的设立也是由地方政府来完成的，更重要的是执行的人都是由地方政府来委派与组织的。这就意味着，在环境法的相关规定与实际的治理困境之间隔着太多的环节与因素。最后，对自然风险的治理研究得出，预防比事后的处罚更重要，现行环境法确实也在预防方面加大了力度。但是，中国的许多特殊国情会导致相关的一些规定流于形式。比如：预防方面的一个重要环节——环评，环境法确实也规定了要向可能受影响的公众说明情况，充分征求意见。环境影响报告书要全文公开，要向社会公开环境信息等等，但从该个案研究中反映出来，上有政策下有对策，真正受害的公众根本无从知晓所谓公开的信息，更无处表达他们的意见。而法律并未根据中国的特殊国情制订出能确实保障受害者知情权的规定，能够有效地阻止在诸多法律行动环节的异变。因此，从人为破坏所致的中国自然风险的现状及其危害后果来看，法律在环境与自然生态的有效保护中仍然是缺失的。

第二，食、药品与其他工业产品及服务领域。当前严重存在的食品、药品和其他工业产品及服务领域的风险，主要选取核与其他生化武器、高科技产品、食品、药品和其他生活用品等风险状况比较严重或风险隐患巨大的产品来阐述，服务领域也只选取教育、医疗、交通等公共服务领域与物业、旅游、物流及中介服务等一些近些年风险较大的民生领域，通过第四章对这些领域的风险现状的描述，去寻找在产品服务领域所存在的主要治理困境。除了核、生化武器与高科技产品外，其他民生产品的风险主要产生于生产与制造、储存、运输与加工、销售与使用环节，所以，对这些环节风险的治理应通过针对性地制订法律规则与相应的标准及细则来实现。而产品、服务风险治理困境的存在与昭示，说明我国现行的相关法律远不能满足这些领域的治理所需。尤其是公共服务领域和百姓生活密切相关的民生领域，之所以存在如此多的社会问题，进一步反映了现行法律仍然无法有效地及于这些领域。为了深入探讨该领域的治理困境和法律的实际功能与不足，笔者专门选取了 X 县食品药品监督管理为个案，进行了实证研究，并予以深度讨论。通过 X 县药品安全全程规制模式的确立与常规规制机制的形成、药品安全事件处理机制的确立、药品安全事故的处理与法律惩罚功能的改变、药品规制中存在的问题与漏洞等各个环节去深入地分析药品安全风险规制与管理中法律的实际功能与漏洞，包括：法律标准的模糊不清、惩罚力度的不足、法律救济和补偿措施的匮乏、民间组织的缺乏与群众法律意识的淡薄、政企之间的回旋之门、对问责机制与后果承担规定的法律缺陷等，然后对法律功能的扩张提出有实证依据的期待。以药品风险治理的实证研究为示范，我们可以以此类推地去发现和揭示用法律对食品和其他工业产品、服务领域中的风险进行治理的缺失与无效，并在具体各异的规制与治理中去探索法律功能的演变方向或者说应然性。比如：治理重点要转移，要从事后的罚转到事先的防，以预防为中心，充实规制内容，将更多的现实情形纳入规制体系当中，丰富法律与其他规制工具的内涵。法律在向社会性规制方面、常规监管方面、惩罚方式方面等做出的重大的调整和一系列的改进，使得法律功能在这一领域得到新的发展。而这些领域重典的实施与传统社会重在惩罚与威慑犯罪人的功能有很大的不同，它们的功能主要是以降低规制或治理成本，维护社会利益与公共安全及其他社会效果为导向。

第三，某些制度及其执行领域。当下中国由于政治、经济、社会、文化与公共卫生等领域所存在的一些不科学、不合理的制度所造成的风险现状，通过第五章的呈现与描述，也让我们发现了它们同样表现为当下存在的严重社会问题。通过对六大方面的风险形成的原因、治理的困境挖掘，尤其是杨桂元上访的个案研究，呈现出信访领域风险与高风险形成的制度原因及其治理困境，包括法律在规制各种相应制度设置的不完善或执行不到位的种种功能缺失的表现。由于这一领域的相当一部分问题是近二十年才产生与加剧，法律还来不及做出规制，或只是零散地出台了一些效力级别不高的单行法规。比如贫富两极分化与富裕阶层的大量移民、财富外流问题，金融与投资风险问题，公共卫生与传染病问题，民族、宗教冲突与恐怖活动问题，法律的规制还远远不足，有的甚至是空白。而对贪污腐败与黄赌毒黑，灾难事故、群体性事件与信访等方面，法律虽有规定，但漏洞较多，执行不力。杨桂元上访的个案显示，无论在纠纷的实质性解决上，还是此后的上访过程中，法律还是无法呈现出它在场的威力。在最初产生的民、商、刑事纠纷个案中的实体性解决方面，法律有相关的规定，也足以公正解决纠纷之用，可现实上法律并没有起到它应有的作用。而此后的上访过程中，无论是对信访机构及其人员的行为还是对信访人的行动规制，法律也有相应的规定，然而，事实上事件仍然在继续扩大。从上访人的行动逻辑与要求看，其追求的也就是起码的尊严与公正的底线，既有的法律规定可以满足实体上的这些需求，可现实中却不能实现。因此，法律还需要去保障法律规定得到真实彻底的执行。这就意味着法律除了要对实体事项规制得全面、科学、及时，还要保障各种配套制度包括司法制度与信访制度能够将相关的法律规定得到完全彻底的执行。要实现对高风险治理及其困境的突破，我们需要对它们做出系统、科学、具有前瞻性的法律规制，除了全面深刻地把握这些风险状况、风险成因及风险治理的困境以外，还要对法律如何才能保障这些制度与相应法规在现实生活得以切实执行加以规制。

风险社会的治理需要两个抓手：一是正式的制度建设，二是文化建设。而这两方面都需依赖法律才能很好地实现。现代社会的风险性、流动性、嬗变性等特征，要求法律具有有效规制能力、更具有开放性和弹性。而且，事实上法律作为制度设施的一部分，既是行动环境的构成因素，又是所有社会主体行动的前提条件，对行动会产生重要的影响力，同时，它又在行动中被重构，流变出种种新的法律。这就要求现代法律具备一种开放性的功能。不仅包括认知开放性，还要包括规制的开放性。只有在这样的基础上，法律才能真正发挥它在社会治理创新中的功能作用。因此，法律也就在传统的预先安排功能、控制功能、适应调整功能与沟通执行功能等基础上增加了一些新的开放性功能。但不管哪一种理论或分类方法，都是建立在法律功能为之服务的社会需求能得到满足的基础上。中国社会开始现代法制的历史不长，传统的法律功能由于分类标准不一，类型繁多，错综复杂。但不管哪一种理论或分类方法，都是建立在法律功能为之服务的社会需求能得到满足的基础上，而中国社会开始现代法制的历史不长，传统的中国法制的功能，更多的是惩罚功能，近四十年的改革开放，才在民商事的制度安排与行为模式设定上发挥了重要的作用，但法律功能的发挥还非常有限。主要还停留在控制功能、工具功能、调节功能、解纷功能等传统功能上，在行为激励与利益调整方面做得也尚有限。而在意识形态功能、整合功能、预测功能及更高层次的统治与治理功能等方面更是尚未做到理论上的自觉。在社会急剧转型进入高风险社会以后，法律若还在传统功能上徘徊，那么法律与社会之间的关系则会陷入全面的断裂。因此，在高风险社会，要使法律在社会治理中发挥它的优势与应有的作用，使法律与社会进入良性循环的关系，即笔者在2005年就提出的良法与善治的关系,① 则法律必须具有它与新时期、新情景相对应的功能。治理重点要转移，要从事后的罚转到事先的防，以预防为中心，充实规制内容，将更多的现实情形纳入规制体系当中，丰富法律与其他规制工具的内涵。法律在向社会性规制方面、常规监管方面、惩罚方式方面等做出的重大的调整和一系列的改进，使得法律功能在这一领域得到了新的发展。而这些领域重典的实施与传统社会重在惩罚与威慑犯罪人的功能有很大的不同，它们的功能主要是以降低规制或治理成本、维护社会利益与公共安全及其他社会效果为导向。在制度与体制设置、公众参与、风险文化治理与全民忧患意识培养、社会治理模式创新与治理技术提高等方面，法律要做的事更多。前面第三到第八章所呈现出的中国社会风险现状及其各个层次、各个方面的治理困境也向我们的法律提出了各种具体的期待与要求，法律也须在履行这种责任的过程中扩张自己的功能。那么，法律功能如何扩张才能与风险社会的有效治理并与我们国家的特殊国情有机联结？它基础性的前提与重要原则又是什么呢？

第三节　法律新功能的内在要求与真善美

传统的法律功能是在有关法律目的、法律行动如何维护社会秩序与社会理想等一种综合哲学思想影响下所产生的，法律作为政治统治与社会治理的一项必不可少的工具，自有它各种与生俱来的功能和派生的功能，在高风险社会的治理中，除了要充分发挥这些传统功能外，还需要强调另外两个层次的功能。这两个层次的功能在风险社会的治理过程中，扮演的角

① 参见何珊君．法与非政治公共领域［M］．济南：山东人民出版社，2007：173-193.

色或者说地位与作用是不同的。

第一是法律的具体功能，也相当于法律的职能，它可以通过确定的规则体、程序的执行、法律机构与其他职能机构的运行等一整套机制来实现它实用的治理职能，这种功能可专门用来处理现实中所出现或表现出来的种种风险事实。这一功能的绝大部分包含在传统的法律功能之中，只是需要做出一些具体的调整与变动，前面讨论的正是这一部分。另一个层次的功能是法律作为整个社会母体中的一个子系统，作为社会控制与治理的历史性工具，则需要考虑风险的不确定性、潜在性与未来范畴的风险，将现代化过程中存在的所有上述风险都纳入其决策范围，这样的法律势必要以开放性与弹性来应对。向未来开放的无限性及其产生的阶段性高风险，倒逼其作为承担着立法者与阐释者这样历史性角色的法律，也要具有这种向未来开放的功能，也就是弹性的实在法体系中有一个支撑点或底蕴，那就是在高度分工的现代社会里，仍然保持着如涂尔干所说的残存的公共良心和维持有机团结的道德条件。这些道德条件在实证主义法学出现之前由神法、自然法、万民法等担当，而近二百多年来则与特定的民族国家与历史阶段相结合，与国家目标相联系，更多地承担起功能上高度分工与专业化的整体社会的有机团结的职责，而离道德条件和作为法律的道德基础的价值观越来越远。这与霍姆斯承继了奥斯丁开创的剔除法律中的道德性，建立起一个没有道德谱系、由简洁明了的预测体系组成的自洽的意义系统，让法律轻装上阵的征途紧密相关。但这并不意味着法律可以无视道德与价值选择，他们只是强调法律与道德应该加以区分，这是两个不同的概念，犹如边沁与奥斯丁反复重申的必须区分应然法与实然法一样，目的是法律作为规则体系的完整性或自洽性。恶法也是法，但仅限实然法。然而，实然法作为规则体系还是要有价值选择或道德标准，“法律、道德标准与正义原则之间的联系是必然的而非随意的，正如法律和制裁之间的联系一样”,[①] 哈特接着说道：“一个法律体系必然要具备更深刻的内容，否则，它便毫无意义。——在我看来，在最低目的之上，人类社会生存的目标有

① 哈特，翟小波．实证主义和法律与道德的分离（上）［J］．环球法律评论，2001（2）：593-629.

太多的冲突差异。法律规则和道德标准在这种‘必然’意义上会有更多的重合，该命题的解释能力不可以过分地夸大。”① 后来现实主义法学派强调的法官造法的条件与限制时，已经意识到法律规则中价值判断的重要性，20世纪庞德提出的社会利益衡量论、塞内兹尼克等人提出的回应型法则更明确强调目的与公共政策或公共福利是衡量法律适用的依据与标准，它甚至可以改变规则的适用与效力。这意味着一种道德与价值在法律适用中的回归。尤其在适用中如此，不如在立法时就以一种道德条件为前提。前面所述的自然法学派与哈特、富勒所指其实也是在这层含义上使用，康德在《法的形而上学原理》一书中也专门阐述了这种笔者称之为自然法精神的道德条件，即强调作为实在法规则体系的道德条件与价值蕴涵。当然，那种向过去复兴的制高点本身就不现实，我们需要的是一种内涵流变的道德条件，这就是可以在特定时空中得以阐释的真善美，也是要实现风险的有效治理所期待的法律新功能的内在要求。

与传统神法和自然法的道德条件不同，现代法律规则的道德条件与价值蕴涵特别强调正义、公平与权利。它的实质是真善美的一部分，这些抽象的道德条件作为一个现代实定法的制高点，本来可以为社会治理发挥很好的作用。然而，不管是因为每个主权国家的国情不同，还是这些正义、公平与权利的道德条件过于抽象，各种文化对它们的理解所产生的巨大歧义或是阐析为法律原则与递次的规则时所衍生的技术问题，使得它们在现世的治理社会的实定法中并没有产生应有的效果。就中国社会而言，前文所呈现的各种风险状况与治理困境证明，法律并没有产生应有的治理效用。治理社会的精英们，无论是政治精英、学术精英、经济精英甚至军事精英，他们作为群体都被纳入知识精英行列。这些知识精英们正在经历着鲍曼所说的从立法者角色的衰落到阐释者角色兴起的过程中，要想重新拥有部分立法者地位的基础条件就是真善美，只有这种真善美才具有维护知识精英的地位的功能。因为这种真善美不仅是传统知识精英群体所追求的一种文明与趣味标准，也是划分他们自身群体的边界，更是他们所创设和

① 哈特，翟小波．实证主义和法律与道德的分离（上）［J］．环球法律评论，2001（2）：593-629.

发展起来的只有他们才能拥有的专利，而在现实的社会中，无论是化作公共政策、法律还是制度设置，它们都将作为统率治理技术的纲领。从至高的一种角度看，真善美一直蕴含在人类文明的追求过程中，人类的文明发展史就是真善美的追求史，早在苏格拉底与柏拉图的大辩论中就说过，“正义是智慧与美德”,① 智慧展示在探求真理与知识的过程中。热爱真理就会憎恶虚假的东西，这是诚实的品质。② 这也是真的内核。而在传统的美学理论中，真就是美，美是真理的光焰。很长一段历史中，对称视作美，本真视作美。“美就是这样一种由外部客体的某些特定性质在人的头脑中引起的观念”,③ 在美学理论先驱哈奇森的观念中，美的观念按抽象程度不同可分为三个层次，第三个层次的美就是展示在数学定理与科学理论中的美，是一种多样性中的统一性。这使得狄拉克、爱因斯坦这样的科学家也用审美标准和审美判断去辨识真理与谬误或者去揭示理论与真的亲缘性。“在知识的世界里，善的观念是最后才出现的。而且必须付出巨大努力才能看到。在善的观念被观察到的时候，通常会被认为世界一切真、善、美的缔造者死；是光明的父母，是视觉世界中主管光线的神明，是智慧世界中真理和理性的来源；是那些在公共或者私下的场合都要依理性行事的人们所必须注意的力量。”④ 所以，至善是一种美德。

由此，我们看到了真善美三者之间的关系。既然善是智慧的来源，智慧是真的内核，美是真的属性。那么，在寻求其中之一的同时也就在寻求另外二者。这种你中有我、我中有他的三者关系，从何时起引入社会科学包括法学的理论探索中而成为现代法律的道德条件或道德基础的呢？其实在柏拉图和亚里士多德的理论中，我们就不难找到这种证据。其后，世代的哲学家与政治理论家也一直在朝着这个方向做着各种努力，从神法、自

---

① 柏拉图．理想国［M］．刘勉，郭永刚，译．北京：华龄出版社，1996：37.

② 参见柏拉图．理想国［M］．刘勉，郭永刚，译．北京：华龄出版社，1996：119-220. 根据苏格拉底与格劳孔的对话内容整理。格：“什么品质？”苏：“诚实。他们永远不会故意接受虚假的东西，因为他们热爱真理，憎恶虚假的东西。”格：“是的，这一点或许可以确定。”

③ 麦卡里斯特．美与科学革命［M］．李为，译．长春：吉林人民出版社，2000：16.

④ 柏拉图．理想国［M］．刘勉，郭永刚，译．北京：华龄出版社，1996：260.

然法到现代实定法的道德基础也一直没有摆脱这种内核，只是历史的演变变换了一种面孔而已。在现代，它们化身为正义、公平与权利，而它们化身背后的共享图景仍旧是制高点上的真善美。真善美与正义、公平、权利之间的关系及其转化不知有多少理论家做过形式各异的证明、阐述与讨论，比如柏拉图、亚里士多德、洛克、康德、富勒、耶林、罗尔斯等等，笔者也在之前的几部著作和多篇论文里探讨过这个问题。笔者之所以要用这些篇幅来阐述这几者之间的关系。是因为当传统的法律功能的发挥已无法满足风险社会的时代之需时，法律功能的扩张也就是自然不过的事了。而法律功能扩张的制约条件自然是无法挣脱这种共享背景的制约的，犹如富勒所说：道德使法律成为可能。① 真善美因此也成了新时代法律功能扩张的内在要求。当然，还有最重要的一个原因，是风险社会本身诞生出来的内在要求，当技术无法解决围绕着人类的风险时，人们就会回到对人类自身的关怀中去探求解决之道。既然风险社会是前所未有的，法律也就不能再完全依赖传统功能的发挥。那么，法律如何在风险社会来临之际，在高风险的治理中拓展自己的新功能，这着实要在风险治理的实践中去不断探索发展，从实然功能向应然功能迈进。笔者所做的研究就是这方面的努力，在真善美与法律新功能的内在要求之间建立一种联系，既是基于之前的经验与实证研究，也是基于理论上对法律功能探索的结果。

第四节　法律功能扩张与高风险治理

上述的论证只是告诉了我们：现代法律功能的扩张最终还是要回到风险社会这个落脚点上来，是风险社会的种种特征使得传统的法律功能不再适合于它，是现实要求新的法律功能诞生或者扩张，能够为风险社会的有效治理开辟一条新路径。根据奥斯特罗姆的理论，在不确定性背景下的制度设计、制度执行与制度监督，也须回到不确定性的背景中去，才能保持制度在治理中始终是强有力的共同点。犹如前文提及的三大领域的各种风

① 富勒．法律的道德性［M］．郑戈，译．北京：商务印书馆，2005：40-111.

险状况的治理，必须回到它们生成的环境中去，方可找到有效治理它们的制度设计与监督执行机制，在这样的基础上才有可能概括出正确设计这些制度的基本原则与规则即强有力的共同点。同理，在中国特殊场景下风险治理过程中所产生的种种总体性困境、具体难题、高风险治理要突破的瓶颈与焦点等理论和实践上的问题，都要求我们用同样的原理去处理。无论是信仰与伦理价值观培植，传统文化与思维惯性所带来的困扰，人才选拔标准与用人制度、治理模式与治理技术等方面的创新，都要与制度的设置和监督执行一样去对待，找到这些建立在不确定性背景上的有针对性的多元化制度设计与制度执行的统一性，概括出正确设计它们的基本原则或原理，用法律加以规制，形成能够有效治理风险社会的新的法律功能。

由于现代社会的个体化、流动性，各种政治、经济、文化等制度领域和各种群体、阶层持续的结构分化与变迁，各种功能明确具体、异质性强的组织系统与模糊的身份系统的形成等现代社会的基本特征，① 使得现代社会中的风险也弥散在成千上万个具体场域下社会行动实践和各个层次的千姿百态的社会生活之中，所有这一切，都要求法律变成流动的、有弹性的、弥散的、多面孔的多重角色，它既可以是规则体、制度框架与治理机制的形式，也可以是作为弥散在日常生活权力中的其中参与因素、构成因素，还可以是统治阶层的最高决策机制、社会治理工具、牵引整个社会结构变迁的机器。此外，还要求法律具有吸收和处理不断流变或出现的新问题的能力，只有这样，才能令法律在风险社会的时代成为建立在流沙之上的变形金刚，屹立不倒。当然，这一切都要回到多样性后面的真善美这个统一性基点上来，从真善美这个共同基点中去寻求变通灵活又有效的治理之道。我国所存在的诸多高风险现象与不同层次的种种治理困境或难题的突破，当下存在的重大问题的有效治理和实现对现实风险与未来风险的预防、预测及控制，不仅需要法律具体功能的有效发挥，更需要从更高层次上去发挥法律的总体性功能。比如能否借鉴西方国家那种自下而上的分散多中心的、对未来开放的形塑社会的实践形式和自上而下的决策型、综合

① 艾森斯塔德．现代化的基本特征［M］//谢立中，孙立平．20 世纪西方现代化理论文选．上海：上海三联书店，2002：164-183.

型的人-机系统模式，共同实施对风险社会的治理和治理的亚政治形式，去解决中国社会公民参与形式中所存在的各种困境与难题；能否借鉴风险理论家们所设想的风险文化形式和大数据与专家技术系统的实践经验，去应对中国社会治理技术的困境与制度设置、决策中所存在的问题；而全民忧患意识和全民思维模式与惯性等方面所存在的问题，更需要我们向文明程度高的国家学习，全面推进我国自然科学与社会科学知识的繁荣发展与全面提升我国国民的文化与道德素质，这一切都在呼唤着法律能胜任这种角色功能。

法律功能的层次性，使得真善美需要在两个不同的层次上去反映与支撑。在具体职能层次上，法律是否体现了公平、正义、权利不难得到检视。无论是实体法还是程序法甚至是效力级别最高的宪法，同时也包括全社会的法律制度及其执行机制，都不难用现代社会诠释后的公平、正义、权利原则去审视。难的是第一层次上法律功能的检视。因为这个层次已经到了人类文明与进步的推进层面，它需要法律功能在整个国家的治理、决策、工具角色中统筹考虑，更需要对整个国家的存在与未来发挥作用。比如杨桂元个案中，假如他不采取这种合法的上访途径，那另一种选择很可能就是自救式犯罪的形式。自救式犯罪指当某个个人的生存、发展或合法权利受到威胁或遭受侵害时，他们以犯罪的手段来维护自己的权利或利益的一种现象。以犯罪方式来维护自己的合法权益，成本高、代价大，若不是万不得已，谁又会去用这种方式维权呢？尤其是当犯罪者决定向不特定的无辜的社会公众施暴，这种犯罪后果严重，社会危害性极大，犯罪者也是做好了没有回头路的准备。当然，这种现象的出现，部分是个人因素，部分说明国家制度的设置出现了问题，这种问题就不是单靠刑法这种规则体的具体职能就可以解决的，它涉及更广泛的上访制度、司法制度和其他行政制度的设置与执行问题。药品安全规制也一样，标准界限模糊不清、惩罚力度的不足、法律救济和补偿措施的匮乏、民间组织的弱小与群众法律意识的薄弱、政企之间的回旋之门这些具体问题是可以通过法律规则体的完善与法律具体职能的行使来实现的，但乱世当用重典，怎么用才能体现公平、正义与文明要求；治理重点从事后的罚转到事先的防，怎么防才能降低规制或治理成本，维护社会利益与公共安全，怎么样的制度设置才是合理有效且符合文明要求的，所有这一切都不得不回到真善美的本质与内在要求上去。只有从真善美这个基点出发，才能找到正确的制度设置与各种合理平衡，才能真正达到公平、正义。

这种真善美作为各种法律规则体、法律制度、法律功能等多样性后面的统一基点或者说统率所有这些方面的制高点，它们与作为伦理或道德上的真善美并不等同，后者是真善美各自的本意直接融化到伦理与道德之中，是伦理、道德内容的一部分和重要内核；前者则是在刚才所述的真善美三者你中有我的关系中，演绎为当前历史阶段的特定时空下的正义、公平与权利，而成为法律制度、法律功能等的基点与内核，或者说是最高的基本原则。这种真善美与笔者以前提出的自然法精神相一致，只是自然法精神提法比较符合西方法律传统，而真善美提法更适合中国法律与文化传统。用这种最高的基本原则去审视、评估、统率风险社会和高风险的全部治理模式、规则、机制与手段，才能真正实现风险社会的有效治理或控制。因为风险社会的高度不确定性、不可预测性、显现的时间滞后性、发作的突发性与超常规性、多样性与流变性、迅速而高强度的传递扩散性、客观性与文化建构性、跨越时空性与关联性等现代性的断裂所带来的本体性安全危机与风险景象，这种工业文明的潜在副作用与科技自身的自反性所带来的种种风险，在抽象系统的脱域机制与传统破除的作用下，极有可能造成吉登斯所说的难以驾驭的风险这个猛兽，也就是高风险。而鲍曼所说的由于世界中存在的所有事物都在经历着脱域与解放所带来的充满在人们生活世界中的种种不确定性与不安全感，存在我们还看不见、听不到的危险，我们还没有充分意识到的危险以及拉什所指的一种文化结构中的风险，即一种能够作用于未被考虑到的范畴、作用于十分难解的风俗、作用于构成社群基础的共享意义的自反性和理解等等这些特征，便使得风险社会的治理与以往任何时代都不同。犹如川岛武宜对法与现代化的关系研究一样，他认为与自足经济、人与人之间的等级支配关系或人身依附关系和强调“义理人情”价值观念的封建社会相联系的法律，只能是维护一方施恩与另一方报恩相结合的身份契约特征和等级“权力”关系的封建以社会的法律，而与自律经济和有着平等自主、有独立人格的人与人之间的权利义务关系相联结的资本主义社会的法律，势必是内容上去伦理化、概念上去价值化的中性概念构成的以个人意志的自由选择为最高原理的法律。①同理，与刚才所述的具有种种风险特征的风险社会相适应的法律，也只能是与风险意识、风险文化和风险社会的本质特征相联系的法律，这就是由真善美作为最高原理或基本原则的弹性的、流动的、弥散的、对未来开放的法律体系。与川岛研究的清除了封建伦理的资本主义法律中有着一种维护等价交换为基本原则的特殊伦理的原理一样，这种真善美与通常伦理、道德意义上的真善美意义不同，它与现代化社会中要求的法律的正义、公平、权利意识也不完全相同，它要求的是开启以风险为核心的全面启蒙与以社会的重新组织安排为中心的正义、公平与权利意识的法律体系，从风险社会的有效治理中拓展出各种新的法律功能，并作为规制和引导风险社会有效治理的权力技术的灵魂。

总之，“时代是思想之母，实践是理论之源。”② 中国社会风险现状、高风险的特征及其各个层次、各个方面的治理困境对我们将来的社会治理提出了严峻的考验，而法律作为社会治理的重要工具，也面临着同样的重大挑战。法律功能的变迁随社会的变迁而变迁，这是法律功能与生俱来的性质决定的。既然风险社会是前所未有的，法律也就不能再依赖传统功能的发挥。那么，法律如何在风险社会来临之际，在高风险的治理中拓展自己的新功能，这着实要在风险治理的实践中去不断探索发展，本著作所做的研究就是这方面的努力。本章第二节对此做了一个总结。将这种以真善美作为基点去探索中国社会高风险治理中法律功能的扩张，是风险社会的特殊性与中国社会当下的高风险现状所内生出来的要求，要实现风险时代每个特定社会的有效治理，就不得不去扩张它的新功能。第三节在真善美与法律新功能的内在要求之间建立一种联系，既是基于前面经验与实践的研究，也是基于笔者对法律功能理论的探索结果。第四节再将这种以真善美作为基点的法律功能，如何在高风险的治理中得以扩张或者说在风险的规制与治理中总结出新的法律功能，本章做出了抛砖引玉的尝试与探索。

---

① 根据川岛武宜. 现代化与法［M］. 申政武，渠涛，王志安，等译. 北京：中国政法大学出版社，2004. 根据 7-45，101-129 页内容整理。

② 参照习近平. 夺取新时代中国特色社会主义伟大胜利［R］. 2017-10-18.

参考文献

著作

[1] 柏拉图 . 理想国 [M]. 郭斌，张竹明，译. 北京：商务印书馆，1986.

[2] 鲍曼 . 流动的现代性 [M]. 欧阳景根，译. 上海：上海三联书店，2002.

[3] 鲍曼 . 共同体——在一个不确定的世界中寻找安全 [M]. 欧阳景根，译. 南京：江苏人民出版社，2003.

[4] 鲍曼 . 社会学之思 [M]. 李康，译. 北京：社会科学文献出版社，2010.

[5] 贝克 . 风险社会 [M]. 何博闻，译. 南京：译林出版社，2004.

[6] 贝克 . 世界风险社会 [M]. 吴英姿，译. 南京：南京大学出版社，2004.

[7] 边沁 . 道德与立法原理导论 [M]. 时弘，译. 北京：商务印书馆，2000.

[8] 边沁 . 立法理论——刑法典原理 [M]. 孙力，李贵方，张文志，等译. 北京：中国人民公安大学出版社，1993.

[9] 丹尼 . 风险与社会 [M]. 马缨，王嵩，陆群峰，译. 北京：北京出版社，2009.

[10] 费孝通 . 乡土中国 [M]. 3 版 . 北京：北京出版社，2011.

[11] 富勒．法律的道德性［M］．郑戈，译．北京：商务印书馆，2005.

[12] 方贤业，《中国食品药品监督管理年鉴》编辑委员会．中国食品药品监督管理年鉴——2010年版［M］．北京：中国经济出版社，2010.

[13] 哈贝马斯．在事实与规范之间关于法律和民主法治国的商谈理论［M］．童世骏，译．北京：生活·读书·新知三联书店，2003.

[14] 哈贝马斯．理论与实践［M］．郭官义，李黎，译．北京：社会科学文献出版社，2004.

[15] 哈贝马斯．后民族结构［M］．曹卫东，译．上海：上海人民出版社，2002.

[16] 霍姆斯．普通法［M］．冉昊，姚中秋，译．北京：中国政法大学出版社，2006.

[17] 卢埃林．普通法传统［M］．陈绪刚，史大晓，仝宗锦，译．北京：中国政法大学出版社，2004.

[18] 何珊君．法与非政治公共领域［M］．济南：山东人民出版社，2007.

[19] 何珊君．法社会学新探：一个学科框架与知识体系的构建［M］．北京：北京大学出版社，2014.

[20] 吉登斯．失控的世界［M］．周红云，译．南昌：江西人民出版社，2001.

[21] 贝克，吉登斯，拉什．自反性现代化——现代社会秩序中的政治、传统与美学［M］．赵文书，译．北京：商务印书馆，2001.

[22] 戴维.H. 罗森布鲁姆，克拉夫丘克，德博拉·戈德曼·罗森布鲁姆．公共行政学：管理、政治和法律的途径［M］．张成福，等校译．北京：中国人民大学出版社，2002.

[23] 李普曼．公众舆论［M］．阎克文，江红，译．上海：上海人民出版社，2002.

[24] 李林，田禾．中国法治发展报告［M］．北京：社会科学文献出版社，2014.

[25] 刘梦溪．冯友兰卷［M］．石家庄：河北教育出版社，1996.

[26] 罗素．社会改造原理［M］．张师竹，译．上海：上海人民出版社，2001.

[27] 马克思．马克思恩格斯全集（第三卷）［M］．北京：人民出版社，1960.

[28] 麦卡里斯特．美与科学革命［M］．李为，译．长春：吉林人民出版社，2000.

[29] 珍妮·X·卡斯帕森，罗杰·E. 卡斯帕森．风险的社会视野［M］．童蕴芝，译．北京：中国劳动社会保障出版社，2010.

[30] 涂尔干．社会分工论［M］．渠东，译．北京：生活·读书·新知三联书店，2000.

[31] 泰勒-顾柏．新风险·新福利：欧洲福利国家的转变［M］．马继森，译．北京：中国劳动社会保障出版社，2010.

[32] 帕森斯．社会行动的结构［M］．张明德，夏翼南，彭刚，译．南京：译林出版社，2003.

[33] 皮金，卡斯帕森，斯洛维奇．风险的社会放大［M］．谭宏凯，译．北京：中国劳动社会保障出版社，2010.

[34] 庞德．通过法律的社会控制［M］．沈宗灵，译．北京：商务印书馆，1984.

[35] 桑斯坦．网络共和国［M］．黄维明，译．上海：上海人民出版社，2002.

[36] 斯洛维奇．风险的感知［M］．赵延东，林垚，冯欣，等译．北京：北京出版社，2007.

[37] 耶林，梁慧星．为权利而斗争——梁慧星先生主编之现代世界法学名著集［M］．北京：中国法制出版社，2000.

[38] 亚当，贝克，房·龙．风险社会及其超越：社会理论的关键议题［M］．赵延东，马缨，等译．北京：北京出版社，2005.

[39] 韦伯．经济与社会M］．林荣远，译．北京：商务印书馆，1997.

[40] 汪彦斌，《中国食品药品监督管理年鉴》编辑委员会．中国食品

药品监督管理年鉴——2010 年版［M］. 北京：中国经济出版社，2010.

［41］薛晓源，周占超．全球化与风险社会［M］. 北京：社会科学文献出版社，2005.

［42］耶林．为权利而斗争［M］. 郑永流，译. 北京：法律出版社，2007.

［43］川岛武宜．现代化与法［M］. 申政武，渠涛，王志安，等译. 北京：中国政法大学出版社，2004.

［44］Mary D. Purity and Danger：An Analysis of the Concepts of Pollution and Taboo［M］. London ：Routledge Press，1966.

［45］Mary D. Risk and Culture［M］. Berkeley：University of California Press，1983.

［46］Fiorina，Morris P. "Extreme Voices：A Dark Side of Civic Engagement." in Skocpol［M］//Theda and Morris P. Fiorina（eds.），Civic Engagement in American Democracy. New York：Russell Sage Foundation，1999.

［47］M. Poster. The Mode of Information［M］. Cambridge：Polity Press，1990.

［48］Robin p m. law and recovery from disaster：hurricane Katrina［M］. London：Ashgate publishing company，2009.

［49］julius S. The Province and Function of Law：Law as Logic，Justice and Social Control［M］. Sydney：Associated General Publications Pty Ltd，1946.

期刊

［1］毕向阳．转型时代社会学的责任与使命：布迪厄《世界的苦难》及其启示［J］. 社会，2005（4）.

［2］《国外理论动态》编辑部．风险社会理论与和谐社会建设——杨雪冬研究员访谈［J］. 国外理论动态，2009（6）.

［3］常桂秋．北京市大气污染与城区居民死亡率关系的时间序列分析［J］. 卫生研究，2003（6）.

[4] 董文福，傅德黔．近年来我国环境污染事故综述 [J]. 环境科学与技术，2009 (7).

[5] 付子堂．对利益问题的法律解释 [J]. 法学家，2001 (2).

[6] 冯虹，张艺．北京农民工子女教育公平问题探析 [J]. 民族教育研究，2008 (4).

[7] 过孝民，张慧勤．2000 年中国经济—人口—环境总量分析 [J]. 环境科学研究，1989 (5).

[8] 高知义．大气细颗粒物暴露对人体免疫指标的影响 [J]. 卫生研究，2010 (1).

[9] 贺泓．大气灰霾追因与控制 [J]. 国科学院院刊，2013 (3).

[10] 洪大用．理论自觉与中国环境社会学的发展 [J]. 吉林大学社会科学学报，2010 (3).

[11] 何珊君．中欧非政治公共领域的文化基础之比较 [J]. 学海，2008 (4).

[12] 生态环境部和自然资源部发布全国土壤污染状况调查公报 [J]. 中国环境治理，2014 (2).

[13] 胡汉文．家用电器对人体健康的危害 [J]. 家庭医学，2002 (4).

[14] 季卫东．依法风险治理论 [J]. 山东社会科学，2011 (1).

[15] 王奎明，钟杨．“中国式”邻避运动核心议题探析：基于民意视角 [J]. 上海交通大学学报（哲学社会科学版），2014 (1).

[16] 劳东燕．公共政策与风险社会的刑法 [J]. 中国社会科学，2007 (3).

[17] 李海军，王番宁．国外医疗机构医疗纠纷防范与解决机制对我国的启示 [J]. 经营与治理，2012 (3).

[18] 刘岩．“风险社会”三论及其应用价值 [J]. 浙江社会科学，2009 (3).

[19] 李波．试析国外“群体性事件”法律处置策略 [J]. 法制与社会，2008 (34).

[20] 李路路. 社会变迁: 风险与社会控制 [J]. 中国人民大学学报, 2004 (2).

[21] 李猛. 从帕森斯时代到后帕森斯时代的西方社会学 [J]. 清华大学学报 (哲学社会科学版), 1996 (2).

[22] 李玉东. 家用电器对人体的影响及防护 [J]. 自然杂志, 1993 (3).

[23] 李娅, 张梅玲. 群体性事件处置机制的国外模式 [J]. 党政论坛, 2010 (10).

[24] 李建华. 风险社会中的伦理秩序 [J]. 中国人民大学学报, 2004 (6).

[25] 刘婧. 风险: 当代社会的重要特征 [J]. 东岳论丛, 2005 (1).

[26] 刘婧. 风险社会与责任伦理 [J]. 华夏与文明, 2004 (1).

[27] 路明. 我国沙尘暴发生成因及其防御策略 [J]. 中国农业科学, 2002 (4).

[28] 秦国荣. 维权与控权: 经济法的本质及功能定位——对"需要干预说"的理论评析 [J]. 中国法学, 2006 (2).

[29] 全国土壤污染状况调查公报正式公布 [J]. 中国环境治理, 2014 (2).

[30] 史际春张扬, 冯辉. 论和谐社会语境下的地方经济法治 [J]. 法学家, 2007 (5).

[31] 孙惠乐. 空气污染对日门诊量的影响 [J]. 环境与健康杂志, 2003 (5).

[32] 宋华琳. 风险规制与行政法学原理的转型 [J]. 国家行政学院学报, 2007 (4).

[33] 宋丽容. 家用电器产生的电磁辐射对人体有害 [J]. 家庭医学, 2001 (4).

[34] 宋海欧, 毛应淮. 国外环境治理措施的阶段性演变: 工业污染治理——以美、英、日三国为例 [J]. 科技治理研究, 2011 (15).

[35] 孙中叶. 政府社会性规制与企业社会责任的契合——以食品行业为例 [J]. 改革与战略, 2010 (6).

[36] 陶建钟．风险社会的秩序困境及其制度逻辑［J］．江海学刊，2014（2）．

[37] 陶希东．国外特大城市处置紧急事件的经验、教训与启示［J］．理论与改革，2009（2）．

[38] 韦欣仪．国外关于群体性事件的理论研究与处置实践述评［J］．理论与当代，2009（8）．

[39] 吴国平，胡伟，滕恩江，等．我国四城市空气中PM2.5和PM10的污染水平［J］．中国环境科学，1999（2）．

[40] 贝克，王武龙．从工业社会到风险社会（上篇）——关于人类生存、社会结构和生态启蒙等问题的思考［J］．马克思主义与现实，2003（3）．

[41] 贝克，刘宁宁，沈天霄．风险社会政治学［J］．马克思主义与现实，2005（3）．

[42] 王慧文，林刚，潘秀丹．沈阳市大气悬浮颗粒物与心血管疾病死亡率［J］．环境与健康杂志，2003（1）．

[43] 王松，王昆鹏．超期服役的家用电器对人类的潜在危害［J］．家电科技：维修与培训，2003（1）．

[44] 王丰年．论生物多样性减少的原因［J］．清华大学学报（哲学社会科学版），2003（6）．

[45] 王新，李晓．食品安全保障的国外经验及其借鉴［J］．调研世界，2011（8）．

[46] 徐放，徐渝，廖正军．空气中SO_2、PM2.5浓度水平与居民每日门诊就诊人次的动态研究［J］．重庆环境科学，1999（3）．

[47] 徐金虎．论突发事件紧急救援指挥响应机制的构建［J］．辽宁警专学报，2010（3）．

[48] 薛晓源，刘国良．全球风险世界：现在与未来（德国著名社会学家、风险社会理论创始人乌尔里希·贝克教授访谈录）［J］．马克思主义与现实，2005（1）．

[49] 徐肇翊，刘允清，俞大乾，等．沈阳市大气污染对死亡率的影响［J］．中国公共卫生学报，1996（1）．

[50] 杨雪冬. 风险社会理论述评 [J]. 国家行政学院学报, 2005 (1).

[51] 杨雪冬. 全球化、风险社会与复合治理 [J]. 马克思主义与现实, 2004 (4).

[52] 玉苗, 慈勤英. "倚靠体制, 面向社会": 体制外公益组织"准社会化动员"的个案研究 [J]. 甘肃社会科学, 2013 (4).

[53] 应星, 晋军. 集体上访中的"问题化"过程 [J]. 中国社会学年鉴, 2002, 1.

[54] 曾光. 北京防治 SARS 的思考 [J]. 人口研究, 2003 (4).

[55] 张文显. 构建社会主义和谐社会的法律机制 [J]. 中国检察官, 2006 (4).

[56] 张宏. 北京道路交通事故特点分析及对策 [J]. 才智, 2011 (9).

[57] 张维平. 建立和完善突发公共事件紧急救治机制 [J]. 中国减灾, 2007 (9).

[58] 张维平. 论现代危机管理 [J]. 宝鸡文理学院学报 (社会科学版), 2004 (4).

[59] 张文霞, 赵延东. 风险社会: 概念的提出及研究进展 [J]. 科学与社会, 2011 (2).

[60] 赵延东. 解读"风险社会"理论 [J]. 自然辩证法研究, 2007 (6).

[61] 朱德明, 赵海霞, 黄益斌. 环境污染和生态破坏经济损失的估算模型 [J]. 城市环境与城市生态, 2005 (4).

[62] 周勍. 民以何食为天——中国食品安全现状调查 [J]. 报告文学, 2004 (9).

[63] 周全绍. 国外食品药品安全保障值得借鉴的几个问题 [J]. 商场现代化, 2007 (32).

[64] 张子凡, 任建武, 郝元. 基于 GIS 组件的南京环境污染事故应急监测地理信息系统 [J]. 环境监测管理与技术, 2002 (4).

[65] 孙立平, 沈原, 郭于华, 等. "维稳"新思路: 利益表达制度化, 实现长治久安 [N]. 南方周末, 2010-04-15.

后 记

这是一本在国家社科项目的结项报告基础上修改而成的专著，该项目从2011年6月正式立项至2016年底递交结项报告，历时五年半，距今已近六年。那五年半的寒暑假、教学之余的时间也就一直泡在这个项目里，查阅、研读文献，指导研究生做调研，整理资料，书写报告，发表相关论文。这些事项还只能在大量的教学之余去做，其中的艰辛可想而知。其间一个暑假我由于劳累过度进了医院，另一个暑假免疫力降到几乎为零，吃一颗头孢竟导致休克进医院抢救，想来不胜唏嘘。这才领略到：做学术是人世间一条最艰辛的路，尤其是负责任的学者。在这个学术浮夸、诚信危机的时代和剽窃或复制别人的思想与创造的投机者或不学无术却善于驾驭人际关系者在台前名利双收的学术场域中，能够坚守一份本心，清苦地在知识海洋里苦觅思想珍珠，担当着对知识与文明承诺的人实在不多，但任何时代、任何国家总是有一批如刘易斯·科塞或齐格蒙特·鲍曼等所指的真正知识分子，在喧嚣的尘世中坚守着那份初心与淡泊，远离浮名，向真理进发，哪怕是为知识总量的增加添砖加瓦而已。每每有某些真知的微小发现，就让人倍感温暖与慰藉，孤独也就不再是孤独。尽管，每当从研究中走出，看到真实的世界有些遥远与恍惚，好像我穿越了时光隧道，来到一个我看上去陌生、别人看我是外星人的世界。但我依然无悔，令人欣慰的是还有同道者。

报告的完成，首先感谢前期做调研、查阅并整理其中部分资料的笔者研究生殷婕、袁祥祥、刘茂同学和后期校对报告的注释、参考书目等工作的李静雯同学，还有在调研活动与报告书写过程中给予各种帮助与鼓励的组织、同仁、朋友，在此一并致谢。当然，也要感谢笔者所在单位中国政法大学对本项研究延期批准等支持，使得笔者有时间、有条件去高质量地完成这一项目。最后，还要感谢光明日报出版社给予出版的机会、樊仙桃编辑的认真负责和核对校样等人员辛苦付出。报告的书写与最终著作的修改皆由笔者一人完成，由于各种主客观原因，著作的出版还是有些仓促，经过修改与调整后的整个著作中的疏漏、错误同样由笔者一人承担与负责，也敬请读者批评指出，不胜感激。

2022 年 2 月

于北京海淀双榆树